Das Buch

Trotz des Auffliegens der Terrorzelle »Nationalsozialistischer Untergrund« wird die Gefahr weiter unterschätzt: Die extreme Rechte in Deutschland hat sich in den letzten Jahren zugleich radikalisiert und verbürgerlicht – und die emsige Verbotsdiskussion um die NPD lenkt die Aufmerksamkeit in die falsche Richtung. Mit den »Autonomen Nationalisten« (AN) ist eine junge und äußerst gewaltbereite Neonazi-Strömung entstanden. Sie kopiert den popkulturellen Stil der Linksautonomen und bietet Action, wirkt anziehend auf Jugendliche. Anhänger der AN sind mehrfach mit Vorbereitungen zu Terroranschlägen aufgeflogen. Am gemäßigten Rand der Szene erstarkten die Rechtspopulisten. Gruppen wie »Pro Deutschland« versuchen mit islamophoben Inhalten an nationalkonservative und bürgerliche Positionen anzuknüpfen – und »die Partei zum Sarrazin-Buch« zu werden. Zwischen diesen Polen droht die früher dominierende NPD zerrieben zu werden.

Die Autoren

Johannes Radke, Jg. 1981, studierte Politik und Publizistik in Berlin. Seit 2003 beobachtet er als freier Journalist unter anderem für den *Tagesspiegel* und *Zeit Online* den rechten Rand. Sein besonderes Augenmerk gilt seit Jahren den Autonomen Nationalisten. 2008 war er einer der Aufbauredakteure des Onlineportals *netz-gegen-nazis.de* der *Zeit*. Für *Zeit Online* betreut er das Watchblog *Stoerungsmelder.org*.

Toralf Staud, Jg. 1972, studierte Journalismus und Philosophie in Leipzig und Edinburgh. Von 1998 bis 2005 war er Politikredakteur der *Zeit*. Er war leitender Redakteur beim Portal *netz-gegen-nazis.de* der *Zeit*. Heute ist er freier Journalist und Autor. Seine Bücher »Moderne Nazis«, 2005, und »Das Buch gegen Nazis« (mit Holger Kulick), 2009, sind in mehreren Auflagen bei KiWi und der Bundeszentrale für politische Bildung erschienen.

KiWi
PAPERBACK

1296

Toralf Staud
Johannes Radke

Neue Nazis

Jenseits der NPD:
Populisten, Autonome Nationalisten
und der Terror von rechts

Kiepenheuer & Witsch

Verlag Kiepenheuer & Witsch, FSC® N001512

1. Auflage 2012

© 2012, Verlag Kiepenheuer & Witsch, Köln

Umschlaggestaltung: Barbara Thoben, Köln
Gesetzt aus der Minion Pro und der Trade Gothic
Satz: Buch-Werkstatt GmbH, Bad Aibling
Druck und Bindung: CPI – Clausen & Bosse, Leck
ISBN 978-3-462-04455-3

Inhalt

Einleitung

Der Rechtsextremismus in Deutschland hat sich
in den letzten Jahren tief greifend gewandelt. Er ist zugleich
bürgerlicher und militanter geworden

Vergessen Sie die Springerstiefel, bitte! Schlagen Sie sich dieses Bild aus dem Kopf, dieses Bild eines Skinheads in Bomberjacke und hochgeschnürten Springerstiefeln, am besten mit weißen Senkeln.

Wenn Zeitungen über Rechtsextremismus schreiben, egal ob es um rassistische Gewalttaten geht oder um die neue Neonazi-Zentraldatei, um V-Leute oder das NPD-Verbot – immer zeigen sie dieses eine Foto: zwei gewienerte, schwarze Doc-Martens-Stiefel mit hohem Schaft und strahlend weißen Schnürsenkeln, die Person darüber ist weggeschnitten, die Stiefel stehen auf rauem Asphalt, ein paar Herbstblättchen sind noch zu sehen. Man kann das Foto fast eine Ikone nennen. Seit knapp anderthalb Jahrzehnten verbreitet die Nachrichtenagentur dpa diese Aufnahme, und Zeitungen, Fernsehsender und Online-Magazine verwenden es überaus gern.[1]

Doch kaum ein Neonazi sieht noch so aus. Den Bilderbuchskin mit eben solchen Springerstiefeln gibt es praktisch nicht mehr. Weil aber Fotoredakteure weiterhin uralte Bilder zeigen – und damit die Vorstellungswelt ihres Publikums prägen –, erkennt heute die Öffentlichkeit viele Rechtsextremisten nicht mehr.

Der rechte Rand hat sich seit den Neunzigerjahren tief greifend gewandelt: Er hat sich zugleich radikalisiert und verbürgerlicht. Am einen Ende des Spektrums sind die sogenannten Autonomen Nationalisten entstanden, eine junge, äußerst gewaltbereite Strömung der Neonazi-Kameradschaften, die gezielt Polizisten, Journalisten oder politische Gegner angreifen. Am anderen Ende erstarkten die gemäßigten Rechtspopulisten, die sich bürgerlich-konservativ geben und aus vorgeblich freiheitlicher Motivation gegen den Islam hetzen. Zwischen diesen beiden Polen droht die NPD, die im letzten Jahrzehnt die Szene dominierte, regelrecht zerrieben zu werden. Derweil diskutiert die Politik wieder und wieder ein Parteiverbot – und schlägt damit eine schon einmal verlorene Schlacht.

Als im Herbst 2011 zufällig die Terrorzelle Nationalsozialistischer Untergrund (NSU) aufflog, war die Republik geschockt – dermaßen fanatisierte Rechtsextremisten hatte man nicht für möglich gehalten (obwohl es doch in der bundesdeutschen Geschichte reihenweise rechte Terroristen gab). Für einen kurzen Moment schauten Politik und Öffentlichkeit genauer hin und waren erschrocken, was sie sahen: eine Szene, die fähig war, mehr als ein Jahrzehnt lang eine Terroristengruppe vor sämtlichen Sicherheitsbehörden zu verbergen. Polizisten und Geheimdienstler in Bund und Ländern, die unglaubliche handwerkliche Fehler machten und nicht den blassesten Schimmer hatten. Opfer, die jahrelang falschen Verdächtigungen ausgesetzt waren.

Aber auch der NSU lenkt von den Gefahren des gegenwärtigen Rechtsextremismus eher ab, auch er ist gewissermaßen ein Blick zurück: Uwe Böhnhardt, Uwe Mundlos und Beate Zschäpe stammten aus dem Zeitalter der Springerstiefel, sie wurden in den Thüringer Neonazi-Kameradschaften der Neunzigerjahre sozialisiert und radikalisiert – sie sind sozusagen die Rechtsterroristen von gestern. Nachdem sie in den

Untergrund gegangen waren, entwickelte sich das Milieu, das sie hervorgebracht hat, rasant weiter.

Die Autonomen Nationalisten (AN), seit etwa 2003/2004 innerhalb der neonazistischen Kameradschaften gewachsen, sind das eindrücklichste Beispiel. Bei den linksradikalen Autonomen haben sie sich weit mehr abgeschaut als nur das »Autonom« im Namen: Sie kleiden sich gern schwarz, tragen Kapuzenpullis, Baseball-Mützen und Sonnenbrillen. Ihre Transparente und Aufkleber sind oft im coolen Graffiti-Stil gehalten und scheuen sich nicht vor englischen Slogans. Auf Demonstrationen formieren sie sich als Schwarzer Block – und anders als bisher bei rechten Aufmärschen üblich, folgen sie Anweisungen der Polizei nicht mehr, sondern suchen gezielt die Konfrontation, sie versuchen Sitzblockaden von Gegendemonstranten gewaltsam aufzulösen und Journalisten (die sie als »Büttel des Systems« verachten) zu attackieren.

Die Gewalttätigkeit der AN bewegt sich auf einem Niveau, das neu ist für eine rechtsextremistische Szene. Ihre Übergriffe sind nicht spontan, sondern meist sorgfältig geplant. Mit großem Aufwand spähen sie ihre Feinde aus, »Anti-Antifa-Arbeit« nennen sie das. Die Aktivisten sind oft noch nicht einmal zwanzig Jahre alt und besonders draufgängerisch. Was die Öffentlichkeit von ihnen denkt, ist ihnen ziemlich egal – anders als etwa die NPD, die auf Wahlerfolge aus ist, haben die Autonomen Nationalisten keinen Grund, sich zurückzuhalten. Bereits mehrfach wurden Anhänger der Szene bei Vorbereitungen zu Terroranschlägen ertappt: Im September 2010 etwa verhaftete die Polizei zwei Autonome Nationalisten in Berlin, die mehrere selbst gebaute, mit Glasscherben versetzte Sprengkörper konstruiert hatten.

Aber die Gewalt ist nur die eine Seite der AN. Sie haben tatsächlich geschafft, wovon rechtsextreme Kader seit Jahrzehnten träumten: eine dynamische Jugendbewegung, die gleichermaßen modern wie nationalsozialistisch ist. Inhaltlich sind die AN ganz alte Schule: Sie verehren Hitler und vergöttern seinen Stellvertreter Rudolf Hess, das Programm der NSDAP gilt ihnen als Richtschnur. Äußerlich aber sind sie im 21. Jahrhundert angekommen und auf vielerlei Ebenen modern: sprachlich (sie sind nah am üblichen Jugendslang) und technisch (die Medien Internet und Video beherrschen sie virtuos), akustisch (ihre NS-Hardcore-Musik rockt wirklich) und optisch (sie haben Streetart und Comics adaptiert). Das Ergebnis lässt sich etwa auf der Website strassenkunst.info besichtigen. Dort senden Neonazi-Sprayer Fotos ihrer Arbeiten ein, zum Beispiel SS-Parolen im Graffiti-Stil, und auf ihren Twitter-Kanal weisen die Macher der Seite mit einer gekonnten Cartoon-Zeichnung hin: mit einem Vögelchen (dem bekannten Logo des Kurznachrichtendienstes), das einen Wehrmachtshelm trägt.

Die rechte Jugendkultur ist heute ein lebendiger Kosmos mit einer schier unüberschaubaren Vielfalt an Musik- und Kleidungsstilen. Mit Versandhäusern, Bekleidungsmarken und Musiklabeln ist eine rechte Kulturindustrie gewachsen, die Millionenumsätze macht. Im Unterschied zur proletarisch-brutalen Skinhead-Szene oder der bündisch geprägten Wiking-Jugend verzichten die AN auf strenge Vorschriften. An Musik und Kleidung ist erlaubt, was gefällt. Elemente der angloamerikanischen Jugendkultur wie Hip-Hop oder Kapuzenpullis, die anderen Neonazis als undeutsch gelten, werden von den AN hemmungslos übernommen, Widersprüche zur völkischen Ideologie einfach ausgeblendet. Soziologisch kann man das als Anpassung an den Zeitgeist der westlichen Welt verstehen: Der ist geprägt von inhaltlicher Beliebigkeit und einem Anything-goes, die Oberfläche ist wichtiger als der Inhalt, kaum jemand interessiert sich noch für Ideologien. Jugendliche sind es gewohnt, ihre Identität wie ein Patchwork aus verschiedenen Szenen zusammenzusetzen – und genauso verfahren die Autonomen Nationalisten. Lehrer, Streetworker und Polizisten wissen kaum noch, wie sie diese neuen Nazis erkennen können.

Ein Modernisierungsphänomen vollkommen anderer Art sind die gemäßigten Rechtspopulisten. Islamophobe Gruppen wie »Pro Deutschland« oder die Internet-Seite *Politically Incorrect* versuchen gezielt, an rechtskonservative und bürgerliche Positionen anzuknüpfen. Sie sehen sich als Kämpfer für das angeblich von Muslimen bedrohte, christliche Abendland und tragen das Bekenntnis zum Grundgesetz vor sich her. Sie betonen ihre Israelfreundlichkeit und unterlaufen so das Rechtsextremismus-Radar: Weil der für die Szene sonst so typische Antisemitismus fehlt, haben die Sicherheitsbehörden sie lange Zeit für relativ harmlos gehalten. Tatsächlich sind spätestens seit der Sarrazin-Debatte viele (kultur-)rassistische Argumentationsmuster salonfähig geworden. Diese Islam- und Linkenhasser sind alles andere als ungefährlich, weil sie durch ihre Propaganda das Meinungsklima nach rechts verschieben und die ideologische Munition liefern für Attentäter wie Anders Breivik in Oslo.

Angesichts dieser Entwicklungen muss sich die NPD neu orientieren, die Wahl des neuen Vorsitzenden Holger Apfel soll dazu der erste Schritt sein. Die einst sieche Altherrenpartei hatte es ab Mitte der Neunzigerjahre geschafft, an die rechte Skinhead-Jugendkultur anzudocken und sich mit den Neonazi-Kameradschaften politische Vorfeldorganisationen zuzulegen. Doch nun bröckelt diese Verbindung. Um bei Wählern erfolgreicher zu sein, setzt Apfel auf ein gefälligeres Image, offene Bezüge zum Dritten Reich will er vermeiden, die NPD soll als »Kümmererpartei« auftreten. Die radikalen Neonazis halten das für Verrat. Seit dem Aufkommen der AN wenden sich immer mehr Kameradschafter von der Partei ab. Weil die aktionistischen AN ungleich attraktiver sind für viele rechtsorientierte Jugendliche, bricht der NPD ein Großteil des Nachwuchses weg.

Obwohl die NPD ihren Dauerkonkurrenten DVU schlucken und die Republikaner marginalisieren konnte, dürfte ihr Aufstieg vorerst beendet sein – bei den Wahlen in ihren Hochburgen Sachsen und Mecklenburg-Vorpommern gelang ihr 2009 und 2011 der Wiedereinzug in die Landtage nur bei deutlichen Stimmenverlusten. In Thüringen und Sachsen-Anhalt scheiterte, anders als von der Partei erhofft, der Sprung über die Fünf-Prozent-Hürde. Und in keinem der westdeutschen Bundesländer gelang der Partei in den letzten Jahren auch nur ein Achtungserfolg. Zuletzt kam sie im Mai 2012 in Nordrhein-Westfalen nur noch auf 0,5 Prozent – und lag damit nochmals unter dem bereits enttäuschenden Ergebnis der vorherigen Landtagswahl. Die Rechtspopulisten von Pro-NRW holten dreimal so viele Stimmen wie die NPD.

Die NPD bleibt auf absehbare Zeit eine Ostpartei, die neben finanziellen Problemen von internen Machtkämpfen geplagt wird. Seit einigen Jahren sinkt die Zahl ihrer Mitglieder, von mehr als 7000 sind nur noch weniger als 6000 übrig. Im Jahr 2014 wird sich die Zukunft entscheiden, dann wird neben Sachsen auch auf Europaebene gewählt, und dann will die NPD groß auftrumpfen: Das Bundesverfassungsgericht hat – von der Öffentlichkeit kaum beachtet – im November 2011 die Fünf-Prozent-Hürde gekippt. Schon ab rund 0,6 Prozent der Wählerstimmen könnte es bei der nächsten Wahl ein Mandat in Straßburg geben – eine für die NPD erreichbare Marke, erst recht, wenn potenzielle Wähler nicht mehr fürchten müssen, dass ihre Stimme durch ein Scheitern an der Fünf-Prozent-Hürde ohnehin verloren ist.

Doch gefährlich ist die NPD nicht wegen irgendwelcher Wahlergebnisse auf Bundesebene. Ihr Ziel ist eine Graswurzelrevolution, in Teilen Sachsens und Mecklenburg-Vorpommerns ist sie damit schon ziemlich weit gekommen. In der Sächsischen Schweiz zum Beispiel gelten die NPDler vielen Leuten als ganz normale Politiker – nicht nur in einigen

Dörfern, sondern im ganzen Landkreis lag die Partei bei der letzten Kommunalwahl vor der SPD. Aus der ostdeutschen Provinz wandern immer noch die Jüngeren und Bessergebildeten ab, und von den Zurückbleibenden mögen sich nur wenige gegen die NPD oder auch nur ganz allgemein für die Demokratie engagieren – so haben die Neonazis oft freie Bahn. Sie machen in Sportvereinen und in Eltervertretungen mit, sitzen als ehrenamtliche Schöffen im Gericht. In einem Dorf in Nordsachsen regten sich die Lokalpolitiker auf, als ein NPD-Abgeordneter eine Website startete, die wie die Homepage des ganzen Gemeinderats wirkt – doch sie war einfach so professionell gemacht, dass die offizielle Seite der Gemeinde daneben laienhaft wirkte. In etlichen Dörfern in Vorpommern fährt die Partei zwanzig, manchmal gar dreißig Prozent ein. Sie wird dort gewählt, nicht obwohl, sondern weil ihr Programm an Hitlers Nationalsozialismus erinnert. Überregional interessiert das kaum, denn solange die NPD bei den großen Wahlen unter fünf Prozent bleibt, scheint ja alles in Ordnung.

Auf die größeren Wahlchancen in Ostdeutschland reagierte die Szene mit einer, wie es der Soziologe Andreas Klärner nannte, »taktischen Zivilisierung«: Um gesellschaftliche Stigmatisierung zu vermindern, hielten sich ihre Anhänger mit Gewaltakten eher zurück.[2] Gut möglich, dass es damit bald vorbei ist: Die NPD stagniert, immer mehr Neonazi-Kameradschaften und Autonome Nationalisten wenden sich von ihr ab. Sie könnten dann wieder ungezügelt zuschlagen. Die traurige Normalität zeigt sich besonders in der wärmeren Jahreszeit, wenn sich die Biergärten füllen und Volksfeste stattfinden. An einem einzigen langen Wochenende Anfang 2012 wurden allein in Sachsen-Anhalt fünf Übergriffe bekannt; in Eisleben nahe Halle zum Beispiel wurde eine syrische Familie mit Teleskopschlagstöcken attackiert und teils schwer verletzt, ein Mann wird wahrscheinlich bleibende Augenschäden davontragen; in Langenweddingen bei Magdeburg wurde ein Afrikaner von Rechtsextremen brutal zusammengetreten und erlitt schwerste Kopfverletzungen.

Die jährlichen Verfassungsschutzberichte belegen die zunehmende Radikalisierung: Seit zwanzig Jahren sinkt die Gesamtzahl der organisierten Rechtsextremisten in Deutschland, vor allem durch das Bröckeln der vergleichsweise moderaten Republikaner, dann der DVU, seit 2008 auch den der NPD: Anfang der Neunzigerjahre registrierte das Bundesamt fast 65000, im letzten Bericht 2010 nur noch 25000 Personen.[3] Zugleich aber stieg die Zahl der harten Neonazis kontinuierlich (1990: 1400, 2000: 2200, 2010: 5600), ihr Anteil an der insgesamt schrumpfenden Gesamtzahl wuchs dramatisch.

Doch solche langfristigen Trends gehen unter in der tagtäglichen Nachrichtenflut. Die Rechtsextremisten – inner- und außerhalb der NPD – haben einen längeren Atem als Politik und Polizei, als Medien und Öffentlichkeit. Seit den Neunzigerjahren ist vor allem in Ostdeutschland ein stabiles neonazistisches Milieu gewachsen, und die Organisations- und Demonstrationsverbote des Staates haben vor allem dazu geführt, dass sich dessen Strukturen und Strategien verfeinerten. Zwar hat sich auch die Gegenseite gewandelt, seit Beginn der 2000er-Jahre sind zahlreiche zivilgesellschaftliche Gruppen gegen Rechtsextremismus entstanden. Aber häufig werden sie von lokalen Politikern behindert, die das Problem nicht wahrhaben wollen. Die unionsgeführte Bundesregierung baute nach ihrem Amtsantritt im Jahr 2005 die einschlägigen Förderprogramme so um, dass viele erfolgreiche Projekte nicht mehr hineinpassten. Und das Familienministerium von Kristina Schröder (CDU) stellte alle Antinazigruppen unter Linksextremismusverdacht.

Angesichts der Taten des NSU war im November 2011 das Erschrecken groß. Doch Politik und Behörden hatten sich schnell gefangen, routiniert wurde der übliche Apparat angeworfen. Kommissionen und Untersuchungsausschüsse wurden installiert, die nach Fehlern und Versäumnissen suchen, vor allem aber der Öffentlichkeit Aktivität und Entschlossenheit demonstrieren sollten. Bezeichnend ist die Geschichte der »hochrangigen Expertenkommission«, die Bundesinnenminister Hans-Peter Friedrich (CSU) am 24. November 2011 mit großem Pomp präsentierte. Sein Parteifreund Wolfgang Zeitlmann gehörte dazu, außerdem der Ex-BKA-Chef Ulrich Kersten sowie Hansjörg Geiger, der ehemalige Leiter von BND und Bundesverfassungsschutz. Höchstpersönlich hatte Friedrich die Kommissionsmitglieder angerufen und zur Mitarbeit gewonnen. Er erwarte sich »Vorschläge für politische Schlussfolgerungen« aus dem Versagen der Sicherheitsbehörden, gab der Minister seinen Experten noch mit auf den Weg.[4] Und dann – passierte nichts.

Schon nach wenigen Wochen rutschten Rechtsterrorismus und -extremismus wieder aus dem öffentlichen Fokus, der Erregungstross zog weiter zum nächsten Thema, diesmal zum Gefälligkeitsfilz um den damaligen Bundespräsidenten Christian Wulff. »Die Einladung zur konstituierenden Sitzung wurde wieder abgesagt«, erinnert sich das Fast-Kommissionsmitglied Geiger. »Um Weihnachten herum kam dann der zweite Anruf von Friedrich, dass die Kommission doch nicht eingesetzt wird.« Es hieß, sie werde nun nicht mehr gebraucht.

»Dortmund ist unsere Stadt«

Die Ruhrmetropole wurde zur Hauptstadt der Autonomen Nationalisten – weil Staat und Bürger diesen neuen Nazis nur wenig entgegensetzten

Der Dortmunder Stadtteil Dorstfeld wirkt wie ein kleines Dorf, obwohl er nur fünf U-Bahn-Stationen vom Zentrum der Ruhrmetropole entfernt ist. Im Mittelalter florierte der Flecken, weil er am Übergang einer Handelsstraße über die Emscher lag. Ab 1849 brachte eine Steinkohle-Zeche Arbeit und Wohlstand, aber das ist lange her. Gut 15 000 Menschen wohnen heute in Dorstfeld, das Viertel ist eine etwas trostlose Mischung aus Fachwerkhäusern, Bergbauarchitektur und grauen Plattenbauten. Und es ist die Hauptstadt der neuen deutschen Nazi-Szene.

An Laternenpfählen und Stromkästen entlang der engen Straßen haben Rechtsextremisten mit Aufklebern ihr Revier markiert. »Nationaler Sozialismus oder Untergang«, ist darauf zu lesen. Und: »Organisiert die Anti-Antifa«, daneben »Todesstrafe für Kinderschänder«. Jeden Tag werden Aufkleber von Passanten abgerissen, jeden Tag werden wieder neue geklebt. An eine Hauswand ist in Großbuchstaben gesprüht: »Nationaler Widerstand«, daneben ein verbotenes Kelten-kreuz. Mehrere Neonazi-WGs haben sich in dem Stadtteil angesiedelt.

Wer als Journalist nach Dorstfeld kommt, macht schnell

Bekanntschaft mit der Szene. Auswärtige fallen hier offenbar sofort auf. Meist dauert es nur eine Viertelstunde, bis der erste Neonazi auftaucht und zum Mobiltelefon greift. Per SMS und über Twitter wird nach Verstärkung gerufen. Kurze Zeit später beginnt eine ganze Gruppe, die Reporter auf Schritt und Tritt zu verfolgen und zu bedrohen. Sie sehen Dorstfeld als ihr Hoheitsgebiet, in dem niemand »Fremdes« etwas zu suchen hat – kein Migrant, kein Obdachloser, kein Punk und kein Vertreter der »Systempresse«.

Wer sucht, was in den Medien oft als »National Befreite Zone« bezeichnet wird, braucht nicht in die abgelegene Sächsische Schweiz zu reisen oder nach Vorpommern. Es genügt eine Fahrt ins Ruhrgebiet. Dortmund ist ein beängstigendes Beispiel dafür, was passiert, wenn gut organisierte Neonazi-Kader eine Stadt zu erobern versuchen, Polizei und Justiz gemächlich reagieren, auch die Bürger das Problem lange Zeit nicht wahrnehmen – und dafür, wie schwierig es ist, die Nazis wieder loszuwerden, wenn sie erst ihre Strukturen aufgebaut haben.

Vor allem aber lässt sich in Dortmund besichtigen, was die rechtsextreme Szene momentan gefährlich macht: Neben die altbekannten Skinhead-Gruppen und die NPD ist in den vergangenen Jahren ein neuer Typ Rechtsextremisten getreten, die sogenannten Autonomen Nationalisten (AN). Hinter dieser Selbstbezeichnung stecken junge Neonazis, die sich nicht durch eine besondere Ideologie vom Rest der Szene unterscheiden, sondern vor allem durch ihr Äußeres: Sie kleiden sich modern und sportlich, mit ihren Kapuzenpullis, Turnschuhen und Basecaps sind sie für flüchtige Betrachter kaum von anderen Jugendlichen oder linken Autonomen zu unterscheiden.

Die Erkennungszeichen sind subtil: Die Kapuzenpullis sind von *Thor Steinar* oder *Ansgar Aryan*. Die schwarzen Outdoorjacken von unpolitischen Marken wie *North Face* und

Jack Wolfskin. Und auf den bunten Ansteckern, die typischerweise an den Basecaps hängen, stehen Nazislogans wie »Frei, Sozial & National«, »Fuck Israel« oder »Good night left side«. Die Schuhe sind von der britischen Sportmarke *New Balance* oder von Skatefirmen wie *Vans*. Zudem sind die Autonomen Nationalisten äußerst gewaltbereit; anders als viele andere Rechtsextreme kennen sie kaum taktische Zurückhaltung, sondern attackieren offen ihre politischen Gegner, Polizisten und Journalisten. In ganz Deutschland gibt es mittlerweile AN-Gruppen, doch ihre Hochburg ist Dortmund und Dorstfeld das Hauptquartier. Seit einigen Jahren halten sie von hier aus die ganze Stadt in Atem.

Als im Januar 2012 am Wilhelmplatz nahe der ehemaligen Dorstfelder Synagoge eine kleine Gedenkfeier für die Opfer des Holocaust stattfand, war das nur unter Polizeischutz möglich. Acht Einsatzwagen standen verteilt in den Seitenstraßen. Beamte in Uniform und Zivil hatten sich im Umkreis postiert. »Wenn die nicht da wären«, sagt eine Anwohnerin, »würden sofort die Idioten kommen und Ärger machen.« So wie bei der Gedenkfeier zur Pogromnacht im Jahr zuvor. Da tauchten die Autonomen Nationalisten vermummt auf, schrien antisemitische Parolen und zündeten Feuerwerkskörper. Die jüdische Gemeinde und Vertreter der Stadt waren geschockt. Bereits ein paar Wochen zuvor hatte die Gruppe »ihr« Viertel mit kleinen Fahnen in den Reichsfarben Schwarz-Weiß-Rot an Laternen, Ampeln und Straßenschildern abgesteckt. Die Feuerwehr brauchte Stunden, um die rechte Propaganda zu entfernen.

Das sind noch die harmloseren Machtdemonstrationen. Kaum jemand, der sich gegen Rechtsextremismus stark macht, scheint in Dortmund sicher zu sein. Die Liste von Anschlägen, Drohungen und Gewalttaten der letzten Jahre füllt mehrere Seiten. Engagierte Jugendliche werden ausgespäht und zusammengeschlagen, Büros von SPD, Grünen und

Linksparteien attackiert. Bei der linken Bundestagsabgeordneten Ulla Jelpke werden regelmäßig mit Stahlkugeln die Büroscheiben zerschossen. Am häufigsten trifft es die alternative Kneipe »Hirsch-Q« in der Innenstadt. Ganze 18 Mal wurde die Glasfront zerstört oder beschmiert. Bei einigen Überfällen gab es Verletzte. In der Halbmillionenmetropole haben die Rechtsextremen ein Klima der Angst geschaffen. Überall in der Stadt finden sich ihre Aufkleber mit der Kampfansage »Dortmund ist unsere Stadt«, auch T-Shirts haben sie mit dem Slogan bedruckt.

Die selbstbewusste Parole ist so alt wie die Dortmunder AN, im Jahr 2004 tauchten beide erstmals auf. Im Umfeld der neonazistischen »Kameradschaft Dortmund« sammelte sich damals eine Handvoll junger Rechtsextremisten, denen die Gruppe inhaltlich noch zu wenig radikal und äußerlich zu rückwärtsgewandt war. Vor allem wollten sie Anti-Rechts-Aktivitäten, die in den Vorjahren im Zuge des sogenannten »Aufstands der Anständigen« häufiger geworden waren, offensiv bekämpfen. Man werde »antifaschistische Strukturen zerschlagen und am Boden halten« und »nicht zulassen, dass auch nur eine einzige Veranstaltung linker und antifaschistischer Kreise in dieser Stadt unbeobachtet, unkommentiert und vor allem ungestraft über die Bühne gehen wird«, verkündete die Gruppe im März 2005.[5] Der selbstgewählte Name: »Autonome Nationalisten östliches Ruhrgebiet«. Gemeinsam mit Berliner Neonazis prägten die Dortmunder in den Folgejahren diese neue Strömung des deutschen Rechtsextremismus.

Mit der NPD haben die AN nur wenige Berührungspunkte. Lediglich als Geldgeber wird die Partei ab und zu genutzt, im Gegenzug lassen sich die jungen Aktivisten als Wahlkampfhelfer einspannen. Ein Parteiverbot hätte auf die Szene in Dortmund kaum Auswirkungen. Für parteiförmige Politik interessieren sich die AN ohnehin kaum, sie wollen

Action. Aufkleber am Computer selbst zu gestalten ist cooler, als sie sich vom NPD-Materialdienst schicken zu lassen. Die Sticker in nächtlichen Touren an alle möglichen Plätze zu pappen, ist aufregender als alle paar Jahre im Wahlkampf Plakate an vorgeschriebenen Plätzen aufzuhängen. Das Ausspähen von Antifa-Gruppen bietet detektivischen Nervenkitzel, und hier zeigen die AN durchaus Fantasie: Eine Aktivistin nahm einen Job bei einer Telefongesellschaft an, um über die Kundendatei an Privatadressen linker Jugendlicher zu gelangen. Und dann sind da natürlich die gemeinsamen Ausflüge: Die Gruppe ist ungewöhnlich reisefreudig. Sie fahren zu fast jedem größeren Aufmarsch in Deutschland, meist mit einem eigens angemieteten Reisebus. Zu internationalen Naziveranstaltungen in Schweden oder Bulgarien wird sogar geflogen.

Seit 2005 veranstalten die Dortmunder AN jeweils im September einen großen Aufmarsch; »Nationaler Antikriegstag« nennen sie die Veranstaltung zynisch. Tatsächlich feiern sie Hitlers Angriffskrieg auf Polen am 1. September 1939 und vor allem sich selbst. Wer genau hinhört, versteht, worum es in Wirklichkeit geht. »Nie wieder Krieg, nach unserem Sieg«, lautet ein regelmäßiger Sprechchor – im Herzen fiebert man also immer noch dem eigenen Endsieg entgegen. Beim ersten Mal kamen gut 200 Teilnehmer, im Jahr darauf waren es fast 350; 2008 marschierten bereits mehr als tausend Rechtsextremisten durch Dortmund. Als Redner traten unter anderem der ehemalige SS-Untersturmführer Herbert Schweiger und der österreichische Neonazi Gottfried Küssel auf.[6] Längst haben die ANler einen eigenen VW-Bus angeschafft, der als Lautsprecherwagen dient. Inzwischen ist der Termin im bundesweiten Demonstrationskalender der Szene etabliert, hunderte gewaltbereite Rechtsextremisten kommen dafür jedes Mal nach Dortmund und bleiben zum Teil mehrere Tage.

Graffiti-Sprühen statt Lagerfeuerabende

Bis in die Neunzigerjahre war die Nordstadt das bevorzugte Revier der Szene. Doch nach und nach zogen die Autonomen Nationalisten Richtung Dorstfeld und gründeten erste Wohngemeinschaften. Die Mieten waren hier günstig und der Bezirk trotzdem nah an der Innenstadt. Jede Woche traf man sich, meist in Hinterzimmern von Gaststätten. Als nach wiederholten Protesten die Raumsuche immer schwieriger wurde, mietete die Gruppe ein Ladenlokal an der Rheinischen Straße, einer der Dorstfelder Hauptverkehrsadern. Dieses »Nationale Zentrum« nutzen sie nun als Büro und Lagerraum, aber auch für Geburtstagspartys, Rechtsrockkonzerte und Vortragsabende von Holocaustleugnern – und der Getränkeverkauf bei solchen Veranstaltungen hilft beim Decken der Miete.

»Die Autonomen Nationalisten haben es geschafft, in der Stadt eine extrem rechte Erlebniswelt aufzubauen, die auch über den harten Kern hinaus Jugendliche anzieht«, sagt der Sozialwissenschaftler Jan Schedler von der Ruhr-Universität Bochum, der das Phänomen seit Jahren beobachtet. Die Erlebnisorientiertheit mache den Rechtsextremismus viel attraktiver als früher.

Der Stil der AN ist eine direkte Reaktion auf das urbane Umfeld. Mit der am Mainstream orientierten Kleidung können die Aktivisten leichter in der Masse untertauchen als klassische Skinheads – sind für Gleichgesinnte aber trotzdem noch zu erkennen. Statt Lagerfeuer und Sonnenwendfeiern wie in vorpommerschen Dörfern gibt es in Dortmund nun Graffiti-Sprühen und Nazi-Hip-Hop als rechtsextremen Zeitvertreib. Aus anfänglich fünf bis zehn Aktivisten wurde über die Jahre eine dynamische Jugendszene mit einem harten Kern von schätzungsweise 50 Leuten. Dabei geholfen, so Schedler, habe eine »Politik des Ignorierens von Polizei, Stadt und Medien«. Zeitungen versuchten anfangs, gar nicht über die neuen Neonazis zu berichten. Als Schulklassen vor einem AN-Aufmarsch Protestplakate malten und an der Route aufhängten, wurden die über Nacht von der Polizei entfernt. Begründung: Man solle die Neonazis nicht provozieren. Gewalttaten gegen nicht-rechte Jugendliche wurden von den Behörden lange als »Auseinandersetzung unter rivalisierenden Jugendgruppen« bagatellisiert.

»Wenn man die Aktivitäten der vergangenen Jahre betrachtet, gewinnt man den Eindruck, dass die Neonazis vor Ort offenbar lange das Gefühl hatten, sie könnten in Dortmund quasi alles machen, was sie wollen, ohne mit ernsthaften Konsequenzen rechnen zu müssen«, sagt Schedler. Ein früheres Mitglied der Szene bestätigt das. »Gerade in Dortmund haben wir uns oft gewundert, wie es sein kann, dass wir solche Dinge tun, wie körperliche Angriffe auf Antifaschisten, ohne dass es Konsequenzen gegeben hat. Dass wir entweder gar nicht festgenommen wurden, es gar nicht zur Anzeige kam oder dass die Anzeige eingestellt wurde.«[7]

Wie die AN engagierte Bürger systematisch terrorisieren, zeigt der Fall der Familie Engelhardt. Die Dorstfelder Musiklehrerin Barbara Engelhardt hatte 2008 begonnen, die zahlreichen Naziaufkleber auf dem Weg zu ihrer Arbeit abzureißen. Ihr 18-jähriger Sohn wurde auf einer Demonstration gegen rechte Gewalt von den »Anti-Antifa-Fotografen« fotografiert. Daraufhin begannen die Drohungen. Erst im Internet, später per Brief, dann übers Telefon. Ganz offen postierten sich Neonazis abends immer wieder vor dem Wohnhaus der Engelhardts. Die Polizei sah darin keine Straftat und nahm die Anzeige der Familie nicht an. Nachts wurde das Auto mit schwarzer Farbe angesprüht und mit Aufklebern beklebt. Die Polizei stellte die Ermittlungen nach kurzer Zeit ein. Als Nächstes wurden alle Scheiben des Autos eingeschlagen. Dann flog nachts ein Pflasterstein durch das Küchenfenster. Kein Täter wurde gefasst.

Erst als die Familie sich an die Medien wandte, begannen Polizei und Politik zögerlich zu reagieren. Die AN blieben unbeeindruckt. Während Dortmunds Oberbürgermeister Ullrich Sierau (SPD) bei einer Pressekonferenz den Engelhardts seine Unterstützung zusicherte, standen vor dem Gebäude unbehelligt Neonazis und verteilten Flugblätter mit Porträtfotos der Familie: »Vorsicht: Kriminelle Linksextremisten in Dorstfeld!«

»Wieso kann die Polizei einen normalen Bürger nicht beschützen?«, fragte die Musiklehrerin. Es habe sich lediglich um schwer aufzuklärende Sachbeschädigungen gehandelt und nicht um körperliche Angriffe, lautete die nüchterne Antwort des damaligen Polizeichefs. Die Familie gab schließlich auf und zog 2009 in eine andere Stadt. Die Neonazis hatten gewonnen.

Aber warum ausgerechnet Dortmund? Hier in der gefeierten Ruhrmetropole, der Fußballstadt, dem multikulturellen Schmelztiegel mit den Kindern und Enkeln Tausender Gastarbeiter, die in den Fünfziger- und Sechzigerjahren angeworben wurden. Die NPD war in Dortmund nie besonders stark, bei der Landtagswahl 2010 erhielt sie lediglich 1,1 Prozent der Zweit- und 1,5 Prozent der Erststimmen – vielleicht lag es an solchen Wahlergebnissen, dass man sich nicht vorstellen konnte, ein Problem zu haben.

Vielleicht war man aber auch einfach sehr vergesslich. In den Achtzigerjahren nämlich war Dortmund überregional bekannt für gewalttätigen Rechtsextremismus. Vom Fußballstadion aus machte die berüchtigte »Borussenfront«, angeführt vom späteren Landesvorsitzenden der neonazistischen FAP, Siegfried Borchardt, die Nordstadt unsicher. Auch wenn es heute in Dortmund nur noch lose Verbindungen der Neonaziszene in die Fankurven gibt, blieb Borchardt (Spitzname »SS-Siggi«) ein in der Szene und auch bei den AN angesehener Kader und taucht bei vielen bundesweiten Aufmärschen auf. Für eine Borussenfront-Jubliäumsparty stellten die AN 2011 den Nazi-Hooligans ihr Zentrum zur Verfügung.[8]

Innerhalb von sechs Jahren wurden fünf Menschen von Neonazis getötet – doch nicht einmal das rüttelte die Dortmunder Öffentlichkeit auf, wohl auch, weil zunächst keiner der fünf es in die staatliche Statistik über Todesopfer rechter Gewalt schaffte: Im Juni 2000 erschoss der Rechtsextremist Michael Berger bei einer Polizeikontrolle einen Beamten, auf der Flucht zwei weitere (und am Ende sich selbst). Der 31-Jährige hatte sich zuvor selbst als Freund von »SS-Siggi« bezeichnet.[9] Auf seinem Auto klebte das Logo der Naziband *Landser*. In seiner Wohnung fand die Polizei fünf Schusswaffen, eine Splitterhandgranate, Munition und Mitgliedsausweise der DVU und der Republikaner. Dortmunder Rechtsextremisten druckten nach den Taten Aufkleber. »Berger war ein Freund von uns! 3:1 für Deutschland.« Doch weil sich, wie es hieß, keine direkte politische Motivation für die Schüsse habe nachweisen lassen, wurde die Tat von der Polizei und damit auch von der Öffentlichkeit nicht als rechtsextremistisch gewertet.

Am Ostermontag 2005 traf es den Punk Thomas Schulz. In der U-Bahn-Station Kampstraße kommt es zu einem Wortgefecht zwischen dem 32-jährigen Familienvater und dem damals 17-jährigen Nazi-Skinhead Sven Kahlin. Der zieht ein beidseitig geschliffenes Wurfmesser aus seiner Bomberjacke und sticht seinem unbewaffneten Opfer direkt ins Herz. Schon wenige Tage danach tauchen in der Stadt höhnische Plakate auf: »Wer sich der Bewegung in den Weg stellt, muss mit den Konsequenzen leben.« Als rechtsextremistische Tat wird der Fall trotzdem nicht gewertet. Auch die Zwickauer Terrorzelle NSU mordete in Dortmund. Im April 2006 wurde der Kioskbesitzer Mehmet Kubaşık in seinem Geschäft erschossen, bekanntlich verkannte auch hier die Polizei jahrelang die politischen Hintergründe. Ungeklärt ist, ob möglicherweise örtliche Neonazis die Tat mit vorbereitet haben.

Solange es Punks und Migranten traf, interessierte das wenig

Aufgewacht seien die Dortmunder erst am 1. Mai 2009, sagt der Wissenschaftler Jan Schedler. An jenem Tag überfielen knapp 300 Neonazis aus dem AN-Spektrum eine Maidemonstration des DGB. Am Hauptbahnhof hatte sich die Gruppe zuvor unter dem Vorwand gesammelt, zu einem Aufmarsch nach Hannover fahren zu wollen. Doch auf ein Signal hin stürmten sie in die Innenstadt, bis sie auf die Gewerkschaftsveranstaltung trafen. Mit Fahnenstangen, Fäusten und Böllern attackierten sie Teilnehmer und Polizisten. Die Stadt war geschockt von der geballten Brutalität des schwarz vermummten Nazimobs, der plötzlich prügelnd durch die Innenstadt zog. »Als die Opfer noch Migranten, Punks und Obdachlose waren, haben die Angriffe niemanden interessiert«, sagt ein Dortmunder Antifa-Aktivist. »Erst als die Nazis anfingen auch Leute aus der Mitte der Gesellschaft zu bedrohen, begann sich etwas zu ändern.«

Hartmut Anders-Hoepgen bestreitet dies. Schon lange vor dem Angriff auf den DGB habe man das Problem im Blick gehabt, betont der ehemalige Dortmunder Superintendent. Tatsächlich richtete die Stadt bereits 2007 eine Koordinierungsstelle gegen Rechtsextremismus ein, die Anders-Hoepgen leitet. Doch da war es wohl schon zu spät – denn die AN hatte sich bereits in Dortmund etabliert, und zivilgesellschaftliche Aktivitäten gegen Neonazis brauchen stets ihre Zeit.

Anders-Hoepgen mit seinem grauen Bart und den Lachfalten im Gesicht strahlt eine Freundlichkeit und Ruhe aus, wie man sie von Pfarrern kennt. Unter der Obhut des 67-Jährigen hat sich in Dorstfeld ein Runder Tisch gegen Rechts zusammengefunden. Mit Broschüren begannen dessen Mitglieder das Viertel aufzuklären. Viel habe sich schon getan, sagt Anders-Hoepgen. »Die Dorstfelder schauen inzwischen genauer hin, was hier passiert.« 200 000 Euro stellte die Stadt 2011 für die Koordinierungsstelle bereit – viel Geld in Zeiten leerer Kassen.

Fast sein ganzes Leben hat der Geistliche in Dortmund verbracht. Er weiß noch genau, wie die Borussenfront für Angst sorgte oder 2003 die Wehrmachtsausstellung in Dortmund Station machte, ein nie geklärter Buttersäure-Anschlag verübt wurde und Tausende Neonazis gegen die Schau demonstrierten. Schon damals organisierte er den kirchlichen Teil der Proteste. »Da kamen wir noch nah an den Aufmarsch heran und haben die ausgepfiffen«, erinnert er sich. Heute hingegen verhinderten massive Polizeisperren Proteste in Sichtweite der Neonazis.

Es gibt auch andere Möglichkeiten, den AN ihr Revier streitig zu machen. Ende 2011 kaufte die Stadt das Haus in der Rheinischen Straße, in dem die Neonazis ihr Basislager haben. Die Szene hatte es selbst erwerben wollen, »aber wir haben es denen vor der Nase weggeschnappt«, sagt Anders-Hoepgen und strahlt dabei. Kurz danach schickte die Stadt den Neonazis eine Kündigung, die klagten dagegen. Doch die Stadt pocht auf Eigenbedarf, sie will in den Räumen ein Jugendzentrum einrichten, einen Freiraum für nicht-rechte Jugendliche in der Herzkammer der rechten Szene.

Anders-Hoepgen kennt die Dortmunder Neonazis so gut wie kaum sonst jemand. Rund 50 Leute bildeten »den harten Kern«, sagt er, eigentlich eine überschaubare Gruppe. Entscheidend sei jedoch das enorme Mobilisierungspotenzial. »Der Giemsch schickt eine SMS, und ein paar Stunden später sind 200 Neonazis aus den umliegenden Städten da.«

Dennis Giemsch – das ist die unangefochtene Führungsfigur der AN-Szene in Dortmund, aber auch in Nordrhein-Westfalen, wahrscheinlich sogar bundesweit. Im Jahr 1999, da war er gerade 14 Jahre alt, wurde Giemsch erstmals bei NPD-Aufmärschen gesehen, damals noch als Klischee-Nazi mit Braunhemd und Seitenscheitel. Damals knüpfte er erste Kontakte zur Kameradschaft Dortmund. Ein paar Jahre später gehörte er zu jener Gruppe junger Neonazis, die sich von der traditionellen Dortmunder Szene löste. Gemeinsam mit Berliner Kameraden entwarf er den neuen Stil der AN. Man kannte sich von Aufmärschen und anderen Veranstaltungen. Die Entwicklung des AN-Konzepts wurde vor allem in einem internen Internetforum entworfen, die Berliner diskutierten dort mit den Dortmundern, wie man das eigene Auftreten modernisieren kann. Giemschs Idee war es auch, dass Gesinnungsgenossen aus der Region und sogar aus anderen Bundesländern nach Dorstfeld ziehen. Seine Aufrufe, die als Mundpropaganda kursierten, hatten tatsächlich Erfolg. Schnell stieg die Zahl der Neonazi-WGs und danach auch die Aktivitäten der Szene.

Heute ist Giemsch einer der umtriebigsten Kader der Region: Er fungiert als Anmelder zahlreicher Aufmärsche, ist Anführer des »Nationalen Widerstand Dortmund«, wie sich die Dortmunder AN inzwischen bezeichnen. Meist tritt Giemsch in der Öffentlichkeit mit legerem Wollpullover und Jeans auf. Im Vergleich zu seinen oft schwarz vermummten Gefolgsleuten wirkt er so geradezu seriös. Doch sein Äußeres täuscht. Frühere Weggefährten beschrieben ihn als glühenden Nationalsozialisten und Hitler-Verehrer. Giemsch sei nicht dumm, könne gut planen und organisieren und Menschen für sich begeistern, erzählen Aussteiger.

»Nie wieder Israel«

Dortmund, ein kühler Samstag im September 2008. Die Autonomen Nationalisten haben zu ihrem jährlichen »Antikriegstag« eingeladen, diesmal lautet das Motto: »Gegen imperialistische Kriegstreiberei und Aggressionskriege«. Über

1000 Neonazis, umringt von Hunderten Polizisten, marschieren durch den Stadtteil Körne. Sogar aus Tschechien, Großbritannien und den Niederlanden sind Teilnehmer angereist. Der Altersdurchschnitt liegt weiter unter 30. Es gibt kaum jemanden, der hier keine schwarze Windjacke, Turnschuhe von *New Balance* und die obligatorische Sonnenbrille trägt. Frauen sind nur vereinzelt zu sehen. »Für den Frieden jederzeit ein Ja, für die Aberkennung deutscher Ehre stets ein Nein!«, steht auf dem schwarzen Fronttransparent. Ein Zitat von Adolf Hitler. Dahinter, im Schwarzen Block der Autonomen Nationalisten, wehen Dutzende schwarz-weiß-rote Fahnen. Eine stimmige Inszenierung. Giemsch läuft stolz vorneweg.

»Volksverräter« nennt er die deutschen Politiker. Immer wieder baut er in seine Reden antisemitische Chiffren ein, etwa den »Zinskapitalismus«. Anders als die meisten Funktionäre liest Giemsch seine Texte nicht vom Blatt ab. Und er ist bekannt dafür, dass er seine Ausführungen gern mit Hitler-Zitaten beendet. Nicht viele in der Szene trauen sich das. Auch deshalb kommt Giemsch an bei den Jugendlichen mit ihren in die Luft gestreckten Fäusten. »Israel Opferstaat, wir haben dich zum Kotzen satt«, brüllen sie, und: »Nie wieder Israel!«

Als die Polizei den Zug kurz stoppt, kommt es sofort zu Rangeleien. Böller fliegen auf die Beamten. Jeder Knall wird mit Applaus und Pfiffen gefeiert. Die Polizisten setzen ihre Helme auf und drängen die Neonazis mit Pfefferspray zurück. Jetzt gibt Giemsch den professionellen Vermittler, während die Jungs hinter ihm »All cops are bastards« rufen, »Alle Bullen sind Bastarde«. Als Giemsch einmal gefragt wurde, ob er Sorge vor der Arbeit der Polizei habe, schmunzelte er: »Nein, vor der Polizei müssen wir doch keine Angst haben.«[10] Die Beamten seien schließlich »Freund und Helfer« für »alle Bürger«.

Heute spricht der AN-Kader nicht mehr mit Journalisten.

Mit seiner Freundin und dem gemeinsamen Kind ist er in einen anderen Stadtteil gezogen. Doch die rechtsextreme Erlebniswelt, die er in Dorstfeld geschaffen hat, ist geblieben, und der junge Vater zieht weiter die Fäden beim »Nationalen Widerstand Dortmund«. Giemsch ist zudem Geschäftsmann und weiß, wie man mit rechtsextremer Ideologie Geld verdient. Sein Versand *Resistore* ist einer der bekanntesten im Milieu. Sturmhauben, Stahlzwillen, Pfefferspray, Rechtsrock-CDs und Propaganda – bei ihm bekommt die braune Kundschaft alles, was sie begehrt. Zudem versorgt er über seinen Webserver Dutzende AN-Gruppen in ganz Deutschland mit Speicherplatz für ihre Internetseiten. Seinen Versandhandel hat er ausgerechnet mit Steuergeldern des Staates aufgebaut, den er am liebsten abschaffen will. Im Jahr 2006 erhielt er sechs Monate lang eine Förderung vom Jobcenter. Erst als Antifa-Gruppen die Behörde über sein Geschäft informierten, wurde das Geld 2009 zurückgefordert.

Trotz seiner antisemitischen Hetze wurde Giemsch noch nie verurteilt, doch zumindest das könnte sich ändern. Geschlagene drei Jahre nach dem Angriff auf die DGB-Kundgebung begann im April 2012 vor dem Amtsgericht Dortmund der Prozess gegen Giemsch und seine rechte Hand, Alexander D. Vier Wochen zuvor hatte Giemsch noch lautstark und im Black-Block-Outfit einen Aufmarsch gegen die Räumung seines Nazizentrums in Dorstfeld angeführt. An diesem Morgen vor Gericht gibt er sich betont bieder, sitzt in weißem Kragenhemd und gestreiftem Pullover mit V-Ausschnitt auf der Anklagebank. Wüsste man es nicht besser, man würde ihn für den harmlosen BWL-Studenten von nebenan halten. Von seiner Aktenmappe hat er extra den Aufkleber abgerissen. Fein säuberlich legt er vor sich einen Schreibblock, Stifte und seine Uhr ab. Nervosität ist ihm kaum anzumerken, dabei droht ihm bei einer Verurteilung eine Haftstrafe von bis zu drei Jahren. Die Staatsanwaltschaft wirft ihm vor, den Angriff auf die

Gewerkschafter organisiert und angeführt zu haben. Er habe in 22 Jahren noch nie eine so heikle Situation erlebt, berichtet ein Polizist im Zeugenstand. »Das war ein Mob«, sagt er, »an die kamen sie kommunikativ nicht mehr heran. Keine Chance.« Die vermummten Neonazis hätten auch ihn sofort angegriffen.

Das sei eine spontane Aktion gewesen, auf die er keinen Einfluss gehabt habe, erwidert Giemsch kühl. Den Einwurf des Staatsanwalts, dass sich 400 Neonazis doch ohne Anführer kaum von selbst in Bewegung setzen, kontert er: »Da unterschätzen sie uns.« Sein Mitangeklagter Alexander D. behauptet gar, mäßigend auf die Menge eingewirkt zu haben. »Ich bin nur mitgegangen, um eventuell Schlimmeres zu verhindern.« Schließlich habe »Gewalt nie einen Nutzen«. D. wird es wissen. Schließlich laufen derzeit drei weitere Verfahren gegen ihn, unter anderem wegen gefährlicher Körperverletzung.

Der Zuschauerraum ist mit 50 Personen komplett gefüllt. Nur einmal lächelt Giemsch seiner Gefolgschaft kurz zu. Zwischen Autonomen Nationalisten und tätowierten Naziskins sitzt ein alter Bekannter: SS-Siggi von der Borussenfront. Das Urteil wird erst im Sommer erwartet, eine Verurteilung gilt nach den ersten Prozesstagen als unwahrscheinlich – auch weil sich die Staatsanwaltschaft mit der Anklageschrift viel Zeit gelassen hatte, drei Jahre nach dem Angriff ist bei vielen Zeugen die Erinnerung verblasst.

Opfer rechter Gewalt haben Angst, zur Polizei zu gehen

Im November 2011 hat die Stadt Dortmund eine unabhängige Beratungsstelle für Opfer rechter Gewalt eingerichtet. Bei »Back Up« kann sich melden, wer angegriffen oder bedroht wird – und erhält dann professionelle Hilfe. Das fünfköpfige Team kümmert sich unentgeltlich um Anwälte, psychologische Betreuung und begleitet die Betroffenen zu Gerichtsverhandlungen oder Gesprächen mit der Polizei. »Wir kommen mit der Arbeit kaum nach«, sagt Franca Ziborowius von Back Up. »Schon nach zwei Monaten hatten wir 31 Fälle zu betreuen.« Viele Opfer, aber auch Zeugen, hätten Angst zur Polizei zur gehen. Beispielsweise Migranten mit unklarer Aufenthaltsgenehmigung oder alternative Jugendliche, die Sorge haben, dass die Polizei ihnen eine Mitschuld an dem Übergriff gibt.

Reihenweise können die Leute von Back Up Fälle aufzählen, bei denen die Strafverfolgungsbehörden wenig engagiert wirkten: So wurde eine Schülerin von Neonazis bedroht; sie erstattete Anzeige, aber die Polizisten interessierte zuallererst, ob sie Mitglied linker Gruppen sei und wen sie in der alternativen Szene kenne. Aus dem Opfer wurde eine potenzielle Täterin, den rechtsextremen Drohungen war sie weiter ausgeliefert. Oder eine Gruppe alternativer Jugendlicher. Die war im Sommer 2011 nachts in Dortmund unterwegs, um Plakate gegen einen bevorstehenden Naziaufmarsch zu kleben. Plötzlich fuhr im Schritttempo der bekannte VW-Bus der Dorstfelder Szene neben ihnen, stoppte, und fünf vermummte Neonazis mit Baseballschlägern, Pfefferspray und einem Messer stürzten sich auf sie. »Ich stech' dich ab!«, soll einer der Angreifer gerufen haben. Nur knapp konnten sich die Opfer in einen Hauseingang retten und den Notruf wählen. Gleichzeitig warfen die Rechtsextremisten weiter Steine und Flaschen, die sie aus dem Bus gereicht bekamen. Wenige Minuten später traf ein Streifenwagen ein. Die Fahndung nach dem Fluchtfahrzeug und den Tätern, von denen die Angegriffenen einen sogar namentlich identifizieren konnten, blieb erfolglos. Stattdessen kümmerten sich die Beamten intensiv um die Opfer: Weil sie in der Nähe frisch geklebte Plakate mit der

Aufschrift »No Nazis« entdeckt hatten, nahmen sie seelenruhig die Personalien der unter Schock Stehenden auf – für ein Ermittlungsverfahren wegen Sachbeschädigung. Als in diesem Moment die Mutter eines der Opfer auftauchte und sich beschwerte, wurde sie in Handschellen gelegt.[11] Wochenlang feierten die Neonazis im Internet den Angriff und gratulierten der Polizei zu der, aus ihrer Sicht, angemessenen Behandlung des »Zeckenpacks«.

Und dann ist da Sven Kahlin, der Skinhead, der 2005 den Punk Thomas Schulz erstach und wegen Totschlags zu sieben Jahren Haft verurteilt wurde. Im September 2010 wurde er überraschend wegen »guter Führung« vorzeitig entlassen. Ein Gutachter hatte bescheinigt, dass keine weiteren Straftaten von ihm zu erwarten seien. Sofort plakatierten die Kameraden um Dennis Giemsch triumphierende Poster: »5 Jahre für ein ganzes Leben!« Schon bald trat Kahlin bei einem Aufmarsch als Redner auf. Die Zeit im Gefängnis habe ihn »nicht gebrochen«, betonte er unter dem Jubel der Teilnehmer. Auf seinem T-Shirt stand: »Was sollten wir bereuen?«

Es dauerte nur wenige Wochen, bis Kahlin erneut an einer schweren Gewalttat beteiligt war. Im Dezember 2010 wurde die alternative Kneipe Hirsch-Q nahe dem Dortmunder Hauptbahnhof zum wiederholten Male von Rechtsextremisten attackiert. Zwei Überwachungskameras haben die Tat festgehalten, so ist sie in einem vierminütigen Video im Internet dokumentiert.[12] Da ist zu sehen, wie sich ein Trupp Skinheads vor der Kneipe sammelt, Zigaretten in der Hand. Mit ihren schweren Stiefeln springen sie dann gegen Fenster und Türen, zerren Gäste aus dem Lokal, treten auf sie ein. Vier Besucher werden verletzt, einer davon durch Messerstiche. Die Angreifer können wenige Straßen entfernt festgenommen werden, darunter Kahlin. Anhand der Video-Aufnahmen hatten Antifa-Gruppen schon nach wenigen Tagen etliche der Täter identifiziert – doch die Staatsanwaltschaft erhob erst 2012 Anklage. Die Auswertung des Videos sei sehr aufwendig gewesen, hieß es zur Begründung.

Jedenfalls blieb Kahlin auf freiem Fuß und prügelte weiter. 2011 attackierte er einen Kneipenwirt, der die Skinheads aufgefordert hatte, sein Lokal zu verlassen. Diesmal immerhin kam es schnell zum Prozess, doch die Richterin wertete Kahlins Angriff als unpolitisch und verhängte erneut Bewährung. Erst als er im November 2011 auf dem Weihnachtsmarkt zwei Migranten bewusstlos prügelte, kam er erneut in U-Haft.

Kahlin gehört zur »Skinheadfront Dorstfeld«, der neben den Autonomen Nationalisten zweiten Dortmunder Neonazi-Gruppierung. Sie ist deutlich kleiner als die Szene um Dennis Giemsch und im Auftreten ein unübersehbarer Kontrast. Die knapp 15 Mitglieder und ihr Umfeld zelebrieren den rechten Skinheadkult exakt so, wie er in den Achtziger- und Neunzigerjahren weit verbreitet war und heute kaum noch zu finden ist: mit Glatze, Bomberjacke und Springerstiefel. Das Durchschnittsalter der Skinheadfront liegt weit höher als bei den AN, gewalttätig ist auch sie.

Die Gruppen pflegen ein zwiespältiges Verhältnis. Als die jungen Autonomen Nationalisten vor ein paar Jahren immer häufiger in ihren neumodischen Klamotten auftauchten, stießen sie bei den älteren Nazi-Skins anfangs auf vehemente Ablehnung. Die empfanden Kapuzenjacken und Turnschuhe als Erkennungszeichen der Linken und warfen, wie Szene-Aussteiger berichten, den AN »Verrat an den Idealen der Bewegung« vor. Umgekehrt sahen die Autonomen Nationalisten in den Glatzen einen undisziplinierten Haufen von Säufern, die zu ernsthaften Aktionen kaum fähig seien. In der Tat ist die Skinheadfront nie mit politischen Aktionen aufgefallen. Der Gruppe geht es vor allem um gemeinsamen Alkoholkonsum, den Besuch von Rechtsrockkonzerten und der Zurschaustellung rechtsextremer Tätowierungen auf der eigenen Internetseite.

Über die Jahre aber näherten sich beide Gruppen langsam an. Die Skinheadfront unterstützt mit ihrer Teilnahme inzwischen fast alle Aufmärsche der AN. Diese überlassen im Gegenzug den Skins ihre Räume für Veranstaltungen. Und Dennis Giemsch hostet ihre Internetseite. Der Konflikt zwischen alten und neuen Neonazis ist entschärft. Eine gewisse Distanz jedoch bleibt bestehen, so fahren beide Gruppen ausschließlich in getrennten Bussen zu bundesweiten Nazi-Aufmärschen.

Für die Nachwuchsrekrutierung der extremen Rechten hat sich die Zweiteilung der Szene sogar als hilfreich erwiesen: Wer sich mehr vom martialischen Skinheadkult angezogen fühlt, geht zur einen Gruppe; wer es lieber poppig und aktionsorientiert haben möchte, findet in der anderen seine Heimat. Augenfällig ist auch der unterschiedliche Umgang mit Gewalt: Während die Skinheads ihre Taten meist spontan im Rausch verüben, sind jene der Autonomen Nationalisten in der Regel gezielt vorbereitet und geplant.

Seit Herbst 2011 amtiert in Dortmund ein neuer Polizeipräsident, und mit Norbert Wesseler soll ein frischer Wind einziehen. Der Schock über die Aufdeckung der NSU-Mordserie kam genau zu der Zeit, als er seine Stelle antrat. Eine der ersten Amtshandlungen Wesselers war die Einrichtung einer »Besonderen Aufbau-Organisation« gegen Rechtsextremisten. Szenekundige Beamte vom Landeskriminalamt und anderen Stellen sollen darin ihre Kräfte bündeln und den Verfolgungsdruck auf Neonazis verstärken. »Wir wollen denen richtig auf den Füßen stehen«, sagt Wesseler. »Es muss klar werden, dass es hier keinen Raum für Rechtsextremisten gibt.« Das Land hat Extrapersonal bereitgestellt, und auch Wesseler ordnete zusätzliche Beamte ab. Parallel dazu gründete das städtische Ordnungsamt eine »Taskforce«, die in Dorstfeld künftig jedes kleinste rechtsextreme Vergehen ahnden soll. Plakate, Aufkleber und Schmierereien sollen immer sofort entfernt werden – keine Aktion soll mehr stattfinden können, ohne dass der Staat eingreift.

Als »Null-Toleranz-Strategie« bezeichnet die Stadt das Konzept. Wesseler will Dortmund »unattraktiv« für die Rechtsextremisten machen und hofft, den Stempel »Nazi-hochburg« irgendwann loszuwerden. Er weiß, dass die Stadt dafür einen langen Atem braucht. Eine Bewährungsprobe für den Polizeipräsidenten wird der jährliche Großaufmarsch der Autonomen Nationalisten im September. Noch 2011 wurden alle Sitzblockaden von Gegendemonstranten geräumt, teilweise sehr ruppig und unter Einsatz von Pfefferspray. Die Debatte, ob das gerechtfertigt war, wurde bis hinauf in den Düsseldorfer Landtag geführt. Die Dortmunder Anti-Nazi-Initiativen erwarten von Wesseler, dass die Polizei sensibler mit den Protesten umgehe. Sie wollen im September erneut mit Tausenden Bürgern versuchen, den braunen Marsch zu stoppen und haben dabei die Rückendeckung des Oberbürgermeisters. »Ich sage ganz klar, Sitzblockaden sind legitim«, erklärte der Sozialdemokrat Ullrich Sierau öffentlich.

Manche Aktion der Neonazis aber lässt sich selbst mit höchstem Polizeieinsatz nicht verhindern. Am Tag vor Heiligabend 2011 klingelte ein »Nationaler Weihnachtsmann« in rotem Kostüm und mit weißem Rauschebart an der Tür von Sieraus Privathaus und drückte seiner überraschten Frau ein makabres Geschenk in die Hand: Eine Flasche Wein für die Eltern und eine Nazi-CD für die Kinder lagen in dem Paket.[13]

Die Botschaft war klar: Wir wissen, wo ihr wohnt.

Wie die braune Bewegung entstand

Wer den aktuellen Rechtsextremismus
und -terrorismus (nicht nur) in Ostdeutschland
verstehen will, muss zurückblenden in die Neunzigerjahre

Michael Kühnen grinste triumphierend. Es war der 1. Mai 1990, die Mauer bereits gefallen, aber die Wiedervereinigung von DDR und Bundesrepublik noch fast ein halbes Jahr entfernt. Im zerbröselnden Arbeiter-und-Bauern-Staat herrschte Goldgräberstimmung, die ersten Geschäftemacher steckten ihre Claims ab und genauso die bundesdeutschen Parteien. Michael Kühnen war damals der wichtigste Anführer der militanten Neonazi-Szene im Westen, von seinen Anhängern fast kultisch verehrt und bei Journalisten ein beliebter Interviewpartner, weil er jung war, eloquent und durchaus fotogen. Kühnen versuchte in jenen Monaten, im Osten Anhänger zu rekrutieren – und ließ sich dabei von einem *Spiegel-TV*-Team begleiten.[14]

An jenem 1. Mai 1990 war es dem Hamburger Neonazi gelungen, über die innerdeutsche Grenze zu schlüpfen. Eigentlich hatten die DDR-Behörden ihn – wie auch andere westdeutsche Rechtsextremisten – mit einer Einreisesperre belegt. Republikaner-Chef Franz Schönhuber zum Beispiel war im Januar mit großem Tamtam und Diplomatenpass (den er damals als Mitglied des Europaparlaments besaß) am Potsdamer Platz in Berlin aufgelaufen, um in die DDR zu reisen –

aber die Grenzer ließen ihn wegen »faschistischer Tätigkeit« abblitzen. Kameraden von Kühnen jedoch hatten den winzigen Grenzübergang von Treffurt in Thüringen ausgekundschaftet. Dort habe am durchschnittenen Grenzzaun lediglich ein winziger Container gestanden, erzählte Kühnen hinterher amüsiert, der habe wohl nicht mal einen Telefonanschluss. Jedenfalls erkannten die Grenzer den damals prominentesten deutschen Neonazi nicht und druckten ihm routinemäßig ein Visum in den Ausweis. So konnte er wenige Stunden später, wie von ihm angekündigt, eine Großveranstaltung mit DDR-Neonazis abhalten. Im Kulturhaus von Nordhausen, wo sonst sozialistische Jugendweihefeiern stattfanden, stand nun Kühnen auf der Bühne, hetzte einen Saal voller Anhänger auf und sang mit ihnen »Deutschland, Deutschland, über alles«, die Arme zu einem leicht abgewandelten Hitler-Gruß erhoben. Das Publikum feierte ihn. Die Volkspolizei saß – wie später noch oft – untätig dabei.

So begann Kühnens Eroberungsfeldzug Ost. Und so begann eine Entwicklung, die bis heute nachwirkt. Wer den Boom des Rechtsextremismus (nicht nur) in den neuen Ländern verstehen will, die zwischenzeitliche Auferstehung der NPD vom siechen Altherren-Club zu einer dynamischen Partei, das Entstehen von Neonazi-Kameradschaften und auch der Terrorgruppe Nationalsozialistischer Untergrund (NSU) – wer all dies verstehen will, der muss sich zurückversetzen in die Neunzigerjahre. Weitgehend ungestört von staatlichen Repressionen wuchs damals in Ostdeutschland eine regelrechte (Jugend-)Bewegung heran. Im Ergebnis bildeten sich stabile neonazistische Milieus, die sich unabhängig von politischen Organisationsformen und vereinzelten Verboten seit zwei Jahrzehnten regenerieren, die inzwischen mehrere Generationen von Jugendlichen geprägt haben – und die für Sicherheitsbehörden oder auch die Zivilgesellschaft nur noch schwer zu beeinflussen sind.

Natürlich, Neonazis gab es auch in der alten Bundesrepublik, doch eine größere Ausstrahlung in die Gesellschaft hinein konnten sie dort nie gewinnen. Michael Kühnen, Jahrgang 1955, war in den Achtzigerjahren ihr wichtigster Ideologe und Stratege. Als Jugendlicher kurzzeitig in der NPD aktiv, wurde er 1974 Zeitsoldat, studierte an der Universität der Bundeswehr und musste die Truppe 1977 als Leutnant unehrenhaft verlassen. Seine Aktionsfront Nationaler Sozialisten (ANS) hatte anfangs nur wenige Mitglieder, erregte aber durch öffentlichkeitswirksame Aktionen erhebliches Aufsehen. So zogen Kühnen und einige Kameraden im Mai 1978 mit Eselsmasken durch Hamburg, um den Hals Plakate mit der Aufschrift: »Ich Esel glaube noch, dass in deutschen KZs Juden ›vergast‹ wurden.« Die Aktion gilt unter Neonazis bis heute als Vorbild, wird immer und immer wieder kopiert.

Bis zum Verbot der ANS 1983 entstanden zahlreiche Regionalgruppen (in NS-Manier als »Gaue« bezeichnet), die Mitgliederzahl wuchs auf mehr als 300. Spätere Führungskader der Szene wie Steffen Hupka und Christian Worch starteten ihre Karrieren dort oder in der 1984 gegründeten Nachfolgeorganisation Gesinnungsgemeinschaft der Neuen Front (GdNF). Auch die Freiheitliche Arbeiterpartei (FAP) von Friedhelm Busse und die von Meinolf Schönborn geführte Nationalistische Front (NF) gewannen in den späten Achtzigerjahren Hunderte Mitglieder. Dies waren straff geführte Gruppen meist militanter Neonazis, aus denen immer wieder auch Rechtsterroristen hervorgingen. Aber die Szene war dauernd zerstritten, unter anderem wegen der Homosexualität Kühnens, die so gar nicht zu seiner völkischen Ideologie zu passen schien.

Auch die Parteien des rechten Rands hatten im Westen nicht viel zustande gebracht. Die Geschichte der Sozialistischen Reichspartei (SRP) endete nach zwei Landtagswahlerfolgen 1952 mit dem Verbot. Die 1950 gegründete Deutsche Reichspartei (DRP) errang nur einzelne Landtagssitze und kam bei Bundestagswahlen lediglich auf 0,8 bis 1,1 Prozent. Das westdeutsche Wirtschaftswunder ließ in den Nachkriegsjahrzehnten die Hitler-Nostalgie schnell verblassen, und die CDU unter Konrad Adenauer integrierte viele Altnazis. Erst als ab Mitte der Sechzigerjahre der Nachkriegsboom in eine erste Rezession mündete und mit der 1964 gegründeten Nationaldemokratischen Partei Deutschlands (NPD) ein Sammelbecken bereitstand, stieg die Zahl rechtsextremer Wähler wieder. Unter ihrem Vorsitzenden Adolf von Thadden setzte die NPD zu einem zweijährigen Höhenflug an, eroberte in sieben Landtagen insgesamt 61 Mandate, 1968 in Baden-Württemberg verzeichnete sie mit 9,8 Prozent ihr bestes Ergebnis. Außer beim Mittelstand und unter Bauern konnte die NPD auch unter Arbeitern eine beachtliche Anhängerschaft um sich sammeln. Doch bei der Bundestagswahl 1969 scheiterte sie mit 4,3 Prozent.

Im folgenden Streit über die künftige Strategie zerfleischte sich die Partei und versank für ein Vierteljahrhundert in der Bedeutungslosigkeit. Ein Teil der NPD-Leute ging in militante Gruppen, ein anderer in die biedere Deutsche Volksunion (DVU), die der Verleger der *National-Zeitung,* Gerhard Frey, 1971 gegründet hatte. Weit erfolgreicher waren die Republikaner. Mit dem ehemaligen Fernsehmoderator und Vize-Chefredakteur des *Bayerischen Rundfunks,* Franz Schönhuber, verfügten sie über einen medienerfahrenen und durchaus charismatischen Spitzenmann. Zudem gelang es der Partei – trotz Schönhubers Vergangenheit als Freiwilliger der Waffen-SS – relativ gut, sich von Neonazis abzugrenzen und als »nur« patriotisch zu präsentieren. Man bemühte sich um ein Programm, das nicht eindeutig rechtsextrem klang, sondern auch Konservative ansprach.

Mit ihrer Agitation gegen »Überfremdung« und den »Ausverkauf deutscher Interessen«, für eine schärfere Verbrechensbekämpfung und mehr »nationale Identität« wirbelten die Republikaner in der zweiten Hälfte der Achtzigerjahre denn auch die Politik durcheinander. Bei den Wahlen zum Berliner Abgeordnetenhaus im Januar 1989 trat die Partei mit einem Werbespot an, in denen Bilder türkischstämmiger Einwohner mit der Filmmelodie des Westernklassikers *Spiel' mir das Lied vom Tod* unterlegt waren – am Ende standen 7,5 Prozent der Stimmen (1992 und 1996 folgten noch größere Erfolge in Baden-Württemberg). Die 7,1 Prozent der Republikaner bei der Europawahl im Juni 1989 sind das bis heute höchste Ergebnis einer rechtsextremen Partei überhaupt bei einer bundesweiten Abstimmung. Den Republikanern gelang es damals, die in der Bevölkerung verbreiteten rassistischen Ressentiments zu bündeln und das Thema »Asylmissbrauch« auf die politische Tagesordnung zu drücken.

Dann brach überraschend das SED-Regime zusammen. In der folgenden Wiedervereinigungseuphorie mit ihrem nationalen Taumel erdrückte Helmut Kohl erst mal alle Rechtsaußen-Parteien. Doch jenseits des Parteiensystems entstand ein Gewaltpotenzial, wie es die Republik noch nicht gesehen hatte.

Nach dem Mauerfall starteten die westdeutschen Rechtsextremisten, von Schönhuber bis Kühnen, ein regelrechtes Wettrennen in die Noch-DDR. Ab Mitte Dezember 1989 verteilten die Republikaner Flugblätter auf den Montagsdemonstrationen. Die NPD schickte jede Woche alle verfügbaren Kader aus Frankfurt/Main – im dortigen Stadtrat verfügte sie damals über ihre einzige bedeutende Parlamentsfraktion – nach Leipzig. Man brachte Aufkleber mit dem Spruch »Ein Herz für Deutschland« unter die Leute und Plakate mit der Forderung nach schneller Wiedervereinigung. Am 5. Februar 1990 verhängte die Volkskammer ein (praktisch wirkungsloses) Betätigungsverbot über die Republikaner.[15] Die NPD hoffte anfangs auf eine Zusammenarbeit mit der Ex-Block-partei NDPD, gründete dann aber Ende März den Ost-Ableger Mitteldeutsche Nationaldemokraten (MND).

Den Rechtsaußen-Parteien gelang es in den folgenden Jahren, im Osten ein paar Tausend Mitglieder zu rekrutieren – doch das waren vor allem Karteileichen und kaum fähige Funktionäre. Die wirklich aktiven Rechtsextremisten sammelten sich woanders, in (oder im Umfeld von) kleinen Neonazi-Organisationen, etwa in der GdNF von Michael Kühnen und ihren Untergruppen, in FAP, NF oder der ostdeutschen Neugründung Nationale Alternative (NA). Solche Gruppen waren gerade für Jugendliche viel attraktiver als Republikaner & Co., die kaum mehr taten, als Flugblätter zu verteilen und Versammlungen abzuhalten. Die Neonazis dagegen boten Action. Nach dem Vorbild der alternativen Westberliner Hausbesetzer okkupierten Skinheads im Ost-Stadtteil Lichtenberg Anfang 1990 einen maroden Altbau in der Weitlingstraße, mit Unterstützung westdeutscher und österreichischer Kameraden wurde er festungsartig ausgebaut und diente dann gleichermaßen als NA-Parteizentrale und Basislager für Überfälle auf linke Hausprojekte.

Michael Kühnen verfasste im Januar 1990 einen »Arbeitsplan Ost« für seine GdNF. Als hilfreich erwies sich, dass es in der westdeutschen Neonazi-Szene zahlreiche Ex-DDR-Bürger gab. Viele von ihnen waren vor 1989 von der Bundesrepublik als »politische Häftlinge« freigekauft worden, etwa Frank Hübner, Kühnens Führungskader in Cottbus, oder Arnulf Priem, der Kontaktmann zu Ost- und Westberliner Neonazis; mit Rainer Sonntag und Roman Dannenberg konnte Kühnen auch nach Dresden und Hoyerswerda Emissäre schicken, die ursprünglich von dort stammten.

Im Laufe der Achtzigerjahre hatten sich nämlich auch in der DDR – als ein Ergebnis der bröckelnden Loyalität in der Bevölkerung – verschiedene Jugend-Subkulturen entwickelt, darunter rechte Skinheads und Hooligans. Diese waren eher gewalttätige Rechtsradikale, von denen sich schon damals die neo-nationalsozialistischen »Faschos« absetzten, die sich eher als politische Kämpfer verstanden. Das Ministerium für Staatssicherheit (MfS) nahm diese Szenen erstmals 1982 wahr, kümmerte sich aber nicht groß um sie. Immer wieder in den Achtzigern registrierte die Stasi rechte Gewalttaten, zum Beispiel:

»22.3.1987 – Brutales Zusammenschlagen eines NVA-Angehörigen durch 6 Skinheads in Berlin-Marzahn,

29.3.1987 – Eindringen von Skinheads in einen Bungalow in Berlin-Hellersdorf, um dort befindliche Punks zusammenzuschlagen,

11.9.1987 – Gemeingefährliches Zusammenschlagen mosambiquanischer Staatsbürger, verbunden mit herabwürdigenden Äußerungen in Dresden«.[16]

In der Nacht vom 19. zum 20. September 1987 wurde im sachsen-anhaltischen Stassfurt der Mosambikaner Carlos Conceicao von Diskobesuchern verprügelt und im Flüsschen Bode ertränkt, ein anderer im Mai des Folgejahres zwischen Riesa und Elsterwerda in Sachsen aus einem fahrenden Zug geworfen und dabei schwer verletzt.[17] Immer wieder wurden auch jüdische Friedhöfe geschändet, jener in der Schönhauser Allee im Berliner Prenzlauer Berg zwischen November 1987 und März 1988 gleich fünfmal. Doch linke Punks galten der Stasi lange als das ernstere Problem.

Ein Wendepunkt im Umgang der DDR-Obrigkeit mit den Rechtsradikalen war der Überfall auf ein Konzert der

Westberliner Punkband *Element of Crime* im Oktober 1987. Rund 30 Skins schlugen dabei in der Zionskirche im Prenzlauer Berg die Besucher brutal zusammen, beschimpften sie als »Judenschweine« und riefen »Sieg Heil!«; die Volkspolizei stand tatenlos vor der Tür. Direkt nach diesem Überfall wies die MfS-Zentrale alle Bezirksverwaltungen an, ihr »über die in der DDR existierenden Skinheads« zu berichten. Zurückgemeldet wurden rund 800 Personen im Alter von 16 bis 25 Jahren, Hochburgen waren nach dieser Erhebung Berlin (ca. 350) und Potsdam (ca. 120).

Die rechten Jugendlichen waren keineswegs nur »Asoziale«, wie gesellschaftliche Außenseiter in der DDR genannt wurden. »Die überwiegende Mehrheit der Skinheads geht einer Arbeit nach«, notierte die Stasi. »Im Gegensatz zu anderen negativ-dekadenten Jugendlichen zeigen sie zum Teil gute Arbeitsleistungen, Arbeitsdisziplin und werden im Arbeitskollektiv anerkannt.« Die Hälfte der rechten Jugendlichen stammte aus Facharbeiter-Familien, ein knappes Viertel hatte Eltern, die zur »Intelligenz« (mittlere DDR-Funktionsträger) zählten.[18] Ihr Rassismus wurde von größeren Teilen der Gesellschaft geteilt. Die Ausländer, fasste die Ost-Berliner Soziologin Loni Niederländer das damalige Feindbild zusammen, würden »den DDR-Bürgern Wohnraum wegnehmen, durch ihre spekulativen Käufe das Industriewarenangebot reduzieren, Aids in die DDR einschleppen, jede Frau wie eine leicht käufliche Prostituierte behandeln, mit ihrer konvertierbaren Währung den dicken Max spielen usw«.

Im Februar 1988 befasste sich das SED-Politbüro mit dem Problem und wies die Jugendorganisation FDJ an, »diesen Erscheinungen … verstärkte Aufmerksamkeit zu schenken«. Doch nach offizieller Lesart waren die rechten Jugendcliquen vom Westen gesteuert, hausgemacht durften sie nicht sein. Eine zwischenzeitlich mit der Suche nach Ursachen beauftragte Forschergruppe der Humboldt-Universität wurde wieder zurückgepfiffen. Ende 1988 ergab eine erneute Zählung der Stasi bereits mehr als 1000 rechte Skinheads, Hooligans und Faschos. Als die DDR ihrem Ende entgegenging, gab es in vielen Regionen mehr oder weniger feste Gruppen, beispielsweise die »NS-Kradstaffel Friedrichshain« und die »Bewegung 30. Januar« (Berlin), die »Söhne der Arier« (Erfurt) und die »SS-Division Walter Krüger« (Wolgast), die »Gubener Heimatfront«, die »Wehrsportgruppe Schwedt/ Gartz« und die »Weimarer Front«.[19] 1989/90 brach das Überwachungsnetz von politischer Kriminalpolizei und MfS zusammen, der braune Aufschwung Ost konnte beginnen.

Das Beispiel Weimar hat der Historiker Ralf Borchert in einer detaillierten Studie geschildert:[20] 1989 hatte die Stasi dort 40 bis 50 Skinheads ausgemacht, darunter mehrere FDJ-Aktivisten und Kandidaten der SED. Jahrelang traf sich die Szene unbehelligt im Jugendclub einer Plattenbausiedlung und in einer Fußgängerzone in der Innenstadt. Im März 1989 nahm sich die Weimarer Kreisdienststelle des MfS dann die »Zersetzung« dieser »negativ-dekadenten Jugendlichen mit faschistischem Gedankengut« vor. Ohne Erfolg. Im Juli wurden während eines FDJ-Kulturfestivals tagelang ausländische Gäste von Rechten beschimpft und angegriffen, an zwei Abenden kam es zu fast pogromartigen Ausschreitungen. »Wir haben sie beruhigt und versucht, eine sachliche Aussprache zu führen«, hieß es hinterher von der Volkspolizei. »Wir haben sie darauf aufmerksam gemacht, dass sie sich in der Öffentlichkeit ruhig zu verhalten haben. Als die Ruhe und Ordnung wieder hergestellt war, wurde der Einsatz abgebrochen, und die Genossen haben ihren Dienst nach Plan weiter versehen.« Mehr als die Volkspolizei half damals ein beherzter Restaurantchef, der den Angegriffenen in seinem Büro Unterschlupf gewährte.

Ende September 1989, das Rumoren in der DDR war nun schon nicht mehr zu überhören, legte die örtliche Stasi einen

Katalog von »festgelegten Maßnahmen« gegen die Szene vor: Neben »Disziplinierungsgesprächen« und »Inhaftierung« war vorgesehen, einen Anführer in den Westen abzuschieben. Außerdem empfahl man der FDJ, Skinheads doch »in die Ordnungsgruppenarbeit von Jugendklubs« zu integrieren – die prügelnden Rechten sollten also künftig als Türsteher der sozialistischen Jugendorganisation dienen.

Schon vor dem Fall der Mauer hatten Weimarer Skinheads Kontakte zu westdeutschen Kameraden gepflegt, unter anderem kursierten unter ihnen Flugblätter und Aufkleber der NF. Im Sommer 1989 wanderten einige via Ungarn oder Prag in den Westen aus – und kehrten nach Öffnung der Grenzen als Mitgliederwerber von NF oder FAP zurück nach Weimar. In der Folgezeit entwickelte sich die Stadt zu einer rechtsextremen Hochburg Thüringens. Ein rechtes Hausbesetzerprojekt entstand, zeitweise durften Mitglieder der Neonazi-Organisation Nationale Offensive (NO) sogar am örtlichen Runden Tisch teilnehmen. Auch die Gewalttaten gingen nahtlos weiter, 1990 wurde in Weimar ein Mosambikaner überfallen und lebensgefährlich verletzt. »Die Regionen, die nach der Wende als erste ganz massiv und sichtbar von rechter Jugendgewalt heimgesucht wurden, hatten schon in der DDR eine besondere Bedeutung für die Szene«, resümiert Bernd Wagner, der vor und kurz nach 1990 Staatsschützer bei der Kriminalpolizei war und heute die Aussteigerinitiative Exit Deutschland leitet.

»Eine stahlharte, weltanschaulich gefestigte Kadertruppe«

Die GdNF trat in der DDR offiziell nur mit ihren Tochterorganisationen auf, vor allem der Partei Deutsche Alternative (DA). Die war schon im Mai 1989 in Bremen gegründet worden, aber für den DDR-Ableger gab es ein eigenes Parteiprogramm, das – wie es in Kühnens »Arbeitsplan Ost« hieß – »so gemäßigt formuliert« wurde, dass »eine Registrierung als legale politische Partei möglich ist«.[21] Die Hauptforderungen der DA waren »soziale Gerechtigkeit in ganz Deutschland«, eine »sofortige Wiedervereinigung mittels Volksabstimmung« sowie die »Wahl einer verfassungsgebenden Nationalversammlung«. Das klang harmlos, war aber geschickt verschlüsselte NS-Ideologie: Was die Chiffre »soziale Gerechtigkeit« bedeutete, stand gleich in Klammern dahinter: »Schaffung einer wahren Volksgemeinschaft«. Eine Wiedervereinigung nach den Vorstellungen der DA muss irgendwann natürlich auch die ehemaligen deutschen Ostgebiete einschließen, und die neue Verfassung sollte das bei Rechtsextremisten seit jeher verhasste Grundgesetz ersetzen.

Von demokratischen Wahlen erhoffen sich Neonazis wenig, die Agitations- und Organisationsmöglichkeiten aber, die Parteien in einer parlamentarischen Demokratie bieten, nutzen sie gern. Die DA war vor allem eine Tarnorganisation, was aus dem »Arbeitsplan Ost« auch hervorgeht: Hinter der Partei sollte »eine stahlharte, weltanschaulich gefestigte Kadertruppe stehen«, die »nach außen hin möglichst wenig« in Erscheinung tritt. Während die DA »möglichst schnell möglichst viele« Mitglieder aufnehmen sollte, müssten die GdNF-Kader im Hintergrund handverlesen sein. »Unsere Aktivisten«, so die Anweisung, »sollen sich an den Demonstrationen beteiligen und versuchen, diese zu radikalisieren, ohne sich selber zu isolieren.«

Das folgende Jahr verbrachte Kühnen vor allem in Ostdeutschland – weil er dort fand, was im Westen immer gefehlt hatte. »Dort gibt es Zehntausende von Jugendlichen, die Sympathien für uns haben«, schwärmt er im Frühjahr 1991 kurz vor seinem Aids-Tod in einem Illustrierten-Interview. »Das ist natürlich eine Situation, die jeden Politiker zu fast schon erotischen Gefühlen anstachelt. Das ist traumhaft.«[22] Die Demoskopie bestätigte Kühnens Beobachtung: Im Dezember 1990 stimmten bei einer Umfrage Leipziger Wissenschaftler fast 30 Prozent der jungen Ost-Männer der Aussage zu, das Dritte Reich habe gute Seiten gehabt.[23] Auch Fremdenfeindlichkeit war weit verbreitet. Bloße sechs Prozent der Jugendlichen waren damals der Meinung, es gebe »nicht viele« Ausländer in Ostdeutschland – obwohl unter den knapp 17 Millionen Ex-DDR-Bürgern weniger als 200 000 Nicht-Deutsche lebten (die meisten Vertragsarbeiter, vor allem aus Vietnam, Mosambik und Kuba).

Noch traumhafter für Kühnen und seine Kameraden war, dass sie in der untergehenden DDR nahezu ungestört agieren konnten. Hitlers Geburtstag am 20. April 1990 zum Beispiel feierten Ost-Berliner Neonazis auf dem Alexanderplatz, am Fuß des Fernsehturms schwenkten sie die Reichskriegsflagge, die Polizei war überfordert. Mehrfach schaffte es der Hamburger Neonazi wie am 1. Mai 1990 trotz Einreiseverbot über die innerdeutsche Grenze. Anfang Juli landete auf dem Flughafen Berlin-Schönefeld der US-Amerikaner Gary Lauck, der Führer der in der Bundesrepublik verbotenen NSDAP-AO. Kühnen holte ihn gemeinsam mit seinen engsten Vertrauten Christian Worch und Gottfried Küssel ab. In der Empfangshalle begrüßten sich alle mit einem nach Hitler-Manier lässig hochgeworfenen rechten Arm.[24] Niemand nahm daran Anstoß. In einem roten Opel Ascona chauffierten sie Lauck dann durch Ost-Berlin und führten ihm die Anfänge der Bewegung vor.

Der alte Staat war nicht mehr, der neue noch nicht da. Und auch die Wiedervereinigung am 3. Oktober 1990 änderte erst mal wenig an dem polizeilichen Vakuum. Mindestens zwei Jahre lang, von Anfang 1990 bis Ende 1991, war der Sicherheitsapparat in Ostdeutschland kaum handlungsfähig. Ständig wurden Behörden aufgelöst und neu gegründet, die Beamten wussten – sofern sie überhaupt arbeiten konnten – oft nicht, was sie tun sollten und durften.

In der DDR hatte sich neben der Stasi auch die Hauptabteilung K im Ministerium des Innern um politische Straftaten gekümmert. Das MfS wurde im November 1989 von der letzten SED-Regierung unter Hans Modrow in Amt für Nationale Sicherheit (AfNS) umbenannt, doch nach wochenlangen Bürgerprotesten beschloss die Regierung dessen vollständige Auflösung. Nach bundesdeutschem Vorbild sollte stattdessen ein Verfassungsschutz aufgebaut werden, aber auch dies musste Modrow bald revidieren. Als nach der Wiedervereinigung in den fünf neuen Ländern eigene Verfassungsschutzbehörden entstehen sollten, traf das anfangs ebenso auf Widerstand. Nach den Erfahrungen mit der Stasi war die Abneigung gegenüber Geheimdiensten parteiübergreifend groß. Das sächsische Landesamt für Verfassungsschutz beispielsweise wurde erst im November 1992 eingerichtet. Im Innenausschuss des Brandenburger Landtags kam es bei diesem Thema zu teilweise tumultartigem Streit, erst im März 1993 konnte der Landtag in Potsdam das Landesverfassungsschutzgesetz beschließen. Zwar war seit 1990 das Bundesamt für Verfassungsschutz auch für Ostdeutschland zuständig, aber dessen Informationen waren anfangs höchst lückenhaft. Was Kühnen & Co. taten, hatte deshalb kaum jemand auf dem Schirm.

Die Hauptabteilung K des DDR-Innenministeriums wurde im Februar 1990 in das Zentrale Kriminalamt (ZKA) umgewandelt, Vorbild war dabei das bundesdeutsche BKA. Im Zuge der Wiedervereinigung wurde daraus das Gemeinsame Landeskriminalamt (GLKA) der neuen Bundesländer. Streng genommen agierte das GLKA ohne rechtliche Grundlage, weil weder der Einigungsvertrag noch das Polizeiaufgabengesetz der ehemaligen DDR dessen Zuständigkeiten regelten. Und eine provisorische Vereinbarung der fünf neuen Länder vom 16. Oktober 1990 trat nie in Kraft, weil Thüringen die

Unterschrift verweigerte. Solches Chaos war in der Wendezeit nichts Ungewöhnliches.

Internen Missständen im GLKA widmete der *Spiegel* im Dezember 1990 eine längere Geschichte.[25] »SED-treue Kripo-Leute« würden die Arbeit »sabotieren«, der Apparat sei von der Stasi durchsetzt und »nicht nur illoyal, sondern auch funktionsunfähig«, hieß es da. »Mit der Fahndung nach Verdächtigen beispielsweise konnten die Kripo-Leute in der DDR gar keine Erfahrung sammeln: Im Stasi-Staat verschwand so leicht niemand – und schon gar nicht über die Grenze.« Zudem habe die Ausrüstung des GLKA oft nur »antiquarischen Wert«, die Computertechnik sei größtenteils veraltet, Fahndungsdaten aus dem BKA in Wiesbaden müssten »durch Boten auf Disketten übermittelt werden«.

Nach ursprünglicher Planung sollte das GLKA drei Jahre lang bestehen, aber jedes einzelne neue Bundesland wollte so schnell als irgend möglich seinen eigenen Polizeiapparat. In Sachsen beispielsweise gab das Landeskriminalamt schon am 1. Dezember 1991 »seine Funktionsfähigkeit bekannt«. Doch ehe die Staatsschutzabteilungen aller fünf LKAs wirklich arbeitsfähig waren, vor allem bis in jedem der neu gegründeten Polizeipräsidien die Büros eingerichtet und alle Stellen besetzt und die Beamten dann auch noch eingearbeitet waren, vergingen Monate, manchmal Jahre.

Selbstverständlich gab es während der gesamten Zeit überall in Ostdeutschland Polizeireviere. Notrufe waren besetzt, Streifenwagen fuhren, Kriminalpolizisten ermittelten. Aber die einzelnen Beamten waren oft desorientiert und wenig motiviert. Sie hatten einen Staat zusammenbrechen sehen und wenig Lust, sich nun für einen neuen ins Zeug zu legen. Für viele ehemalige DDR-Bürger waren sie Spottobjekte. Im dann neu entstehenden Polizeiapparat wurden die Spitzenposten meist mit Westimporten besetzt, die bei ihren Ost-Untergebenen selten beliebt waren. Auch andere Institutionen fielen damals zeitweise aus. Wie die Polizei wurde der Justizapparat völlig neu aufgebaut, mussten Staatsanwaltschaften und Gerichte erst neu gegründet und besetzt werden. Vielerorts dauerte es bis Mitte der Neunzigerjahre, bis der übliche Repressionsapparat des Staates wieder funktionsfähig war. Und selbst danach gab es noch häufig Polizisten, Ministerialbeamte und Politiker, die den Rechtsextremismus ignorierten oder verharmlosten.

»Wo sind hier Neonazis?«

Gerade in Bezug auf politische Straftaten war während der Wendezeit bei der ostdeutschen Polizei die Verunsicherung groß. Dass das Zeigen von Symbolen verfassungswidriger Organisationen nicht unter die Meinungsfreiheit fällt, mussten viele Beamte (ebenso wie Lehrer, Lokalpolitiker und andere Autoritäten) erst lernen. Was damals alles möglich war, hat der Journalist Michael Schmidt in seinem Dokumentarfilm *Wahrheit macht frei* für die Nachwelt verewigt.[26] Am 20. Oktober 1990, also knapp drei Wochen nach der Wiedervereinigung, wollten die Neonazis um Michael Kühnen durch Dresden marschieren. Ein unbescholtener Kamerad hatte unter dem neutralen Motto »Für soziale Gerechtigkeit« eine Demonstration der DA angemeldet. Am Tag des Aufmarsches dann wimmelt es am Dresdner Hauptbahnhof von Skinheads, Hooligans und anderen Nazis. Immer wieder skandieren sie »Sieg Heil, Sieg Heil« und »Deutschland den Deutschen, Ausländer raus!«

Der Filmemacher spricht den Einsatzleiter an, der nicht einmal 50 Meter entfernt steht: »Für mich ist es doch erstaunlich, dass Neonazis hier in Dresden einfach so demonstrieren dürfen.«

Der Polizist, am Dialekt als Sachse erkennbar, antwortet: »Sie haben eine angemeldete Versammlung. Nach dem Versammlungsgesetz. Und damit ist es eindeutig rechtmäßig legitimiert. Und im Moment«, dabei guckt der Beamte in Richtung der sich sammelnden Demonstranten, »wär' der Unterschied zu klären: Wo sind Neonazis?«

Der Journalist hakt nach: »Wie meinen Sie das?«

»So, wie ich' s gesagt hab' !«

Schmidt will dem Polizisten eine goldene Brücke bauen: »Also, Sie finden, das sind keine Neonazis – oder es wird sich noch rausstellen …?!«

Aber der geht nicht darauf ein: »Es hat sich noch niemand zu erkennen gegeben, in dem Sinn …«

»Aber es werden doch permanent Hitlergrüße gemacht!«

Der Polizist fragt: »Wo?« Dabei schaut er wieder zu den Demonstranten, bläst kurz die Backen auf, hebt die Hände, lässt sie wieder fallen.

»Aber es werden doch permanent Hitlergrüße gemacht«, insistiert der Journalist, »da vorne, für die Fotografen sogar! Das sind doch eindeutig Neonazis!«

Die schulterzuckende Antwort: »Ich hab' noch nichts festgestellt! Muss ich Ihnen so sagen.«

Schnitt.

Später steht der Einsatzleiter mit Kühnen und dessen Anhängern in der Bahnhofshalle. Die beiden besprechen die Demonstrationsroute. »… da können Sie Ihre Versammlung abhalten. Dann würden wir Ihnen denselben Weg wieder zurück anbieten. Wenn Sie damit einverstanden sind …« Michael Kühnen nickt freudig. »… dann können Sie sich an mich halten, und dann würden wir …«

Angesichts solcher Freundlichkeit will Kühnen wissen, nach wem er im Zweifelsfall zu fragen habe: »Ihr Name ist noch mal?«

»Mein Name ist Wunsch«, antwortet der Einsatzleiter.

»Wunsch ist gut«, sagt der Neonazi, und man sieht ihm

an, wie er innerlich feixt. Da mischt sich Rainer Sonntag ein, Kühnens Statthalter in Dresden, den ein Dreivierteljahr später Zuhälter erschießen werden, offenbar weil er Schutzgeld von ihnen erpressen wollte: »Sollten die Linken zu aggressiv werden, wir lassen uns das nicht gefallen.«

»Wenn Sie …«, versucht Hauptkommissar Wunsch, Sonntag zu beruhigen. »Wenn Sie Ausschreitungen zu erwarten haben, dafür sind wir auch da.«

Doch Sonntag will sich die Gelegenheit zur Prügelei nicht nehmen lassen: »Ist klar, dann machen wir' s gemeinsam.«

Der Polizist ignoriert die Dreistigkeit und wendet sich wieder Kühnen zu: »Sind Sie einverstanden?« Kühnen ist einverstanden, sichtlich erstaunt über so viel Wohlwollen, doch Wunsch setzt noch etwas drauf: »Dann würden wir uns distanziert zurückhalten, und ich würde Sie bitten, keinen Anstoß an den Polizisten zu nehmen.« Und so ziehen an jenem Tag rund 400 Neonazis zur Semperoper, direkt hinter der vorangehenden Doppelkette der Polizei schwenken sie die schwarz-weiß-rote Reichsfahne, einige greifen am Rande des Aufmarsches Vietnamesen an.

Uta Leichsenring wurde im Juli 1991 Polizeipräsidentin im brandenburgischen Eberswalde. Gerade 40 Jahre alt und aus der Bürgerkommission zur Auflösung der Stasi stammend, sollte sie den neuen Sicherheitsapparat mit aufbauen. Sieben Monate vor ihrem Amtsantritt war der Angolaner Amadeu Antonio Kiowa gestorben, er gilt als erstes Opfer rechter Gewalt im wiedervereinigten Deutschland. Drei Dutzend betrunkene Skins zogen am 25. November 1990 durch Eberswalde, demolierten Autos, gingen vor einer Diskothek mit Fäusten, Messern und Baseball-Schlägern auf Afrikaner los. Kiowa kann nicht flüchten. Als er längst am Boden liegt, springt ein Täter mit seinen Springerstiefeln auf Kiowas Kopf herum. Drei Zivilpolizisten, die der Meute gefolgt waren, griffen nicht ein.

Leichsenring machte danach Druck, dass auch das Verhalten der Beamten untersucht werde. »Die Ermittlungen liefen schleppend«, sagt sie, »der Justizapparat hat ja damals auch noch gar nicht funktioniert.« Sie erinnert sich noch gut an die Stimmung, die damals herrschte. Die DDR-Polizei war »ja eine militärische Organisation«, so Leichsenring, »da wartete man auf Befehle.« Aber die kamen an jenem Abend kaum. Verstärkung konnten die drei Polizisten nicht rufen, weil es damals – ein Erbe der DDR-Mangelwirtschaft – kaum Telefone gab und Handys noch gar nicht. Sie hatten die Anweisung bekommen, die Lage zu beobachten, die Gruppe zu verfolgen. Die drei Polizisten waren bewaffnet, sie hätten ihre Pistolen ziehen und eingreifen können. Aber das hätten sie selbst entscheiden müssen. Es gab diese Unsicherheit, was eine rechtsstaatliche Polizei darf und was nicht, sagt Leichsenring, »und das Zauberwort aus dem Westen hieß ›Deeskalation‹.« Auch deshalb hätten die drei Beamten so unverantwortlich lange mit dem Eingreifen gewartet.

Die Ausrüstung der Polizei war damals noch miserabel. Vor allem bei den Autos, sagt Leichsenring, »hatten wir eine Waffenungleichheit« – während die Streifenwagen oft alte Wartburgs oder Ladas waren, fuhren die Straftäter bereits Westautos. Es fehlte an Einsatzausstattung, an Schilden, Helmen, Schlagstöcken, Schutzanzügen. »Das war alles psychologisch unglaublich wichtig.« Weil es an neuen Uniformen mangelte, trugen die Polizisten in Eberswalde teilweise noch bis 1992 die alten DDR-Mützen und -Hosen und -Jacken. Aber damit wurden »sie nicht ernstgenommen und fühlten sich nicht wohl in ihrer Haut«. Und viele Politiker, erinnert sich Leichsenring, unterschätzten das Problem damals völlig, Rechtsextremismus sei meist gleichgesetzt worden mit Jugendgewalt.

Sie machte das Thema zur Chefsache, was nicht überall auf Gegenliebe stieß. Als sie in Eberswalde die Zahl der Beamten aufstockte, die sich um Rechtsextremismus kümmerten, war das heikel. »Ich musste dafür ja Leute aus anderen Bereichen abziehen, und die Kriminalität war hoch, die Zahl der Verkehrsunfälle stieg.« Dies war einer breiten Öffentlichkeit schlicht wichtiger als Skinheads und Neonazis und verprügelte Vertragsarbeiter.

So baute sich von 1990 bis 1992 in den neuen Ländern eine Gewaltwelle auf, die in der deutschen Nachkriegsgeschichte beispiellos ist. Während DDR-Großbetriebe ihre Belegschaft zu Zehntausenden entließen, ohne dass es funktionierende Arbeitsämter gab oder gar Auffanggesellschaften, während Helmut Kohl weiterhin »blühende Landschaften« versprach, hatten die militanten Neonazis massenhaften Zulauf. Michael Kühnen glaubte damals offenbar ernsthaft, die NSDAP stünde kurz vor der Wiederzulassung. Von anderen Aktivisten ist überliefert, dass sie eine revolutionäre Situation heraufziehen sahen, in der das untergehende SED-Regime auch die parlamentarische Demokratie in der Bundesrepublik mit sich reißen würde. Und dass bei der Neuordnung Osteuropas nach dem Mauerfall die Chance bestehe, die deutschen Ostgebiete wieder »heim ins Reich« zu holen. Das prügelnde Fußvolk im Osten sollte wie eine SA die Lage zuspitzen.

Hoyerswerda, Rostock-Lichtenhagen, Mölln und Solingen

Am 31. März 1991 wurde in Dresden der Mosambikaner Jorge João Gomondai von einem Dutzend junger Rechtsextremisten angegriffen und aus der Straßenbahn gestoßen; wenige Tage später starb er. In der Nacht vom 7. auf den 8. April randalierten in Frankfurt/Oder – mit sicherem Gespür für die Antipathie vieler DDR-Bürger ihren polnischen Nachbarn gegenüber – braune Trupps gegen den Beginn des visafreien Reiseverkehrs mit Polen und bewarfen einreisende

Autos und Busse mit Steinen. Auch Treffs alternativer Jugendlicher mussten stets damit rechnen, brutal überfallen zu werden. Nahe Hoyerswerda lockten bewaffnete Neonazis die Hamburger Punkband *Goldene Zitronen* in einen Hinterhalt und attackierten sie mit Steinen und Knüppeln. In der Regel kam die Polizei mit Verzögerung oder in zu geringer Zahl oder gleich gar nicht.

Im zweiten Quartal 1991 registrierte der Bundesverfassungsschutz in Ostdeutschland bereits 106 »Gewalttaten mit rechtsextremistischem Bezug«, gegenüber dem Vorquartal bedeutete das eine Vervierfachung. Allein für Brandenburg verzeichnete die Behörde etwa so viele Taten wie für alle alten Bundesländer zusammen. Zahlen zu Mitgliedern oder Anhängern von Skinhead- und Neonazigruppen im Osten konnte die Behörde nicht nennen, Begründung: »Angesichts der immer noch bruchstückhaften Erkenntnislage« hätten diese rein »spekulativen Charakter«.[27] Eine Ahnung von der Macht der Szene vermittelte eine Demo am 15. Juni 1991 in Dresden: Im Gedenken an den von Zuhältern erschossenen DA-Führer Rainer Sonntag marschierten rund 1500 Anhänger durch die Innenstadt.

Im September 1991 wurden in Hoyerswerda fast eine Woche lang zwei Ausländerwohnheime angegriffen. Anwohner beteiligten sich an den Attacken und hinderten die Polizei am Eingreifen. Die Fenster seien »bereits bis zur fünften Etage eingeworfen«, berichtete eine Reporterin nach ein paar Tagen. »Es bedarf ziemlicher Anstrengungen, um noch eine heile Scheibe zu treffen.«[28] Laut offizieller Angaben gab es insgesamt vier Schwer- und 28 Leichtverletzte, 83 Personen wurden vorläufig festgenommen, nur drei erhielten Haftbefehle. Nach sechs Pogromnächten brachte die Polizei die letzten Asylbewerber aus der Stadt, der rechte Mob triumphierte. Dies sei keine Kapitulation, sagte Sachsens Ministerpräsident Kurt Biedenkopf (CDU) hinterher. Die DA, deren Führer und

Anhänger sich an den Ausschreitungen beteiligt hatten, feierte zwei Monate später ihren Landesparteitag in der »ersten ausländerfreien Stadt«.[29]

So ging es weiter und weiter mit kleinen und großen Gewalttaten. Regelmäßig verprügelten Skinheads vietnamesische Straßenhändler und klauten ihnen die unverzollten Zigaretten, mit deren Verkauf sie sich über Wasser zu halten versuchten; dies sei »für uns eine Art Sport« gewesen, berichtet rückblickend ein Aussteiger.[30] Im sachsen-anhaltischen Thale stürmten Jugendliche ein Asylbewerberheim und rissen drei Vietnamesinnen die Kleidung vom Leib – dass ein 16-Jähriger eine der Frauen vergewaltigte, wurde von der Polizei knapp verhindert. Ein paar Kilometer weiter in Quedlinburg attackierten Neonazis regelmäßig Behinderte, tagelang wurde ein Asylbewerberheim angegriffen, und Bürger, die sich davorstellten, wurden mit Steinen beworfen. Es dauerte nicht lange, dass Rechtsextreme in den alten Ländern versuchten, ihren Ostkameraden nachzueifern.

Statistiken dokumentieren die Eskalation: 1990 starben in Deutschland mindestens sechs Menschen durch rechtsextrem motivierte Gewalt, im Jahr darauf waren es sieben, 1992 bereits 24.[31] Insgesamt registrierten die Sicherheitsbehörden im Jahr der Wiedervereinigung 309 Gewalttaten von rechts, 1991 schon 1492, 1992 wurde mit 2639 ein Höchststand erreicht (danach sank die Zahl wieder und schwankte in der zweiten Hälfte der Neunziger zwischen 600 und 800 pro Jahr).[32]

Auch die Mitgliederzahlen der rechtsextremistischen Gruppen stiegen rasant. In Kühnens »Arbeitsplan Ost« vom Januar 1990 waren als erstes Ziel für die DA »einhundert Parteigenossen« genannt, die Marke war schon nach wenigen Monaten übertroffen. FAP und NF meldeten ebenfalls starke Zuwächse. Bei ihrem Verbot im Dezember 1992 war die DA, damals geführt von Kühnens Nachfolger Frank Hübner, die stärkste Neonazi-Organisation in Ostdeutschland, nach eigenen Angaben hatte sie rund 1000 Mitglieder. Noch weit größer – und wichtiger – war das Umfeld, die Zahl der jugendlichen Sympathisanten lag damals sicher im fünfstelligen Bereich.

Seinen wohl größten Triumph feierte Hübner am 1. September 1992 im Cottbusser Plattenbauviertel Sachsendorf. In den Tagen zuvor war dort ein Asylbewerberheim angegriffen worden, und Landesvater Manfred Stolpe reiste zu einer Bürgerversammlung an. Weil die Stasivorwürfe gegen ihn gerade auf einem Höhepunkt waren, wurde Stolpe an jenem Abend von einem ganzen Tross Reporter begleitet, die auf seinen Rücktritt lauerten. Was sich zutrug in der noch nach DDR müffelnden Schulaula von Sachsendorf ist deshalb gut dokumentiert. »›Cottbus‹, sagt Ministerpräsident Manfred Stolpe, ›ist in wenigen Tagen berüchtigt geworden.‹ Er sagt es nicht vorwurfsvoll, im Gegenteil«, notierte damals *Spiegel*-Reporter Jürgen Leinemann.[33] »Warm und anteilnehmend muss den Bewohnern von Cottbus-Sachsendorf Stolpes Rede geklungen haben, als er sich wohltönend mit ihnen identifiziert. Nicht, dass er nicht davor warnte, die Menschenwürde mit Füßen zu treten. Gästen, ›die sich nach unseren Regeln bewegen‹, muss mit Toleranz begegnet werden, das ist klar. Aber Stolpes Mitgefühl scheint doch eher den Anwohnern zu gelten, die durch ›Vereinfachungen‹ in den Medien verunglimpft werden.«

Das war damals Stolpes Masche, alles ausmoderieren, mit salbungsvollen Worten Wogen glätten, den jeweiligen Gesprächspartner in seiner Haltung irgendwie bestätigen – und sei es auch ein Neonazi. Ausländerhass in Cottbus-Sachsendorf? Das schlössen die Westmedien »viel zu kurz«. Rechtsradikale und Rowdies? Die jungen Leute seien doch »die Sensibelsten und Dynamischsten«, die auf »Demütigungen« reagierten. Mit dem »Zulauf« von Asylbewerbern, so Stolpe, »sind wir überfordert«. Wohlgemerkt, er sagt: »wir«.

Doch Stolpes Jovialität zerschellt an Frank Hübner. Der ist in seinem üblichen Outfit gekommen, helles Hemd, schmaler, schwarzer Schlips und akkurater Scheitel. Während Stolpe spricht, geht ein Kamerad durch die Reihen und verteilt Handzettel der DA. »Wehrt Euch«, steht darauf, »mit uns gegen« – gefolgt von einer langen Liste, darunter »zunehmende Überfremdung durch immer mehr Ausländer«, »Mietwucher«, »Zinsknechtschaft« oder »den Verkauf mitteldeutscher Großbetriebe an ausländisches Großkapital«.

Leinemann: »Der schnieke Herr Hübner, gebürtiger Cottbusser und gelernter ›Wehrsportler und Nationalsozialist‹, erinnert den Ministerpräsidenten erst einmal rüde an dessen ungeklärte Rolle als möglicher Stasispitzel, wobei er ihn freilich als ›IM Notar‹ anredet, was Stolpes resignierten Widerspruch hervorruft, den einzigen: ›Wenn schon, dann IM Sekretär.‹ Der junge Saubermann flüstert dem Ministerpräsidenten eine Entschuldigung zu: ›Es tut mir leid, dass ich IM Notar und IM Sekretär verwechselt habe.‹ Stolpe nickt gequält. … Unwidersprochen und unkommentiert lässt sich Stolpe von einem Neonazi mahnen, ›deutsches Geld‹ nur für ›deutsche Interessen‹ auszugeben und nicht in Afrika zu verplempern, ›nur weil da irgendwo ein hungriger Neger sitzt‹.«

Hübner betont, dass er ja auch gegen Gewalt sei. Und bekommt mehr Applaus als Stolpe. Mit – wie es Jürgen Leinemann nannte – »geradezu katzbuckelnder Freundlichkeit« sei der SPD-Mann dem alerten Jungnazi gegenübergetreten. Obwohl der anwesende Polizeipräsident zuvor von »gesicherten Erkenntnissen« über dessen Beteiligung an den Ausschreitungen berichtet hatte. Als wäre das nicht genug, setzt sich Oberversöhner Stolpe nach der Debatte mit Hübner an einen Tisch, nötigt den Polizeipräsidenten hinzu.[34]

Die Staatsmacht auf Augenhöhe mit dem Naziführer, wenn das Michael Kühnen noch erlebt hätte …

CDU, CSU und *Bild* heizen die Stimmung auf

Anders als manchmal vermutet, agierten Kühnen, Hübner und die anderen Neonazi-Anführer nicht als geheime Drahtzieher der rassistischen Gewaltwelle. Die Entwicklung im Osten war längst zu einem Selbstläufer geworden, der all ihre Planungen in den Schatten stellte. Neben dem weitgehenden Ausfall der Polizei war das öffentliche Meinungsklima ein wichtiger Antreiber. Die Ausländerfeindlichkeit der Neonazis wurde damals von größeren Teilen der Bevölkerung geteilt. Im Westen zeigten es diverse Landtagswahlen: Ende September in Bremen kam die DVU auf 6,2 Prozent, im April 1992 in Schleswig-Holstein auf 6,3 Prozent, bei der zeitgleich stattfindenden Wahl in Baden-Württemberg erzielten die Republikaner sensationelle 10,9 Prozent. Im Osten konnten sich Rechtsextreme, die häufigen Anfeuerungsrufe von Passanten zeigten es, sowieso als Exekutoren der Volksmeinung fühlen.

Die Neonazis glaubten Anfang der Neunzigerjahre an ein nationales Wiedererwachen, und was sie damals aus dem demokratischen Mainstream zu hören bekamen, schien sie ja zu bestätigen. Helmut Kohl profilierte sich mit Deutschland-Pathos als »Kanzler der Einheit«. In den Zeitungen wurde ausgiebig die künftige Weltmachtrolle des Landes diskutiert.[35] Und als im Sommer 1990 die (west-)deutsche Nationalmannschaft die Fußball-WM gewann, sagte Trainer Franz Beckenbauer – natürlich ausschließlich mit Blick auf den Sport: »Wir sind die Nummer eins in der Welt. ... Wir sind über Jahre nicht mehr zu besiegen. Es tut mir leid für den Rest der Welt, aber es ist so.« Direkt nach dem Schlusspfiff zogen Skins und Faschos grölend durch Ostberlin, am Alexanderplatz hetzten sie Libanesen durch die Gänge der U-Bahn-Station.

In der damals heftig tobenden Asyldebatte waren Wortmeldungen aus der Union oft nicht von denen der Rechtsextremisten zu unterscheiden. Der hessische CDU-Chef

Manfred Kanther sprach von »Wirtschaftsflüchtlingen und Scheinasylanten«. Edmund Stoiber, damals bayerischer CSU-Innenminister, machte den Vorschlag, das von Flüchtlingen einklagbare Asylgrundrecht zu einem »Gnadenrecht« zurückzustufen. Im Herbst 1991 klebte die Bremer CDU Wahlkampfplakate, in denen sie die SPD-regierte Stadt als »Asylantenparadies« titulierte. Springers *Bild* veranstaltete eine regelrechte Kampagne mit Schlagzeilen wie: »Die Asylanten – Report über ein deutsches Problem«, »Asylanten im Revier – Wer soll das bezahlen«, »Wohnraum beschlagnahmt: Familie muss Asylanten aufnehmen«, »Notstand! Asylanten-Zeltdorf im Hessen-Park«.

Am 12. September 1991 forderte der damalige CDU-Generalsekretär Volker Rühe in einem Rundbrief seine Partei auf, »die Asylpolitik zum Thema zu machen« und den »Unmut« der Bevölkerung zu stärken. Praktischerweise schickte das Konrad-Adenauer-Haus gleich Vorlagen mit für Presseerklärungen und Parlamentsanfragen, bei denen CDU-Kommunalpolitiker nur noch den Namen ihrer Stadt einzutragen brauchten: »Sind Asylbewerber in Hotels oder Pensionen untergebracht worden? Zu welchen Kosten? Welche Auswirkungen hatte die Belegung von öffentlichen Einrichtungen mit Asylbewerbern auf die bisherigen Benutzer/Besucher?« Fünf Tage später begann der Pogrom von Hoyerswerda.

Im Februar 1992 sprachen sich laut einer Emnid-Umfrage 74 Prozent der Bundesbürger dafür aus, das Grundgesetz zu ändern, um so die Zahl der Asylsuchenden zu reduzieren. Im Sommer kulminierte die rechtsextreme Gewaltwelle in Rostock-Lichtenhagen. Ein weiteres Mal konnten Rechtsextreme über mehrere Tage die Unterkünfte von Asylbewerbern und ehemaligen vietnamesischen Vertragsarbeitern angreifen. In der Nacht vom 24. auf den 25. August setzte ein brauner Mob die unteren Etagen eines Wohnblocks in Brand, in dem sich noch mehr als hundert Vietnamesen befanden und mit ihnen ein Kamerateam des ZDF-Magazins *Kennzeichen D*. Die Polizei griff stundenlang nicht ein, die Feuerwehr konnte nicht löschen, den Eingeschlossenen gelang nur knapp die Flucht über das Dach.

Es gibt etliche Indizien dafür, dass die damals CDU-geführte Landesregierung von Mecklenburg-Vorpommern an der Zuspitzung der Lage mitwirkte. Über Monate wurde nichts gegen die Überfüllung des Asylbewerberheims getan, Flüchtlinge campierten unter unzumutbaren hygienischen Umständen davor, was für dauernde Beschwerden von Anwohnern sorgte. Bei den Ausschreitungen ließ man dann die örtliche Polizei allein. Wasserwerfer wurden verspätet geschickt, zusätzliche Beamte verweigert, moderne Schutzausrüstung nicht ausgegeben. Am Abend des 24. August, dem Höhepunkt der Krawalle, wurden auf Weisung des Landespolizeidirektors sogar noch Kräfte abgezogen.[36] Er habe per Funk die Anweisung bekommen, »dass alle Maßnahmen ... einzustellen seien«, berichtete hinterher der Führer einer Hamburger Polizeieinheit. Ein anderer sagte über die Stimmung in der Einsatzleitstelle in jener Nacht: »Meiner Einschätzung nach bestimmte Passivität das dienstliche Geschehen.« Ein dritter Polizist berichtete später vor dem Untersuchungsausschuss des Schweriner Landtags von einem »Abkommen mit den Störern«, »sich vor Ort nicht sehen« zu lassen. Landtagsvizepräsident Rolf Eggert (SPD) äußerte damals den Eindruck, »dass in jener Nacht Eskalationen bewusst in Kauf genommen wurden«.

Jedenfalls gaben nach Rostock-Lichtenhagen die Sozialdemokraten im Bund ihren jahrelangen Widerstand gegen die Einschränkung des Asylrechts auf. Mit den Stimmen von Union und SPD wurde im Dezember 1992 die Änderung des Grundgesetzes beschlossen.

Just zu jenem Zeitpunkt kippte die öffentliche Stimmung. Ende November waren bei zwei Brandanschlägen in Mölln

(Schleswig-Holstein) drei Türkinnen getötet worden, darunter zwei Kinder, im Mai 1993 starben bei einem ähnlichen Angriff in Solingen (Nordrhein-Westfalen) fünf Menschen. Im Winter 1992/93 demonstrierten bundesweit Hunderttausende mit stillen Lichterketten. Plötzlich ging in Meinungsumfragen die Zahl rechtsextremer Antworten zurück: Die Frage »Haben Sie Verständnis für gewalttätige Ausschreitungen gegen Asylbewerber?« hatten im Oktober noch siebzehn Prozent im Osten und zwölf Prozent im Westen bejaht, im Januar waren es nur noch acht beziehungsweise fünf Prozent.[37]

Ebenfalls 1992 startete das Bundesfamilienministerium, damals übrigens geleitet von Angela Merkel, ein Aktionsprogramm gegen Aggression und Gewalt (AgAG), um die militanten Rechten zu befrieden. Bis 1996 wurden mit jährlich 20 Millionen Mark Jugendclubs und Wohnprojekte, Selbsterfahrungs- und -verteidigungskurse gefördert. Als »Glatzenpflege auf Staatskosten« bezeichnete *Die Zeit* das Programm. »Wie zur Belohnung« ergieße sich »ein warmer Regen« über die Gewalttäter.[38] In Rostock zum Beispiel bekam ein von Rechten dominierter Jugendclub einen Fernseher, einen Videorecorder und Spielautomaten finanziert, findige Nazibands richteten sich mit den Fördergeldern Proberäume ein. Ein falsch verstandenes Konzept »akzeptierender Jugendarbeit« vermittelte gewalttätigen Jugendlichen zusätzlich Anerkennung und Bestätigung.

Parallel war ab Ende 1992 das Bundesinnenministerium erstmals mit Verboten gegen Neonazigruppen vorgegangen: Am 27. November traf es die Nationalistische Front (NF), am 10. Dezember Kühnens DA, am 22. Dezember die Nationale Offensive (NO). In den folgenden zweieinhalb Jahren folgten u. a. Wiking-Jugend und FAP, Nationaler Block (NB) und Nationale Liste (NL). Und ungefähr ab 1993 hatte auch die Polizei in Ostdeutschland einigermaßen Tritt gefasst.

Freie Nationalisten, Befreite Zonen,
russische Handgranaten ...

Tatsächlich ging die Zahl der Gewalttaten nun merklich zurück, doch die rechtsextremistischen Jugendszenen hatten sich da bereits etabliert. In vielen kleinen und größeren Orten Ostdeutschlands gab es inzwischen eine – wie es der Magdeburger Sozialwissenschaftler David Begrich ausdrückt – »regional deutungsmächtige und durch die Ausübung von Gewalt sanktionsfähige neonazistische Bewegung«.[39] Rechtsextreme prägten längst die Lebenswirklichkeit, zumal von Jugendlichen: Egal ob man sich den Rechten anschloss oder sich gegen sie positionierte – aus dem Weg gehen konnte ihnen kaum, wer damals jung war in den neuen Ländern. Vielerorts beherrschten sie Schulhöfe und Jugendclubs oder die üblichen Treffpunkte an Buswartehäuschen und Tankstellen. Und sie hatten einige Jahre lang die Erfahrung gemacht, dass selbst brutalste Gewalttaten kaum strafrechtliche oder gesellschaftliche Sanktionen nach sich zogen.

Auf die verstärkte Repression ab 1992/93 reagierte die Szene auf zweierlei Art. Ein Teil suchte nach anderen legalen Betätigungsfeldern – und fand sie in der NPD beziehungsweise ihrer Jugendorganisation Junge Nationaldemokraten (JN). Ein anderer Teil radikalisierte sich. Strategen wie Christian Worch und Thomas Wulff propagierten das Konzept der »Freien Nationalisten«. Statt in Parteien oder andere bundesweite Organisationen einzutreten, sollten Neonazis nun lose strukturierte (und untereinander nur locker verbundene) Kleingruppen bilden, sogenannte Kameradschaften. Diese seien, so die Idee, nicht oder nur schwer durch Verbote zu treffen. Die Strategie entwickelte sich zum Erfolgsrezept. Viele Kader machten fortan unter anderen oder auch regelmäßig wechselnden Organisationsbezeichnungen weiter, manche gingen in den Untergrund. Dies war der Ursprung von militanten Netzwerken wie dem Thüringer Heimat-schutz – aus dem später die Terrorzelle NSU wachsen sollte.

»Wir lösten mit Wirkung vom 20.1.1994 sämtliche Ver-einsnamen, Symbolik und kameradschaftsübergreifende Or-ganisationsstrukturen auf«, verkündeten beispielsweise ehe-malige Kader der verbotenen NF. »Wir halten die Kampfform der unzähligen Kameradschaften, Zellen und Strukturen (in Eigenregie!) in seiner Gesamtheit als für das System unan-greifbar und für die Erringung des politischen Erfolges für absolut.«[40] So zog etwa Steffen Hupka, Ex-Führungsmitglied der NF und schon in den Achtzigerjahren in Kühnens ANS aktiv, 1993 nach Quedlinburg (wo er angesichts der rechten Gewalttaten der Vorjahre mit einem großen Rekrutierungs-reservoir rechnen konnte). Er begann die Szene nach dem Zellenkonzept neu zu organisieren, veranstaltete ideologi-sche Schulungen und Wehrsportübungen. Schon bald galt der Ostharz als wichtige Hochburg in den neuen Ländern.

Bis Ende der Neunzigerjahre entstanden in Ostdeutsch-land flächendeckend Neonazi-Kameradschaften – und mit Verzögerung auch in vielen Regionen Westdeutschlands, etwa im Raum Hamburg, in Niedersachsen, Nordrhein-Westfalen, Hessen, Rheinland-Pfalz und Bayern. Sicherheitsbehörden und Politik nahmen sie oft nicht ernst, weil es sich nur um regional aktive Kleingruppen ohne politisches Programm zu handeln schien. Zwar gab und gibt es tatsächlich Kamerad-schaften, die kaum mehr sind als Saufclubs rechter Jugend-licher, ein Großteil aber sind straffe, ideologisierte Gruppen, die sich über persönliche Kontakte und das neu entstandene Internet regional oder gar bundesweit koordinieren.

An die Stelle spontaner Gewaltausbrüche traten zuneh-mend gezielte Aktionen. Unter dem Schlagwort »Anti-Antifa« wurde es in der Szene üblich, politische Gegner oder Angehörige nicht-rechter Jugendkulturen auszuspähen, zu bedrohen und direkt anzugreifen. Zu jener Zeit wurde auch ein Aufsatz breiter rezipiert, der bereits 1991 in der Zeitschrift der NPD-Unterorganisation Nationaldemokratischer Hochschulbund (NHB) erschienen war. Unter dem Titel *Schafft Befreite Zonen!* wurde darin versucht, Gewalt in ein politisches Handlungskonzept einzubinden. »Wir müssen Freiräume schaffen, in denen WIR faktisch die Macht ausüben, in denen WIR sanktionsfähig sind, d. h. WIR bestrafen Abweichler und Feinde«, heißt es darin. »Aus militanter Sicht befinden wir uns dann in einer BEFREITEN ZONE, wenn wir nicht nur ungestört demonstrieren und Info-Stände abhalten können, sondern die Konterrevolutionäre genau dies nicht tun können.«[41]

Zur Mitte der Neunzigerjahre wurde auch verstärkt der Übergang zu Untergrundaktionen diskutiert. Ein Text mit dem Titel *Eine Bewegung in Waffen* skizzierte, wie der terroristische Kampf gegen die Bundesrepublik aussehen könnte. Einer der Wortführer war Steffen Hupka, der in dem von ihm herausgegebenen Strategieblatt *Umbruch* schrieb: »Nicht irgendwelche unbekannten Ausländer sollten das Ziel von phantasievollen Aktionen sein, sondern diejenigen, die in Wort und Tat verantwortlich sind für die derzeitige Lage.« Hupka rief seine Anhänger auf, »in die Bundeswehr oder Polizei« zu gehen, um sich »Wissen und Können anzueignen«. Nach den Verboten habe »jeder die Berechtigung zum offenen Widerstand«.[42]

Die Mittel dafür lagen zu jener Zeit buchstäblich auf der Straße. Bei der Auflösung der NVA nach 1990, vor allem aber während des Abzugs der Westgruppe der Roten Armee bis 1994 verschwand militärisches Material in dunklen Kanälen; niemals in der bundesdeutschen Geschichte war es so einfach wie in der Nachwendezeit, an Waffen und Sprengstoff zu kommen. Die sowjetischen Truppen waren in der DDR ein Staat im Staate gewesen. Republikweit verfügten sie über rund 1500 Liegenschaften, über Kasernen, Bunker, Übungsplätze, eigene Wohnsiedlungen. Sie erstreckten sich über fast 300 000 Hektar, knapp drei Prozent des DDR-Territoriums. Die Westgruppe der Roten Armee hatte am Ende eine halbe Million Soldaten und Zivilangestellte. Mehr als 4100 Panzer, rund 677 000 Tonnen Munition und ungezählte Schusswaffen wurden bis 1994 nach Russland zurückgebracht – oder eben nicht.

An den Kasernentoren oder auf Flohmärkten standen damals ständig russische Soldaten, um mit dem Verkauf von Orden oder Offiziersmützen noch schnell etwas Westgeld zu verdienen. Eine Kalaschnikow war damals für ein paar Hundert Mark zu haben.[43] Offiziere verscherbelten in großem Stil Diesel, aber auch Waffen und Munition. Im Februar 1992 beispielsweise wurden in Berlin 500 Handgranaten aus Sowjetbeständen beschlagnahmt, die drei Männer an einen verdeckten Ermittler der Polizei verkaufen wollten. Anfang 1994 flog ein russischer Oberstleutnant auf, der mit fast 10 000 Neun-Millimeter-Pistolen, Marke »Makarow«, auf der Ladefläche eines Lkw zu seinen Abnehmern in Hamburg unterwegs war.

Bereits im Mai 1990 sorgte ein Einbruch in ein NVA-Waffenlager in Thüringen für Aufsehen. Vier Männer stiegen damals in die Stollen einer einstigen Nazi-Rüstungsfabrik in Großeutersdorf, 15 Kilometer südlich von Jena, ein, wo die DDR-Armee seit den Siebzigerjahren ein streng gesichertes Depot angelegt hatte. Dort war eingelagert, was man für die Zeit nach dem erwarteten atomaren Erstschlag der Nato zu brauchen glaubte. In zwei Nächten schleppten die Einbrecher kiloweise Sprengstoff, Zünder und anderes Material davon, über die genauen Mengen gibt es widersprüchliche Angaben. 1996 wurden die Einbrecher schließlich ermittelt und 14,6 Kilo TNT sichergestellt. Aber nach Angaben eines der Täter sind weitere 17 Kilo bis heute verschwunden.[44] Umgekehrt ist ungeklärt, woher die 1,4 Kilogramm TNT stammten, die

1998 in Jena bei den späteren NSU-Terroristen Uwe Böhnhardt, Uwe Mundlos und Beate Zschäpe gefunden wurden.

Die Neonazi-Szene verfügt über Kriegswaffen, das haben Razzien immer wieder gezeigt. Manchmal waren sie von ehemaligen Schlachtfeldern des Zweiten Weltkriegs zusammengesammelt. Manchmal stammten sie aus den Jugoslawien-Kriegen, wo eine Handvoll deutscher Neonazis Anfang der Neunzigerjahre als Söldner aufseiten der kroatischen Truppen kämpfte. Und manchmal kamen sie eben aus NVA- und Sowjetbeständen. Von Christian Worch ist aus der Zeit des Abzugs der Roten Armee die Aussage überliefert, eine Handgranate koste nur »eine Flasche Wodka«.[45] Ein Aussteiger aus der sächsischen Neonazi-Szene, Manuel Bauer, berichtet, Kameraden von ihm seien in den Neunzigerjahren regelmäßig über den Zaun einer alten Munitionsfabrik nahe Torgau geklettert und hätten dort schon mal Handgranaten mitgehen lassen. Er selbst habe eine Kalaschnikow besessen, die sein Cousin einem russischen Soldaten abgekauft hatte. Als die Rote Armee schließlich abgezogen war, nutzten Neonazis die verlassenen Truppenübungsplätze, um dort ungestört zu trainieren.

… und dazu dann auch noch eine Partei

Parallel zur Ausbreitung der Kameradschaften gelang der NPD ein rasanter Wiederaufstieg. In Westdeutschland war sie im Laufe der Achtzigerjahre in die Bedeutungslosigkeit herabgesunken, auch der Mauerfall und die Werbeoffensive im Osten hatten ihr erst mal gar nichts genützt. Entgegen hochfliegender Erwartungen landete die NPD bei den Landtagswahlen des Jahres 1990 überall unter einem Prozent. Die Bundestagswahl im Dezember brachte bloße 0,3 Prozent. Nach diesem Desaster schlug der damalige Vorsitzende

Martin Mußgnug sogar die Auflösung der Partei vor. Es folgte eine Spaltung, die Restpartei wurde vom neuen Vorsitzenden Günter Deckert mit geschichtsrevisionistischen Thesen ins vollkommene Abseits gesteuert.

Jahrzehntelang hatte die NPD die Bezeichnung »nationaldemokratisch« betont. Die Abgrenzung zu den ganz harten Rechtsextremen war ihr – vor allem aus Angst vor einem Parteiverbot – stets wichtig. In der NPD-eigenen Presse wurden Neonazis über die Jahre als »Geisteskranke«, »Hitleristen« oder »Politkriminelle« beschimpft.[46] Es ist im Rückblick nur noch schwer vorstellbar, aber noch 1992 beschloss der Bundesvorstand ein Kooperationsverbot mit »Gruppen, von denen Gewalt ausgeht oder die totalitäre Systeme kopieren«, namentlich erwähnt wurden unter anderem FAP, NF und DA.

Doch 1992 war der heutige NPD-Vorsitzende Holger Apfel Vizechef der Jungen Nationaldemokraten geworden, zwei Jahre später übernahm er den JN-Vorsitz. Apfel war klar, dass nur die massenhafte Aufnahme rechter Jugendlicher die NPD vorm Aussterben bewahren konnte – aber die gab es damals nur bei den militanten Neonazi-Gruppen oder in der Skinhead-Szene. Also öffnete Apfel die JN, der 1996 neu gewählte NPD-Vorsitzende Udo Voigt vollzog den Schwenk dann auch für die Mutterpartei. Erstmals beteiligten sich die JN 1993 am jährlichen Rudolf-Hess-Marsch, dem damals wichtigsten Treffen deutscher Rechtsextremisten. Ihre Kampagne zum 50. Jahrestag des Kriegsendes 1995 organisierte die NPD-Jugendorganisation gemeinsam mit der Kameradschaftsszene. Immer öfter meldeten JN oder NPD die Demonstrationen der Szene oder Rechtsrock-Konzerte an; weil die NPD unter das Parteienprivileg des Grundgesetzes fällt, sind von ihr angemeldete Veranstaltungen gegen Verbote weitgehend geschützt. So verschaffte die Partei der rechten Jugend gemeinschaftstiftende Erlebnisse – und sich selbst eine aktive Anhängerschaft. NPD und militante Neonazis benutzten sich gegenseitig und profitierten gemeinsam.

Die Liste der Führungskader verbotener Neonazi-Gruppen in der NPD ist lang: Steffen Hupka wurde Landeschef in Sachsen-Anhalt und Schulungsleiter des Bundesverbandes, bevor er sich 2001 mit der Parteispitze überwarf. Aus Kühnens GdNF kamen beispielsweise Christian Malcoci oder Thomas Wulff und aus der FAP Thorsten Heise, ehemaliger Skinhead und Gründer eines großen Versandhauses für rechtsextreme Musik und Lifestyle-Produkte, der unter Udo Voigt bis in den Bundesvorstand aufstieg und dort offizieller Kontaktmann in die Kameradschaftsszene war. Zusammen mit diesen Kadern strömten junge Leute in die Partei, die bundesweite Mitgliederzahl verdoppelte sich in den Folgejahren. Besonders rasant war das Wachstum in Sachsen: von hundert im Jahr 1994 auf mehr als tausend 1998.

Unter den neuen Mitgliedern waren auch zahlreiche gewaltbereite Skins, aber das störte die NPD nicht. Nüchtern analysierte der Vorstand nach Voigts Amtsantritt in einem Strategiepapier: »Angepasste, ›vernünftige‹ Bürger« werde man kaum erreichen, weshalb es bei der Mitgliederwerbung »keine Tabus« geben solle. Man habe »keine Probleme«, mit Skinheads zusammenzuarbeiten, wenn die künftig »bereit sind, als politische Soldaten zu denken und zu handeln«.[47] Die zweite wichtige Kurskorrektur unter Voigt war inhaltlicher Art. Die NPD thematisierte in ihrer Propaganda vermehrt soziale Probleme. Und sie definierte sich selbst ausdrücklich als systemfeindliche, »revolutionäre Partei«. Die neu rekrutierten, gewaltbereiten Jugendlichen waren dabei laut Voigt ein »verlängerter Arm unserer künftigen Abgeordneten in den Parlamenten. Das Zusammenspiel beider Kräfte wird dann in der Lage sein, dieses politische System zu überwinden«.[48]

Dies war die Lage Ende der Neunzigerjahre: Der in der alten Bundesrepublik zwar existente, aber fast immer marginale

Rechtsextremismus hatte sich als politischer und gesellschaftlicher Akteur mit größerer Ausstrahlungskraft etabliert. Aus den entfesselten Banden rassistischer Jugendlicher zu Anfang des Jahrzehnts war etwas geworden, das man ohne Übertreibung als soziale Bewegung bezeichnen kann.[49] Ein Geflecht verschiedener Organisationsformen war gewachsen, die sich arbeitsteilig ergänzten. Die NPD bot durch den grundgesetzlich privilegierten Parteienstatus die Möglichkeit, zu Wahlen anzutreten, staatliche Gelder zu akquirieren und verbotssichere Veranstaltungen anzumelden. Die mehr oder weniger lockeren Kameradschaften banden den vorpolitischen Raum. Für die Nachwuchsrekrutierung gab es Vereine wie die Heimattreue Deutsche Jugend (HDJ), inhaftierte Gesinnungsgenossen bekamen Beistand von der Hilfsorganisation für nationale politische Gefangene und deren Angehörige (HNG). Die Strukturen überschnitten sich, dieselben Personen wechselten zwischen verschiedenen Rollen, waren oft an verschiedenen Stellen gleichzeitig aktiv.

Die braune Bewegung hatte über längere Zeit Kontinuität bewiesen und die (reichlich spät begonnenen) staatlichen Repressionsmaßnahmen weggesteckt. Sie hielt verschiedene Betätigungsformen bereit: Es war gleichermaßen Platz für disziplinierte Parteisoldaten wie für Schläger, für Kleinunternehmer wie für Computer-Kids. Es gab jugendkulturelle Angebote: Versandhäuser lieferten Neonazi-Musik, Schrifttum und Szene-Bekleidung frei Haus, ursprünglich aus Großbritannien kommend hatte sich eine florierende Rechtsrock-Subkultur mit zahlreichen Bands entwickelt. Demonstrationen und Konzerte öffneten gemeinsame Erfahrungsräume, hier konnte man Abenteuer erleben und Freundschaften pflegen. Das alle einende Identitätsangebot war durchaus attraktiv: Die völkisch-rassistische Ideologie eignet sich hervorragend zur Selbstaufwertung und vermittelt ein starkes Wir-Gefühl.

70

Die Präsenz extremer Rechter wurde in Teilen Ostdeutschlands zur Normalität, stellenweise hatten sie tatsächlich so etwas wie »national befreite Zonen« geschaffen. Einzeln oder in Gruppen sickerten sie ins gesellschaftliche Leben ein und erwarben sich soziale Anerkennung, sie veranstalteten Fußballturniere, pflegten Kriegerdenkmäler, setzten sich bei Hochwasserkatastrophen als sandsackstapelnde Helfer in Szene.

Dieses neonazistische Milieu in Ostdeutschland war die Basis für die dynamische Entwicklung, die ab der Jahrtausendwende folgte. Die NPD schuf sich durch eine kommunalpolitische Basisarbeit lokale Hochburgen, von denen aus sie 2004 und 2006 in Sachsen und Mecklenburg-Vorpommern den Sprung in die Landtage schaffte (und fünf Jahre später jeweils den Wiedereinzug). In einzelnen Orten verzeichnete die NPD Stimmanteile von mehr als 30 Prozent.

Neonazi-Kameradschaften boomten. Eine der größten waren die Skinheads Sächsische Schweiz (SSS), die mehr als hundert Mitglieder und ein Vielfaches an Sympathisanten sammeln konnte und jahrelang die Region südwestlich von Dresden terrorisierte. Große Kameradschafts-Netzwerke entstanden, die zu Aufmärschen Hunderte Teilnehmer mobilisieren können; zum Beispiel das Nationale und Soziale Aktionsbündnis Mitteldeutschland (NSAM) oder das Soziale und Nationale Bündnis Pommern (SNBP). Bald differenzierten sich verschiedene Strömungen heraus, als heute wichtigste die Autonomen Nationalisten (AN).

Die rechtsextreme Jugendkultur entwickelte eine Eigendynamik, wie sie für lebendige Bewegungen typisch ist. Die Skinheads mit *Lonsdale*-Shirt und Springerstiefeln sind heute fast verschwunden, Dutzende neue Bekleidungsmarken in verschiedenen Stilen entstanden. Der Naziskin-Rock war bald nur noch der Kern des rechten Musikkosmos. Aus der Metalszene gingen NS-Blackmetal hervor, aus dem Hardcore-Punk der NS-Hardcore. Teile der Gothic-Szene öffneten sich nach rechtsaußen, Nazis versuchten sich an Hip-Hop, während für das traditionelle Publikum weiterhin Liedermacher mit Akustikgitarre bereitstanden.

Zum Beispiel Jena

Ende der Neunzigerjahre war es auch, dass drei junge Neonazis in Jena unter dem Namen Nationalsozialistischer Untergrund (NSU) den terroristischen Weg einschlugen. Während ihres folgenden, zehnjährigen Mordzugs konnten sich Uwe Böhnhardt, Uwe Mundlos und Beate Zschäpe auf das neonazistische Milieu ihrer Heimatstadt verlassen. Jena war übrigens typisch für die in diesem Kapitel beschriebene Entwicklung. Schon zu DDR-Zeiten gab es dort rechtsradikale Skinheads und Hooligans. Nach dem Mauerfall wurden mehrfach Vietnamesen und Afrikaner angegriffen. Auch die evangelische Junge Gemeinde, in der sich linksalternative Jugendliche sammelten, war ein ständiges Ziel von Attacken. Bereits im ersten Staatsschutzreport des Thüringer LKA wurde Jena zu den »Konzentrationspunkten rechtsextremer Personengruppen« gezählt.[50] Einige junge Neonazis aus Jena und Umgebung gründeten Rechtsrock-Bands, die bundesweit bekannten Gruppen *Eugenik* und *Totenburg* zum Beispiel stammen aus Ostthüringen.

Mitte der Neunzigerjahre formierte sich die örtliche Neonaziszene in der Kameradschaft Jena, deren Kern ein halbes Dutzend Personen bildete und die sich dem Kameradschaftsnetz Thüringer Heimatschutz anschloss, der wiederum eingebunden war in das NSAM. Gemeinsam mit ihren damaligen Kameraden fuhren die späteren Terroristen beispielsweise zum Rudolf-Hess-Marsch 1996 nach Worms, einer der ersten gemeinsamen Aktionen von militanten Neonazis und JN. An der Spitze des Zuges: der heutige NPD-Vorsitzende

Holger Apfel.[51] Die Kameradschaft Jena verstand sich damals als Teil der bundesweiten Anti-Antifa, die Szenedebatte zum gewaltsamen Widerstand wird auch dort sehr hitzig geführt worden sein. Jedenfalls entschloss sich ein Teil der Kameradschaft – Böhnhardt, Mundlos und Zschäpe – 1998 für den bewaffneten Kampf, tauchte ab. Der andere Teil schlug den politischen Weg ein und ging zur NPD. Einer der Kameraden, André K., blieb dort ein Mitläufer. Ein zweiter, Carsten S., hatte irgendwann sein schwules Coming Out und stieg aus. Ein dritter, Ralf Wohlleben, machte Parteikarriere, wurde stellvertretender Vorsitzender des Thüringer Landesverbandes. Wohlleben und K. stürzten sich zudem in rechte Graswurzelarbeit und starteten ein Nazi-Hausprojekt. Ein siebtes Kameradschaftsmitglied, Holger G., tat weder das eine noch das andere, sondern zog nach Westdeutschland, offenbar auf der Suche nach Arbeit. Doch egal wie sich die Biografien entwickelten, auf die eine oder andere Art unterstützten sie weiter ihre Kameraden im Untergrund.

In Jena gab und gibt es übrigens etliche Initiativen gegen rechts. Aber das neonazistische Milieu, das in den Neunzigerjahren entstanden war, ließ sich dadurch nur noch bremsen, nicht aber zurückdrängen. So ähnlich lief es auch auf Bundesebene. Nach mehreren spektakulären rechten Gewalttaten schreckte die Öffentlichkeit im Jahr 2000 auf, der damalige Bundeskanzler Gerhard Schröder (SPD) rief zum »Aufstand der Anständigen« auf. Im September verbot das Bundesinnenministerium erstmals seit 1995 wieder eine rechtsextremistische Organisation, die deutsche Sektion des internationalen Skinhead-Netzwerks Blood & Honour. »National Befreite Zone« wurde zum Unwort des Jahres gekürt. 2001 startete Rot-Grün mehrere Antinaziprogramme – anders als zehn Jahre zuvor ging es dabei nicht um Sozialarbeit mit Rechtsextremen, sondern um die Förderung alternativer Jugendkulturen und zivilgesellschaftlicher Gegeninitiativen.

Die Zahl rechtsextremer Gewalttaten schwankt seit 2001 zwischen gut 700 und gut 1000 pro Jahr. Doch seit dem 11. September 2001 konzentrierten sich die Sicherheitsbehörden auf den Islamismus. Nach dem Regierungswechsel 2005 waren die nun wieder unionsgeführten Ministerien des Innern und für Familie der Meinung, man müsse den Linksextremismus stärker ins Visier nehmen.

Und im Jahr 2006 wurde die Rechtsextremismusabteilung im Bundesamt für Verfassungsschutz aufgelöst.

Die Patchwork-Nazis

Nirgends hat sich die extreme Rechte so gewandelt wie in
der Jugendkultur. Die »Autonomen Nationalisten« verbinden
Coolness mit Hitlerismus – und offener Gewalt

Die Polizei staunte nicht schlecht: Im Dezember 2003 tauchten bei einem Naziaufmarsch in Berlin plötzlich 30 schwarz
gekleidete Jugendliche mit roten Fahnen auf, einige trugen T-Shirts mit dem Porträt des weltweit von linken Aktivisten verehrten Ernesto »Che« Guevara. Die Beamten hielten die Gruppe für Gegendemonstranten und stoppten sie.
Doch die Jugendlichen gaben sich als Neonazis zu erkennen.
Auf Nachfrage von Journalisten, was denn die rote Fahne bedeuten solle, antwortete die Gruppe, sichtlich stolz auf ihren
Scherz: Sie hätten da wegen der aktuellen Gesetzeslage leider
zwei Symbole weglassen müssen. Gemeint waren der weiße
Kreis und das Hakenkreuz, mit denen zusammen ihre Fahne
jene der NSDAP ergäbe.[52]
    Die Überraschung war groß. Neonazis, die wie Linke ausse-
hen? Die bewusst mit der Vereinnahmung der Symbolik und
Ästhetik der politischen Gegner spielen? Das brachte in den
folgenden Jahren nicht nur die Sicherheitsbehörden durcheinander; auch in der rechtsextremen Szene selbst wussten
und wissen bis heute viele nicht, was sie von dem Phänomen
halten sollen. Doch was vor einem Jahrzehnt als bizarre Provokation durch eine Handvoll Aktivisten begann, ist heute

fester Bestandteil des deutschen Rechtsextremismus. Mittlerweile gibt es kaum noch einen Aufmarsch, bei dem nicht auch die aggressiven jungen Männer und Frauen von den »Autonomen Nationalisten« (AN) auftauchen. Und unter jugendlichen Neonazis sind sie inzwischen die vermutlich stärkste Gruppierung – die klischeehaften Skinheads im Glatze-Bomberjacke-Springerstiefel-Look hingegen gibt es kaum noch.

Die Autonomen Nationalisten kleiden sich gern ganz in Schwarz, sie tragen Kapuzenpullover, Baseball-Mützen und Sonnenbrillen. Sie sind aggressiv und bekämpfen politische Gegner gezielt mit Gewalt. Auf Demonstrationen versuchen sie, durch einen militanten Habitus Stärke zu zeigen gegenüber dem ihnen verhassten Staat. Das Bundesamt für Verfassungsschutz geht davon aus, dass die AN deutschlandweit inzwischen rund tausend Anhänger zählen, das entspräche knapp einem Fünftel des gesamten gewaltbereiten Neonazi-Spektrums. Und während die NPD zumindest nach außen versucht, ihre Verehrung des historischen Nationalsozialismus zu verschleiern, bekennen sich die Autonomen Nationalisten offensiv zur NS-Ideologie. Sie fordern einen »Nationalen Sozialismus« und sehen sich als Nachfolger von Hitlers SA-Schlägertrupps. Das bemüht bürgerliche Auftreten der NPD gilt den AN als Zeichen der Schwäche.

Die Autonomen Nationalisten zeigen am deutlichsten, wie sehr sich der Rechtsextremismus im letzten Jahrzehnt gewandelt hat – und mit ihm die Möglichkeiten, neue Anhänger zu rekrutieren. »Ob du Hip-Hopper, Rapper oder sonst irgendwas [bist], ob du Glatze oder lange Haare hast: Völlig egal! – Hauptsache du bist gegen das herrschende System!«, heißt es einladend in einem *Handbuch der Autonomen Nationalisten*, das seit 2008 in der Szene kursiert. Die AN haben richtig erkannt: Die strengen Dogmen anderer rechtsextremer Vergemeinschaftungsangebote, seien es martialische Skinheads oder gescheitelte Braunhemden, sprechen heute noch weniger Jugendliche an als früher – das hippe und sportliche Auftreten der AN hingegen schon. Statt öde Schulungsabende oder »Latschdemos« wie die NPD, bieten die AN einen Abenteuerspielplatz. Sie propagieren den »Do-it-yourself-Aktivisten«, der relativ eigenständig oder nur mit wenigen direkten Mitstreitern entscheidet, was er wann tut. Und anders als die Parteijugend JN gelingt es den Autonomen Nationalisten, sich authentisch als rebellische Jugendbewegung zu geben. Freihändig klauen diese neuen Nazis, was sie der linken Szene neiden: Mode und Ästhetik, politische Aktionsformen und coole Sprüche.

Zudem tummeln sich die AN ganz selbstverständlich im Internet: Ihren professionell produzierten Webseiten und YouTube-Videos ist deutlich anzumerken, dass sie die ersten Digital Natives der extremen Rechten sind. Und für den eigenen Alltag hat es ganz handgreifliche Vorzüge, dass die AN nicht mehr einem klar vom jugendlichen Massengeschmack abgegrenzten Dresscode folgen müssen. Die Symbole und Codes ihrer Szene können nur Eingeweihte entschlüsseln, was es ermöglicht, sich weitgehend unerkannt und ohne gesellschaftliche Sanktionen zu bewegen. In der Schule, am Arbeitsplatz oder auf der Straße müssen sie sich so kaum noch für ihre rechtsextreme Gesinnung rechtfertigen.

Die Autonomen Nationalisten schaffen, was bislang in der rechtsextremen Szene als Ding der Unmöglichkeit galt: Sie leben gleichzeitig verschiedene Identitäten. Sie können am einen Tag Hip-Hop hören und Pizza essen, am nächsten beim Aufmarsch für eine »reine Volksgemeinschaft« mitlaufen. Von Patchworkidentitäten sprechen Soziologen: Man mischt zusammen, was gefällt. Ein Trend, der schon länger bei Jugendlichen zu beobachten ist – nun ist er auch in der Naziszene angekommen.

Anything goes: Hip-Hop und Hitler-Büste,
Nazischeitel und Kapuzenpulli

Die Suche nach den Anfängen der Autonomen Nationalisten führt nach Berlin. Dort gründete sich im Jahr 2000 die »Kameradschaft Tor« (KS Tor) – anfangs eine ganz normale Neonazi-Kameradschaft, wie sie als lose organisierte Trupps junger Rechtsextremer seit Mitte der Neunzigerjahre bundesweit entstanden.[53] Doch die rund 15 Mitglieder des inneren Kerns wohnten fast alle im Stadtteil Lichtenberg, und der grenzt an den seit 1989 von der Hausbesetzerbewegung geprägten Bezirk Friedrichshain. Ihre Lebenswelt war eine völlig andere als die einer traditionellen Kameradschaft in einem Dorf irgendwo in Brandenburg, ihre Jugend prägte das urbane Umfeld. Sie mussten nur zwei Stationen mit der U-Bahn fahren, um die Erfolge von Linksalternativen tagtäglich vor Augen geführt zu bekommen: Hausprojekte, florierende Kneipen und Konzertorte oder auch die als sehr durchsetzungsfähig empfundene Demonstrationstaktik des Schwarzen Blocks der Autonomen.

Die eigene Szene hingegen empfanden sie als öde, Kleidungsstil und Musik als unzeitgemäß – die selbstbewussten Jung-Neonazis aber, kaum jemand war älter als zwanzig, wollten auch cool sein. Von den Strukturen her war die KS Tor eine klassische Kameradschaft, man zahlte Mitgliedsbeiträge, traf sich jedes zweite Wochenende in Kneipen oder Privatwohnungen, um Aktionen zu planen. Inhaltlich vertrat die Gruppe einen »dogmatischen, nationalsozialistischen Führerkult«[54], aber nach außen begann sie sich stilistisch zu modernisieren. Die Jung-Neonazis fingen an, sportliche Kleidung zu tragen, Turnschuhe, Cargohosen und Kapuzenpullover. Sie merkten schnell, dass man so in der Masse der Großstadt untertauchen konnte und auf andere Jugendliche nicht abschreckend wirkte wie die kahlgeschorenen Saufnazis aus der Rechtsrockszene.

Es entbrannte ein Generationenkonflikt mit den alteingesessenen Führungskadern des Berliner Neonazimilieus – was ihre Abgrenzung von den etablierten Strukturen nur noch beschleunigte. Nur zur NPD hielt die KS Tor über den rechtsextremen Liedermacher und späteren Landesvorsitzenden Jörg Hähnel stets gute Kontakte. Hähnel, damals selbst noch unter dreißig, hatte ein Gespür dafür, wie er die junge Truppe trotz ihrer Eigensinnigkeit an die Partei binden konnte. Zumindest bei einem der beiden KS-Tor-Gründer ging es wohl auch um die Abgrenzung gegenüber seinem Vater, einem Ex-Stasi-Major und heutigem DKP-Mitglied. Der Vater war seit 1992 Anmelder der Luxemburg-Liebknecht-Demonstrationen, bei der sich in DDR-Tradition jeden Januar Tausende Linke in Ost-Berlin treffen – im Jahr 2002 wurde sein Sohn mit einem zweiten KS-Tor-Mitglied festgenommen, als sie Parolen und Nazisymbole gegen den Aufzug an Häuserwände entlang der Route schmierten.[55]

Im selben Jahr tauchten erste Aufkleber der KS Tor mit dem fiktiven Gruppennamen »Autonome Nationalisten Berlin« auf. Bei einem NPD-Aufmarsch am 1. Mai 2003 wurde erstmals ein Transparent mit dem Schriftzug »Autonome Nationalisten« gezeigt – mitgebracht hatten es Kameraden aus Dortmund, die zu jener Zeit einen ähnlichen Prozess wie die KS Tor durchmachten und in engem Kontakt mit den Berlinern standen.[56] Im Forum der später gehackten Website freier-widerstand.net, die junge Neonazis aus dem Ruhrgebiet betreuten, wurde das neue Konzept in der Folgezeit maßgeblich diskutiert und propagiert. 2004 gründete die KS Tor – damals für die Szene sehr untypisch – eine eigene »Mädelgruppe«, deren Kern aus vier Frauen bestand. Der einzige Aufkleber der Gruppe verdeutlicht die Diskrepanz zwischen selbstbewusstem Auftreten und traditionell-rechtsextremem Weltbild: Die bekannte Comicfigur der aufmüpfigen »Emily the Strange« wurde mit der Parole »Auch ohne Emanzipation stark« kombiniert.

In der Folgezeit nutzte die KS Tor immer offensiver pop-kulturelle Elemente der alternativen Szene. Bei einer Störaktion gegen das Richtfest des Denkmals für die ermordeten Juden Europas entfaltete sie ein Transparent mit einem Liedzitat der Popband *Wir sind Helden*. »Hol den Vorschlaghammer – Sie haben uns ein Denkmal gebaut.« Auch das Verwirrspiel mit der Kleidung genossen die KS-Tor-Mitglieder sichtlich. Während sie auf den meisten Veranstaltungen im urbanen Outfit mit schwarzen Windjacken und Sonnenbrillen zu sehen waren, tauchten sie beim Rudolf-Hess-Marsch 2004 in Wunsiedel plötzlich uniform im NS-Trachten-Look auf mit weißen Kragenhemden und wallenden Röcken.[57] Die neue Offenheit der AN erlaubte ihnen, mehrere Identitäten auszuleben, ohne sich um die damit verbundenen Widersprüche zu kümmern. Sie konnten parallel AN-Straßenkämpfer und völkische Scheitel-Nazis sein, hatten in ihrer WG eine Hitler-Büste stehen und in der CD-Sammlung Scheiben des Hip-Hop-Labels Aggro Berlin. Dieser extreme Spagat kennzeichnet die AN-Szene bis heute.

Zu einem von der NPD angemeldeten Aufmarsch am 1. Mai 2004 in Berlin riefen Autonome Nationalisten erstmals offiziell dazu auf, einen »NS Black Block« zu bilden: Nach Vorbild der Linken sollte es »Blockaden, Besetzungen, Verweigerungen« geben. »Es ist an der Zeit, dass wir … damit beginnen, uns neu zu organisieren«, hieß es in einem Aufruf in einem rechtsextremen Internetforum. »Der gewaltfreie, friedliche Kampf hat fast 60 Jahre stattgefunden, und wir haben nichts erreicht. Es ist unverantwortlich, wenn heute noch Kameraden davon reden, absolut und situationsunabhängig gewaltfrei zu bleiben.« Schon diese Ankündigung sorgte für heftigen Streit mit älteren Neonazis und der NPD. So erhob der Hamburger Neonazi Christian Worch sofort einen typisch völkischen Homogenitätsanspruch: Bei einem rechtsextremen Aufzug brauche man »keinen schwarzen Block, denn unser Zug ist EIN Block«. (Einige Zeit später änderte Worch seine Meinung und zeigte deutliche Sympathien für die Autonomen Nationalisten.) Aus dem traditionellen ostdeutschen Kameradschaftsspektrum kam die Warnung, ein allzu militantes Auftreten könnte »Angst im Volk erzeugen«, das man doch eigentlich gewinnen wolle. »Wer unsere politischen Zusammenhänge mit einem Abenteuerspielplatz verwechselt, sollte lieber ganz schnell aus unseren Reihen verschwinden.«[58] Später folgte ein ausführlicher Kommentar aus dem Aktionsbüro Süddeutschland um den Münchner Neonazi Norman Bordin: »Wir nationalen Sozialisten sind durch eine gemeinsame Weltanschauung, unter anderem basierend auf den drei Eckpfeilern Arbeit – Ehrlichkeit – Sauberkeit, miteinander verbunden und nicht durch einen von Hip-Hop-Musik geprägten ›Lifestyle‹.« In den eigenen Reihen akzeptiere man keine Leute, »die sich kleiden wie unser Gegner, sich benehmen wie unser Gegner und den Großteil seiner ›politischen‹ Agitationsformen übernehmen«.[59]

Zwar zählte der großspurig angekündigte Block am 1. Mai 2004 nur rund 150 Schwarzgekleidete, und abgesehen von kleineren und erfolglosen Rangeleien mit der Polizei gingen keine Aktionen von ihm aus. Doch in der Szene war der Mythos eines schlagkräftigen »NS Black Blocks« geboren, der angeblich Polizeiketten durchbrochen hatte. Es folgten immer häufigere und militantere Auftritte bei rechtsextremen Aufzügen. Polizisten, Gegendemonstranten und Journalisten wurden plötzlich Ziel von Flaschenwürfen, Feuerwerkskörpern und anderen Angriffen. Solche Krawallszenen waren bei den auf Ordnung und Disziplin getrimmten Demonstrationen der NPD undenkbar – von nun an gehörten sie zur Inszenierung der AN und lockten gewaltaffine Jugendliche an, die sich früher bei den Aufzügen eher gelangweilt hätten.

Gleichzeitig trieben die Dortmunder und Berliner das Spiel mit linker Symbolik weiter. Was als Rebellion gegen die älteren Kameradschafter und als Provokation ohne langfristiges Konzept begann, verselbstständigte sich. Plötzlich tauchten Neonazis mit einem verfremdeten Logo der Antifa auf: Das runde Symbol mit einer roten und einer schwarzen Fahne war identisch, lediglich die Worte »Antifaschistische Aktion« waren durch »Nationale Sozialisten« ersetzt.[60] Fortan wurden ganze Poster-Designs, Transparente und Schriftzüge linker Gruppen bis ins Detail kopiert, Sprüche persifliert oder gleich unverändert übernommen. Selbst vor Anglizismen scheute man sich nicht, etwa beim Slogan »…tler was alright' 33« oder »Fight the system, fuck the law«. All dies war bis dahin unter Rechtsextremisten tabu. Bei Aufmärschen tönten nun aus den Lautsprechern statt dumpfem Rechtsrock populäre Lieder von den *Ärzten*. Dass die erklärte Nazigegner sind, wurde einfach ignoriert.

»Die AN waren für mich eine Befreiung«

Anders als von Beobachtern oft unterstellt, ging diese freizügige Übernahme linker Symbolik und Musik mit keinerlei Aufweichung rechtsextremer Ideologie einher – und sie war alles andere als eine Sympathiebekundung. Ganz im Gegenteil sahen die Autonomen Nationalisten den gewaltsamen Kampf gegen politische Widersacher von Anfang als eine ihrer Hauptaufgaben an. Die Übernahme stilistischer Elemente der Gegenseite diente allein dazu, das eigene Repertoire subkultureller Ausdrucksformen zu erweitern (und nicht zuletzt sich als Avantgarde der Neonazi-Szene inszenieren zu können). »Mittels dieses Auftretens besteht die Möglichkeit, sozusagen unerkannt, da dem bekannten Bild des ›Faschisten‹ entgegenlaufend, in die bisher von gegnerischen Lagern beherrschten Gebieten vorzudringen, politisch und kulturell«, rechtfertigte der Kölner Kameradschaftsführer Axel Reitz damals die Entwicklung. »Graffities sprühen, unangepasst und ›hip‹ sein können nicht nur die Antifatzkes, sondern auch wir, damit erreichen wir ein Klientel, welches uns bis dato verschlossen geblieben ist.«

Bei älteren Rechtsextremisten hingegen stieß das Auftreten der AN anfangs auf harte Kritik. Als »undeutsch« und »entartet« empfanden viele die Abkehr von deutsch-völkischer Bekleidung und vor allem arischer Musik. »Nicht nur dass solches Geseiere nichts mit unserer Art zu tun hat, ja ihr vollkommen fremd ist«, schäumte der Berliner Szeneveteran Oliver Schweigert, »nein, es widerspricht auch unserem politischen Wollen, welches sich gegen die von den Henkern Deutschlands gewollte sog. multikulturelle Gesellschaft richtet.« AN-Protagonisten konterten solche Vorhaltungen: »Das Übernehmen von Emblemen, Symbolen etc. vom politischen Gegner ist keine neue Erfindung«, hieß es 2005 in einem Internetforum, »ganz im Gegenteil. Das haben die Nationalsozialisten auch schon gemacht.« Ein anderer User schrieb: »Wer glaubt, dass er noch irgendwas im Layout des Stürmers werbetechnisch für uns erreichen könne, soll einfach weiterträumen.«[61] Der offen ausgetragene Generationenkonflikt verschaffte den AN große Aufmerksamkeit und verstärkte den Zulauf erheblich, die Rebellion des Nachwuchses gegen die verkrustete ältere Neonazigeneration wurde zum Selbstläufer. Weil die Strömung stärker und stärker wurde, dauerte es nicht lange, bis die AN in der Szene akzeptiert oder zumindest geduldet waren.

Die Autonomen Nationalisten fordern von ihren Anhängern nur bedingt »deutsche Tugenden« wie Disziplin oder Ordnung. Für Pubertierende auf Identitätssuche sind sie deshalb attraktiver als andere rechtsextremistische Spektren. »Die AN waren wie ein Befreiungsschlag für mich«, erzählt ein früherer Aktivist. »Vorher gab es in der Naziszene Vorgaben, was Musik, Kleidung, Essen betraf. Danach musstest du dich richten. Und diesen Zwang fanden viele Leute in der Szene scheiße. [Als AN] konnte man freier sein. Du konntest hören, was du willst, du konntest Döner essen gehen, du konntest alternative Klamotten tragen. Die Leute machten das ja auch gern. Die haben das nicht nur gemacht, damit sie jemanden ansprechen konnten, sondern weil ihnen das auch selbst gefallen hat.«[62]

Geradezu hedonistisch erscheint ihr Lebensstil im Vergleich zu den Nazi-Skinheads, die Wert legen auf ihre Zugehörigkeit zur Arbeiterklasse; viele AN hingegen kassieren lieber Hartz IV statt zu arbeiten. Auch Familiengründung und Kinder, gemäß der völkischen Ideologie eigentlich Pflicht für Aktivisten, spielen in der Szene laut Erinnerungen von Aussteigern kaum eine Rolle – ein weiterer Widerspruch zwischen Realität und Ideologie, der ausgeblendet wird.

Den Modernisierungsprozess zu einem für Jugendliche hochattraktiven Stil, der dem rechtsextremen Spektrum jahrzehntelang gefehlt hatte, vollzogen die Autonomen Nationalisten innerhalb kürzester Zeit. Dabei war es kein Zufall, dass die neue Strömung nicht in den rechtsextremen Hochburgen in der ostdeutschen Provinz entstand, sondern in städtischen Ballungsgebieten und im Westen der Republik. Die AN sind quasi eine Reaktion auf die dortige Realität: Dort gibt es eine stärkere gesellschaftliche Gegenwehr und aufmerksamere Behörden als in vielen ländlichen Gegenden der Neuen Länder, weshalb man sich als Neonazi besser tarnt. Zudem haben Jugendliche in urbanen Gegenden wie etwa dem Ruhrgebiet oder Berlin mehr kulturelle Angebote – als Rechtsextremist muss man sich da schon etwas Besonderes ausdenken, um konkurrenzfähig zu sein.

Die Kameradschaft Tor, quasi die Urzelle der Bewegung, wurde im März 2005 vom Berliner Innensenator verboten. Doch die meisten Mitglieder machten danach in anderen rechtsextremen Gruppen weiter – und vor allem ihr politisches Konzept war zu dem Zeitpunkt schon nicht mehr zu stoppen. Rasant breiteten sich die Autonomen Nationalisten aus. Spätestens 2006 waren Gruppen, die sich dem neuen Stil anschlossen, in jedem Bundesland als Teil des neonazistischen Kameradschaftsspektrums präsent.

Trotzdem bezeichnete das Bundesamt für Verfassungsschutz noch 2007 die Autonomen Nationalisten als »militante Randerscheinung«. In einer eigens produzierten Broschüre zu den AN sprach die Kölner Behörde von lediglich 150 bis 200 Angehörigen dieser Strömung – eine fatale Fehleinschätzung, wie sich im Folgejahr auf einer Maidemonstration in Hamburg-Barmbek zeigte: Allein dort versammelten sich rund 600 AN-Anhänger und gingen brutal auf Gegendemonstranten, Journalisten und Polizisten los. Die Beamten waren vom Aggressionspotenzial offenbar völlig überrascht und bekamen die Gewalttäter nur mühsam unter Kontrolle. »Wenn sich die Polizei nicht dazwischengeworfen hätte«, sagte hinterher ein sichtlich mitgenommener Einsatzleiter vor der Presse, »dann hätte es Tote gegeben.«

Der neue Sound, noch härter, noch schneller: »National Socialist Hardcore«

Dresden 2008. Mehr als hundert Leute drängen sich in einem winzigen Raum mit kahlen Betonwänden, fast ausschließlich junge, sportliche Männer. Die Szene könnte auch aus dem Musik-Video einer populären Crossover- oder Rockband stammen: Piercings, Kapuzenjacken und die aus US-amerikanischen Ghettos entlehnten Bandana-Kopftücher bestimmen das Bild. Allein die schwarz-weiß-rote Fahne an der Bühnenrückwand lässt erkennen, dass es sich nicht um den Auftritt einer x-beliebigen Hardcoreband handelt, sondern um ein Konzert der militanten Neonaziszene.

Am Mikrofon steht der damals 32-jährige René Weiße aus dem thüringischen Altenburg. Seine Arme sind bis zu den Handgelenken mit bunten Tätowierungen überzogen, er trägt Koteletten und hat übergroße Löcher in den Ohren. Seine Band *Brainwash* spielt den selbst ernannten Musikstil »National Socialist Hardcore«, abgekürzt NSHC: Extrem schnelles Schlagzeug, harte Riffs und bis zur Unverständlichkeit geschriene Texte in englischer Sprache machen ihn aus. Es ist der Soundtrack der neuen Generation von Neonazis, die Musik der Autonomen Nationalisten. Mit dem platten Rumpel-Rechtsrock der Neunzigerjahre hat sie kaum noch etwas zu tun.

Ein Video des Konzerts auf der Internetplattform YouTube ist hinterlegt mit Szenen aus dem Gazastreifen.[63] Terroristen greifen mit Maschinengewehren und Handgranaten israelische Soldaten an und schießen selbst gebaute Raketen in Wohngebiete. »Freedom« fordert Weiße im Refrain des Lieds, also »Freiheit«, aber eigentlich gemeint ist der Tod von Juden. Unter den Autonomen Nationalisten hat *Brainwash* Kultstatus. Deren erstes Album »Moments of Truth« sei für ihn »ein ganz neues Erlebnis gewesen«, schreibt ein Rechtsextremist. »Das ist genau das Extrem, was mir Gänsehaut verschafft. Ich bin hin und weg!«[64]

So sehr sich die extreme Rechte im letzten Jahrzehnt gewandelt hat, eines blieb unverändert: Musik ist das wichtigste Mittel zur Rekrutierung neuer Anhänger. Allerdings hat sich der Sound weiterentwickelt: Früher führte der Weg in die Szene meist über schlecht produzierten Rechtsrock, heute können rechts-offene Jugendliche zwischen verschiedensten Musikstilen wählen. Im vordigitalen Zeitalter mussten die Songs noch mühsam von Kassette zu Kassette überspielt werden, heute ist dank mp3-Datei und Internet alles kostenlos und ohne Qualitätsverlust tausendfach kopierbar. Schätzungsweise 160 neonazistische Musikgruppen und knapp 30 rechtsextreme Liedermacher sind derzeit in Deutschland aktiv. Allein im Jahr 2010 kamen mehr als 100 neue Tonträger mit Auflagen zwischen 1000 und über 10 000 Stück auf den Markt.[65] Jedes Wochenende finden irgendwo in der Republik Nazikonzerte statt. Zu großen Rechtsrockfestivals, wie dem von der NPD organisierten »Rock für Deutschland« oder dem »Pressefest« des Parteiverlags *Deutsche Stimme,* kommen mehrere Tausend Besucher.

Schon die Entstehung von Rechtsrock vor mittlerweile drei Jahrzehnten war eine kleine Revolution. Ian Stuart Donaldson, Sänger der britischen Naziband *Skrewdriver,* hatte Ende der Siebzigerjahre das enorme Potenzial von Musik als Träger politischer Botschaften erkannt. »Musik ist das ideale Mittel, Jugendlichen den Nationalsozialismus näherzubringen«, sagte er – der Satz gilt seither als Credo der rechtsextremen Kulturarbeit. Donaldson war es auch, der mit anderen Kadern das – in Deutschland seit 2000 verbotene – internationale Skinhead-Musiknetz Blood & Honour gründete. Harter Rock mit gewaltverherrlichenden Texten löste schnell die von Altnazis heißgeliebten Märsche und Wagneropern ab.[66]

Ab einer bestimmten Größe setzt bei Jugendkulturen üblicherweise ein Differenzierungsprozess ein, am rechten Rand war es etwa Ende der Neunzigerjahre so weit. Im Windschatten des Rechtsrock entstanden rechtsextreme Hardcoregruppen, und paradoxerweise holten sich die antiamerikanischen Musiker ihre Vorbilder ausgerechnet aus den USA. Dort hatten sich zu Beginn der Achtzigerjahre aus der Punkbewegung heraus die ersten linken Hardcorebands entwickelt. Sie waren noch schneller, aggressiver und härter als der bis dahin die Subkultur dominierende Punkrock. Dessen selbstironische Elemente verschwanden im Hardcore und wichen einer überbetonten Männlichkeit. Der politische Anspruch, Missstände der Gesellschaft radikal zu kritisieren und positive

Veränderungen einzufordern, blieb jedoch – zumindest bei den meisten Musikern – erhalten.

Hardcoremusik war und ist eng mit der linksalternativen Szene verbunden. Politisch engagierte Bands wie *Black Flag, Cause for Alarm, 7 Seconds* und *Hüsker Dü* prägten das Genre. Später folgten mit den *Spermbirds, Vorkriegsjugend* oder *Blut+Eisen* auch erste deutsche Bands, die sich dem Hardcoresound annäherten.

Doch im Laufe der Jahrzehnte wurden die Bühnen in den besetzten Häusern für die Stars der Hardcoreszene zu klein. Sie begannen in kommerziellen Klubs aufzutreten, wurden von großen Plattenfirmen entdeckt, erreichten über das Musikfernsehen Ende der Neunzigerjahre auch den Mainstream. Gleichzeitig ging bei manchen Bands der ursprüngliche emanzipative Grundgedanke des Hardcore verloren. Vereinzelt hielten abfällige Aussagen über Drogenabhängige und sozial Schwache Einzug in die Liedtexte und dienten als Anknüpfungspunkt für rechtsextremistische Strategen. Der Wunsch, immer härter, extremer und schneller zu werden, wirkte anziehend auf Jugendliche, denen es mehr um Gewalt ging als um Musik. So wie Ian Stuart Donaldson in Großbritannien circa 15 Jahre zuvor das Potenzial der Skinheadmusik erkannt hatte, entdeckten Neonazis in den USA die Hardcoremusik. Ab 1997 kamen erstmals US-Nazibands wie *Aggravated Assault* und *Blue Eyed Devils* auf Deutschlandtournee und spielten in Hallen vor bis zu tausend Zuschauern.[67]

Schnell entstanden die ersten deutschen Hardcorebands aus dem rechtsextremen Milieu. Als »die Amis anfingen, die ersten Scheiben nach Europa zu verschiffen, waren wir sehr angetan von dieser Energie, der Kraft, die von dieser Musik ausgeht«, bekannten zwei Mitglieder der sachsen-anhaltischen Band *SEK* in einem Interview mit einer Blood & Honour-Zeitschrift. »Diese Musikrichtung gab vielen Bands eine neue Richtung.«[68] Als erstes Szenelabel produzierte *Hate Re-*

cords aus Neustadt in der Sächsischen Schweiz rechtsextreme Hardcorebands und war maßgeblich an deren Popularisierung unter Neonazis beteiligt, laut Berichten mehrerer Zeitungen arbeitete Inhaber Mirko Hesse nebenbei als V-Mann für das Bundesamt für Verfassungsschutz.

In den vergangen Jahren ist der NSHC-Sound endgültig in der Szene angekommen. Die Zahl der Bands und Labels steigt kontinuierlich. Das Bundesamt für Verfassungsschutz ging schon 2010 davon aus, dass es sich bei 15 Prozent aller aktiven rechtsextremen Musikgruppen um NSHC-Bands handelt[69], seitdem dürfte der Anteil weiter gestiegen sein. Einstige Kultbands der extrem rechten Jugend wie *Skrewdriver*, *Landser* oder *Störkraft* werden langsam aber sicher vom musikalischen Nachwuchs überholt und abgelöst. Denn der Nazi-Hardcore schafft es, eine ungleich größere Dynamik zu entwickeln als die musikalisch wie textlich stets beschränkt gebliebenen Skinheadbands.

Ganz bewusst und im Gegensatz zu den traditionellen Rechtsrockern verzichten diese neuen Bands meist auf plakativen Rassismus und eindeutige Mordfantasien. Sie geben sich lieber sozialkritisch und antikapitalistisch – und verbinden das mit neonazistischer Propaganda. »We take it from the rich and give it to the poor. No communism. No capitalism. National Socialism«, singen beispielsweise *Path of Resistance* aus Rostock – die Band empfiehlt als Lösung für das Problem wachsender Armut also eine neue NS-Diktatur.[70]

An *Path of Resistance* lässt sich prototypisch der Wandel des Rechtsrock besichtigen. Hervorgegangen ist diese Band aus der Gruppe *Nordmacht*, die seit Mitte der Neunzigerjahre bestand und als Blood & Honour-nah galt.[71] Damals zeigte sich die Band noch im klassischen Skinhead-Outfit, die Liedtexte waren komplett Deutsch. Auf dem Cover des Albums »Ihre Ehre hieß Treue« prangte eine Hakenkreuzfahne hinter marschierenden Wehrmachtssoldaten, die Titelzeile war in

Frakturschrift gehalten. Fast alle *Nordmacht*-Alben wurden indiziert. Bei der 2002 veröffentlichten Demo-CD »Fight the System« von *Path of Resistance* hingegen ist von NS-Ästhetik nichts mehr zu sehen. Der Bandname ist im Graffiti-Stil gezeichnet, das Coverbild eine Collage aus steinewerfenden Vermummten, Gewalttaten gegen Polizisten und einem zerstörten McDonalds-Restaurant. Auf Promofotos posieren die vier Männer jetzt mit lässigen Basecaps, Kapuzenpullovern, Jeans und Turnschuhen. Die Band sei »aus der Idee heraus, musikalisch etwas anderes zu machen« entstanden, begründeten die Mitglieder in einem Interview den Bruch mit ihrer Skinheadrock-Vergangenheit.[72]

Vor allem bei den jüngeren NSHC-Gruppen sucht man eindeutige Hinweise auf den rechtsextremen Hintergrund vergeblich, egal ob in den Texten oder der Bandsymbolik. Wie bei linken Hardcorebands geht es in den Liedern oft um kontroverse Themen wie soziale Ungerechtigkeit, Globalisierung oder Umweltzerstörung. Die Nazikapellen aber sprechen solche Probleme an, um sie dann – oft unterschwellig – mit antisemitischen oder rassistischen Thesen aufzuladen. Mit dieser Strategie der Uneindeutigkeit will man auch Jugendliche erreichen, die sich für expliziten Rechtsrock nicht interessieren würden.

Die Argumentationsmuster der Texte sind typisch für Neonazipropaganda: Komplexe gesellschaftliche Probleme werden simpel erklärt, Kriege und die Schattenseiten der Globalisierung zum Beispiel pauschal den USA und einer herbeifantasierten »jüdischen Weltherrschaft« in die Schuhe geschoben. Der in der Hardcoreszene seit den Achtzigerjahren weitverbreitete Straight-Edge-Lebensstil (Verzicht auf Drogen, Fleisch und ständig wechselnde Sexualpartner) wird geschickt umgedeutet zu einem Mittel, den »gesunden deutschen Volkskörper« zu erhalten.

Nur auf szeneinternen Webseiten sprechen diese NS-

Hardcore-Musiker offen. »Wir sind politische Kämpfer«, sagt beispielsweise die Gruppe *Moshpit* aus Altenburg (Thüringen). »Wir sind Nationale Sozialisten und wollen mit intelligent verpackten Texten unseren Beitrag leisten, im Kampf gegen Ungerechtigkeit, Meinungsdiktatur und Unterdrückung der freien Entfaltung der Völker.«[73] Das weltberühmte »I love New York«-Motiv (mit dem Kürzel NY und einem Herz statt dem Wort »love«) verkauft die Band mit dem Spruch »I love NS«. Die Verherrlichung des Nationalsozialismus wird im Stil der Popkultur zelebriert.

Viele linke Hardcorefans meinen, ihre Musik werde von Nazis missbraucht und quasi unter falscher Flagge kopiert. Doch so einfach ist es nicht. Die Professionalität und das authentische Auftreten vieler NSHC-Bands deuten darauf hin, dass viele der Musiker zuvor jahrelange echte Fans nicht-rechter Hardcoremusik und des damit verbundenen Lebensgefühls waren. Bernd Peruch, Sänger der ersten deutschen NSHC-Band *Strength thru Blood* aus Bamberg, bekannte freimütig in einem Interview: »Ich komme ursprünglich aus der Skater- und Punkrock-Ecke. Groß geworden bin ich mit Bands wie den *Dead Kennedys, MDC, RKL, Minor Threat* und den *Angry Samoans*.«[74] Dank des Wandels der rechtsextremen Jugendkultur musste er bei seiner Entwicklung zum Neonazi den liebgewonnen Hardcore-Lifestyle nicht ablegen. Umgekehrt haben Leute wie Peruch der Naziszene genützt, ohne deren Einflüsse wäre die Ästhetik der Autonomen Nationalisten undenkbar. Die subkulturell geprägte, aber dennoch mainstreamfähige, urbane Hardcore-Mode ist dynamisch und modern – genauso, wie die AN sein wollen.

Das neue Outfit:
Wehrmachtspanzer im Surfer-Look

Am stärksten hat von der rechten Stilrevolution vermutlich die Kleidungsmarke *Thor Steinar* aus Brandenburg profitiert. Im Unterschied zu *Lonsdale* oder *Fred Perry*, die ursprünglich aus Sportgeschäften stammen und später von Rechtsextremen vereinnahmt wurden, gab es *Thor Steinar* anfangs fast ausschließlich bei einschlägigen Naziläden und -versänden. Die Macher kombinierten qualitativ hochwertige Stoffe und edles Design mit germanischen Runen und völkischer Symbolik. Mit zynisch-augenzwinkernden Motiven wie »Ski Heil« oder »Hausbesuche« (mit einem Maschinengewehr darunter) wurde die Marke aus dem brandenburgischen Königs Wusterhausen nach ihrem Start 2002 schnell populär in der Szene. Dass das ursprüngliche Runen-Logo wegen Ähnlichkeit mit NS-Symbolen zeitweilig unter juristischen Druck geriet, dürfte dabei eher noch geholfen haben. (Das Tragen von Kleidungsstücken mit dem betreffenden Logo war Gegenstand mehrerer Gerichtsverfahren, in denen aber eine Strafbarkeit schließlich verneint wurde. Ein 2005 auf den Markt gebrachtes neues Logo stellt eine Rune dar, die keine Verwendung im Nationalsozialismus fand.) Mittlerweile ist *Thor Steinar* fast im Mainstream angekommen, zu den Käufern zählen heute nicht mehr ausschließlich harte Rechtsextremisten. Trotzdem erfreut sich *Steinars* Arierchic weiter größter Beliebtheit in der Neonaziszene, bei Aufmärschen ist er weiterhin unübersehbar. Allein 2006 machte die Marke einen Jahresumsatz von mehreren Millionen Euro. Selbst als ein arabischer Investor bei der Firma einstieg, änderte das nichts am Kultstatus der Runenklamotten.

Der Wandel und das Wachstum der Szene hat einen ganz neuen Markt eröffnet: Jahrzehntelang boten rechtsextreme Versandhäuser praktisch nur billig produzierte T-Shirts mit schlecht gezeichneten, einfarbigen Motiven an. Doch auch rechtsextreme Jugendliche wünschen sich schicke Kleidung. Während *Thor Steinar* offiziell stets betont, man sei völlig unpolitisch, sprechen mehrere Konkurrenzmarken die Neonazis ganz offen an. *Ansgar Aryan* aus Thüringen beispielsweise verbindet modernes Surfer-Design mit historischem Nationalsozialismus. Eine ganze Kollektion »Weapons« ist mit Schusswaffen der Wehrmacht bedruckt. Ein anderes Motiv zeigt einen Wehrmachtspanzer mit dem Spruch »Nach Frankreich fahren wir nur auf Ketten«. Die Marke tritt als Sponsor von Naziveranstaltungen und -bands auf und schaltet Anzeigen auf einschlägigen Szenewebseiten.

Seit 2007 setzt auch *Erik and Sons* auf Runen und Wikinger-Symbolik in sportlicher Verpackung; Geschäftsführer Udo Siegmund war zuvor jahrelang bei *Thor Steinar* tätig. Das T-Shirt »The early bird« (»Der frühe Vogel«) zeigt einen stilisierten Adler, der dem NS-Emblem des Reichsadlers zum Verwechseln ähnlich sieht – nur das Hakenkreuz darunter fehlt. »Das richtige Shirt für die nächste ›Motto-Party‹«, heißt es in der Artikelbeschreibung.[75] Die Marke trat als Sponsor der Rechtsrockgruppe *Kategorie C* aus Bremen in Erscheinung. Im Jahr 2009 stiftete *Erik and Sons* für eine Tombola einer militanten Gruppierung von Autonomen Nationalisten in Berlin Waren. Die Einnahmen gingen an den später verbotenen neonazistischen Verein Hilfsorganisation für nationale politische Gefangene (HNG).[76]

Welch hohen wirtschaftlichen Stellenwert National Socialist Hardcore in der Szene hat, zeigt eine Begebenheit vom Sommer 2009. Damals wurde bekannt, dass der niedersächsische Neonazi Timo Schubert – zu jener Zeit selbst Mitglied der Naziband *Agitator* – den Begriff »Hardcore« als Wortmarke für Textilien beim Patentamt schützen lassen wollte. Dabei dürfte es ihm kaum um eine ausgefeilte Strategie der Vereinnahmung einer Jugendkultur gegangen sein. Schubert ist Geschäftsmann und denkt wirtschaftlich. Er betreibt den Nazi- und Hooligan-Webshop *Der Versand.* Schubert hatte schlichtweg das richtige Gespür, dass rechtsextreme Hardcore-Musik eine lukrative Einnahmequelle werden würde. Erst nach massiven Protesten entzog ihm das Markenamt 2010 die Rechte wieder.[77]

Längst ist rechtsextremer Lifestyle ein millionenschweres Geschäft. Mehr als 150 einschlägige Onlineshops gibt es inzwischen, die die Szene mit Musik, Kleidung und NS-Devotionalien versorgen.[78] Politisch bedeutsam sind sie aus zweierlei Gründen: Zum einen verbreiten sie natürlich rechtsextreme Propaganda, viel breiter als es etwa die NPD je könnte; zahlreiche Aussteiger berichten, dass Musiktexte oder die Versandpaketen häufig beiliegenden politischen Flugblätter für ihr Hineinrutschen in die Szene extrem wichtig gewesen seien. Zum anderen verhelfen sie zahlreichen Neonazis zu einer gesicherten Existenz. Perfekt auf die neuen Wünsche der Kundschaft eingestellt ist *Opos Records* aus Dresden, gegründet im Jahr 2007. Der Inhaber spielt selbst in einer Rechtsrockband. Sein Label hat sich auf NSHC spezialisiert und ist damit einer der wichtigsten Versände für diese Musikrichtung, sogar CDs russischer Nazi-Hardcore-Bands sind dort im Angebot. Traditionelle Neonazis könnte irritieren, dass der Name des Unternehmens englisch daherkommt – *Opos* steht für »One People, One Struggle«. Entlehnt ist das offenbar einem Songtitel der linken US-Politpunk-Band *Anti-Flag,* die sich seit Langem gegen rechtes Gedankengut und Rassismus engagiert. Doch weil sich die Textzeile als völkischer Kampfaufruf deuten lässt, haben die Neonazis sie halt geklaut.

Wer zufällig auf die *Opos*-Website klickt, wird sie nicht sofort als rechtsextrem erkennen. Die Farben sind düster, verfallene Gebäude sind zu sehen und Engel und Grabsteine, die Aufmachung erinnert an Fantasycomics. Das Ganze wirkt edel und ist meilenweit entfernt vom einst in der Szene dominierenden Dilettantismus. »Unsere Bewegung hat sich gewandelt in den letzten Jahren was die Qualität der Bands, der Produktionen und des Anspruches der Kunden betrifft«, heißt es in der Selbstdarstellung. »Uns reicht es nicht mehr, mit zweitklassigen Aufmachungen, schlechten Studios oder noch nicht ausgereifter Musik nur einen begrenzten Teil der Hörerschaft zu erreichen. Wir wollen das bestmögliche Ergebnis abliefern.«

Bei *Opos* findet wieder zusammen, was zusammengehört: Die Alben bekannter NSHC-Bands wie *Brainwash* oder *Moshpit* werden hier ebenso angeboten wie Werbematerial für Neonazi-Websites oder T-Shirts mit der Aufschrift »Sommer – Sonne – Nationaler Sozialismus«. Für zehn Euro gab es lange Zeit ein T-Shirt mit dem Aufdruck »Anti-Antifa Hatecore«, umrandet von zwei Pistolen. Der Hintergrund des Produktfotos war stilecht mit Blutspritzern und Maschinengewehren verziert.

Hip-Hop, Graffiti und Videoclips aus dem Führerbunker

Den Autonomen Nationalisten scheint sogar zu gelingen, woran der Rest der extremen Rechte zuvor gescheitert war: die Aneignung des Hip-Hop. Bislang war dieser in US-amerikanischen Ghettos entstandene Sound den meisten Neonazis regelrecht verhasst, so geißelte sie der NPD-Abgeordnete Tino Müller im Schweriner Landtag als einen »krankhaften Auswuchs«.[79]

Einige Protagonisten aber versuchten seit Jahren, die populäre Musik für ihre Zwecke zu nutzen. »Ich bin der deutsch gebliebene Deutsche in der Sprechgesangsmusik, der anstatt Koks lieber rot-weiß-schwarze Flaggen hochzieht«, texteten beispielsweise *n'Socialist Soundsystem* aus dem Raum Ludwigshafen.[80] Aber hier standen keine echten Hip-Hopper hinter den Mikros, es handelte sich lediglich um ein Nebenprojekt der bekannten Rechtsrockband *Häretiker*. Nach ähnlichem Muster wagten sich 2010 Mitglieder der NS-Hardcore-Band *Eternal Bleeding* aus Altenburg (Thüringen) ins Studio. Mit Reimen wie »ist das Banner und die Fahne auch mal zerfetzt – Nationaler Sozialismus, jetzt, jetzt, jetzt!«[81], holperten die Rechtsrocker zu knarzenden Synthesizer-Beats durch sechs Songs. Aus der Szene schlug den Musikern Häme und Kritik entgegen. Der Sänger rechtfertigte sich in einem Interview, man habe die Musik »als Transportmittel politischer Weltanschauung« nutzen wollen. Die Begeisterung bei Jugendlichen für diese unauthentischen Nazirapper hielt sich sehr in Grenzen.

Das könnte sich jedoch bald ändern. Ausgerechnet ein Rapper, der sich früher als glühender Kommunist verstand, wurde 2011 über Nacht zum neuen Stern am deutschen Nazi-Hip-Hop-Himmel. Die Geschichte von Julian Fritsch aus Gütersloh erinnert an die bizarre Wandlung von Horst Mahler vom RAF-Terroristen zum Neonazi und Holocaustleugner. Der 1988 geborene Rapper trat seit 2008 unter dem Künstlernamen *MaKss Damage* auf. Er bezeichnete sich selbst als Stalinisten und provozierte mit sexistischen, antisemitischen und gewaltverherrlichenden Texten. »Ich leite Giftgas lyrisch in Siedlungen, die jüdisch sind«, hieß es in einem seiner Songs, in einem anderen forderte er: »Lass den Davidstern brennen!« Wegen Protesten linker Gruppen musste Fritsch mehrfach Auftritte absagen.

Im Jahr 2010 verschwand *MaKss Damage* plötzlich von der Bildfläche, um ein Dreivierteljahr später genauso überraschend wieder aufzutauchen. Im März 2011 veröffentlichte ein rechtsextremes Webportal ein Videointerview mit ihm. Geführt wurde das Gespräch von dem langjährigen Neonaziaktivisten Axel Reitz. Vor der Kamera beschwerte sich Fritsch über »fehlende Kameradschaft« und mangelnden Mut und Männlichkeit unter radikalen Linken bei körperlichen Auseinandersetzungen. Das sei in der rechtsextremen Szene anders, hier sei jetzt sein neues Zuhause. Wie einen erbeuteten Schatz führte Reitz den Rapper in dem Video vor. Der schlecht gefilmte Auftritt von Fritsch in einem schummrigen Ruhrpott-Café wirkte so skurril, dass viele die Aufnahmen anfangs für eine Fälschung hielten. Doch kurze Zeit später marschierte der Musiker tatsächlich bei Naziaufmärschen mit, und auf seiner Webseite erschien ein offizielles Statement: »Ich habe mich komplett vom Marxismus-Leninismus losgesagt und werde dies auch noch öfters unter Beweis stellen. Ich verstehe mich als angehender Nationaler Sozialist.«[82]

Seither gilt *MaKss Damage* als erster ernst zu nehmender Nazirapper. Textlich hat er sich – anders als bei den NS-Hardcore-Bands üblich, aber ganz im Sinne der Autonomen Nationalisten – weiter radikalisiert. Auf seiner ersten CD als Neonazi mit dem Titel »Sturmzeichen« breitet er Vergewaltigungsfantasien gegen linke Aktivistinnen aus: »Antifantenmädchen wollt ihr was erleben? Wenn ihr Bock auf blasen habt, dann sehen wir uns in Dresden!« An anderer Stelle ruft er zum Mord an Gegendemonstranten auf: »Knack-di-Knack, die Knochen brechen, Pech gehabt, das Zeckenpack platt Tetrapack-ähnlich auf seinem Weg in den Getränkesack. Für dein Geschrei […] kriegst du eine Kugel geschenkt.«

Was den bisherigen Hip-Hop-Experimenten von Rechtsaußen an Talent fehlte, erhalten sie nun von jemandem geliefert, den sie früher als Todfeind betrachteten. Die NPD erkannte Fritschs Talent schnell, im September 2011 erschienen gleich zwei seiner Lieder auf einer »Schulhof-CD« für den Wahlkampf zum Berliner Abgeordnetenhaus. Prompt wurde die CD indiziert. Die Begründung der Bundesprüfstelle zu Fritschs Liedern dürfte dem Musiker gefallen, stützt sie doch sein Image als brutaler Nazi-Rapper: In den Texten »eskaliert der dort propagierte Hass in Aufrufen zur gewaltsamen physischen Vernichtung der beschriebenen Gegner«, heißt es etwa. »In jugendaffiner Weise werden hier die Auseinandersetzungen Jugendlicher deutscher und türkischer Herkunft beschrieben und kompromisslose Gewalt als Mittel der Auseinandersetzung ausdrücklich bejaht.« Nach seinem Szenenwechsel genießt der Musiker seine Rolle als Tabubrecher und die Huldigungen, die ihm von linker Seite so lange verwehrt blieben. »Rechtsrap ist auf dem Vormarsch und hält Einzug auf den Festplatten, MP3-Playern und in den Herzen der deutschen Jugend«, tönte er Anfang 2012. »Diese Entwicklung ist jetzt nicht mehr aufzuhalten.«

Dasselbe Muster wie in der Musik zeigt sich bei der Informationstechnik – weil die Autonomen Nationalisten praktisch keinerlei Berührungsängste haben, gehen sie viel erfolgreicher als andere Neonazis mit modernen Propagandainstrumenten um. Ganz selbstverständlich sind sie auf eigenen Homepages ebenso wie auf Facebook, YouTube und Twitter aktiv. Knapp ein Viertel der rund 400 Webseiten aus dem Spektrum der Neonazi-Kameradschaften werden derzeit von AN-Gruppen betrieben, Tendenz steigend. Während traditionelle Neonazis noch immer konsequent von »Klapprechner« und »E-Post«, von »Weltnetz« und »Heimatseite« sprechen und sich damit weithin lächerlich machen, haben Autonome Nationalisten kein Problem mit den üblichen Bezeichnungen Laptop und E-Mail, Internet und Homepage.

Das Internet hat die rechtsextreme Öffentlichkeitsarbeit in den vergangenen Jahren grundlegend verändert, nie war der Kontakt untereinander und mit Neuinteressenten so einfach wie heute. Jede noch so bedeutungslose Nazigruppierung hat eine eigene Webseite. Musste man früher als Jugendlicher erst einen Treffpunkt von Rechtsextremisten herausfinden und dann auch noch den Mut aufbringen, dort vorzusprechen, reicht seit einigen Jahren eine unverbindliche Mail an die örtlichen Neonazis. Der Online-Auftritt der AN ist genauso zeitgemäß wie offline bei ihren Aufmärschen. Eine Mischung aus Gewaltästhetik, rebellischem Pathos und direkter Ansprache (»Werde aktiv in deiner Stadt!«) soll zum Mitmachen anregen. Selbst Bart Simpson aus der beliebten US-Zeichentrickserie wird für die Eigeninszenierung genutzt. Ein Bild der Comicfigur mit einem dunklen Kapuzenpullover mit der Aufschrift »Fuck off Israel« wird eingerahmt von der Parole »Autonom und militant. Nationaler Sozialismus jetzt!«[83] Elemente der Street-Art gepaart mit Bildern von Vermummten und englischen Slogans wie »Support your local ns-black block!« sollen Dynamik vermitteln. Action steht im Vordergrund, politische Inhalte sind zweitrangig. Ein völlig anderes Bild ist das, als es etwa Webseiten der NPD oder deren Jugendorganisation JN transportieren.

Die Bildsprache auf den Homepages der AN zeigt den Wunsch nach einer schlagkräftigen Gemeinschaft, die mit Gewalt ihre Machtposition gegen Polizei und politische Gegner durchsetzt. Die Webseite des Nationalen Widerstands Berlin beispielsweise dominiert das Foto einer Spontandemo am 1. Mai 2010. Eine Gruppe Vermummter versucht da, eine Polizeikette zu durchbrechen – dass die Rechtsextremisten wenige Minuten später eingekesselt auf dem Boden lagen, wird natürlich nicht gezeigt.

Ähnlich funktionieren die teils hochprofessionellen Internetvideos der AN. Wenige Tage nach größeren Aufmärschen taucht in der Regel eine filmische Zusammenfassung auf YouTube auf, in der die Realität kreativ zurechtgebogen wird. War man früher noch auf Journalisten der »Feindpresse« angewiesen, um Öffentlichkeit zu bekommen, sind heute der eigenen Propaganda kaum noch Grenzen gesetzt. Mit einer semiprofessionellen Kamera und entsprechender Software lassen sich für wenig Geld und innerhalb weniger Stunden qualitativ hochwertige Clips produzieren. Mit schnell geschnittenen

Einstellungen, im Zeitraffer abgespielt und mit harter Musik unterlegt wird selbst aus einem ereignislosen Mini-Treff von hundert Leuten ein aufregender Event. Kleinste Rangeleien mit der Polizei werden zu ruppigen Auseinandersetzungen zurechtmontiert. Sitzblockaden von Gegendemonstranten tauchen praktisch nie auf. In diesen Clips wird beinahe jede Aktivität als spannender Guerilla-Einsatz verkauft, selbst das Verkleben von Stickern auf Mülltonnen oder das wahllose Werfen von Papierschnipseln mit der eigenen Webseitenadresse in der Fußgängerzone. Rechtsextreme Graffiti-Sprayer filmen sich bei ihren Einsätzen, stellen ihre Vorlagen unter strassenkunst.info ins Netz und rufen zur Nachahmung auf. Die Zugehörigkeit zu den Autonomen Nationalisten, soll all das vermitteln, sei spannendes Abenteurertum in einer spießigen Umwelt.

Unter den Namen *Volksfront Medien* und *Media Pro Patria* entstanden – wieder nach linkem Vorbild – neonazistische Videogruppen. In kurzen Sätzen und dynamisch im Gehen aufgenommen erklären hip gekleidete Darsteller den Nationalen Sozialismus. Mit schrägen Kameraeinstellungen und angeschnittenen Gesichtern wird versucht, die Sehgewohnheiten des jungen Publikums anzusprechen. Da posiert beispielsweise ein tätowierter Neonazi in Cargohose und »Straight Edge«-Shirt und spricht lässig in die Kamera: »Nur ein Volk ohne Identität wird zur leichten Beute des Großkapitals.« Im Hintergrund sieht man eine sonnige Flusslandschaft. »Das Volk blutet, und das Kapital kassiert«, ergänzt ein »Kamerad« mit Baseballmütze und Lippenpiercing.[84]

Bei manchen dieser Filmchen sind Bild und Ton noch verwackelt und rauschend, andere können es bereits mit professionellen Fernsehproduktionen aufnehmen. Die Standardfunktion von YouTube, die automatisch themenverwandte Videos vorschlägt, hilft bei der Propaganda: Wer zufällig auf eines der Videos stößt, kann sich anschließend stundenlang durch die Neonazi-Welt klicken. Zehntausende Clips finden sich allein bei YouTube. Und während Videos mit viel nackter Haut von dem US-Konzern sofort gelöscht werden, bleiben sogar strafrechtliche relevante Nazivideos oft Wochen oder Monate online.

Genauso praktisch ist Facebook. Hier sorgt die Logik des sozialen Netzwerks dafür, dass jeder, der einmal einen Neonazi zu seiner Freundesliste hinzugefügt hat, laufend weitere Rechtsextremisten und ihre Organisationen vorgeschlagen bekommt. Mit jedem Klick gleitet der Nutzer tiefer in den rechtsextremen Kosmos. Schnell beginnen Neonazis mit Facebook-Nachrichten »Neulinge« zu Veranstaltungen einzuladen und empfehlen ihnen, weitere rechtsextreme User als Freunde anzunehmen. Das Unternehmen zeigt bislang kaum Interesse, sich gegen die neonazistischen Umtriebe auf ihrem Portal zur Wehr zu setzen. Gelöscht wird kaum, selbst wenn verbotene Symbole auf den Seiten zu finden sind.

Die Bundesprüfstelle für jugendgefährdende Medien versucht inzwischen, Naziwebseiten zu indizieren. Bei großen Suchmaschinen wie Google und Yahoo taucht die betreffende Homepage dann nicht mehr auf. Wer aber deren URL-Adresse direkt in den Browser tippt oder Links von anderen Websites folgt, kann die indizierten Seiten weiterhin problemlos erreichen. Seiten ganz abzuschalten ist nur selten möglich, die Server stehen meist juristisch unantastbar im Ausland.

Unter dem frischen Lack: die alte völkische Ideologie

»Eine andere Jugend mit revolutionären Ideen kämpft für eine bessere Zukunft!« – mit diesen Worten stellten sich Autonome Nationalisten in ihrer Gründungsphase dem Rest der Neonazi-Szene vor.[85] Aber was steckt tatsächlich hinter den schwarzen

Kapuzen und der harten Musik, hinter den stylischen Slogans und der ostentativen Radikalität der AN? Stehen sie auch für eine Modernisierung rechtsextremer Ideologie?

Es gibt kaum theoretische Schriften der Autonomen Nationalisten, in denen sie ihre Weltanschauung erläutern und Ziele formulieren, die hinausgehen über eine kompromisslose Feindschaft gegenüber der Demokratie, diffuse Kapitalismuskritik und platten Rassismus. Dies alles ist nicht neu, genauso wenig wie der Begriff »Autonome Nationalisten«. Er tauchte schon Ende der Achtzigerjahre auf, wenn auch damals etwas anderes damit gemeint war als heute. Gleich zweimal zierten 1987 Vermummte das Titelblatt des Neonazihefts *Neue Front*. »Ein Gespenst geht um im Westen und bringt den Staatsschutz um den Verstand – die Autonomen Nationalen Sozialisten«, war in einer späteren Ausgabe zu lesen.[86] Man meinte damit aber kein Kopieren von Ästhetik oder Aktionsformen der linken Autonomen, sondern war lediglich neidisch auf deren Organisationsform in kleinen unabhängigen Gruppen ohne feste Struktur und Parteiausweis. »Sollen sie doch einzelne Führungsleute abgreifen und verhaften – die Autonomen Nationalen Sozialisten machen weiter!« Praktische Folgen hatte der Zeitschriftenaufsatz nicht.

Auch der Hamburger Neonazi Christian Worch, der zu Beginn der Neunzigerjahre die Weichen mitstellte für die Freien Kameradschaften, spielte schon damals mit dem Wort »Autonome Rechte«. Aber ihm ging es ebenso nur um Organisationsstrukturen der Linken. »Wieso ist auf dieser Ebene staatlicher Repression die Linke weniger angreifbar als wir«, habe er sich gefragt, nachdem die Sicherheitsbehörden zahlreiche Neonazigruppen verboten hatten. »Das hängt mit dem Konzept individuellen und selbstbestimmten Handelns zusammen. Anders ausgedrückt: Wo die Rechte vornehmlich kollektivistisch ist, ist die Linke vornehmlich individualistisch. ... Von den Linken zu lernen erschien also höchst sinnvoll.«[87]

Hellsichtig beschrieb Worch schon damals ein grundsätzliches Problem, das die AN bis heute quält: Das »Konzept der Autonomie war neu, es war fremd, es war vielen unbequem. ›Die Rechte‹ möchte feste Strukturen; sie möchte im traditionell-historischen Sinne am liebsten ihre Zusammengehörigkeit nach außen hin durch uniformes Auftreten ausdrücken wie in den Jahren der Kampfzeit von 1918 bis 1933 die SA und andere vaterländische Wehrverbände es getan haben. … Dass man sich zugehörig fühlen kann, ohne einen Mitgliedsausweis oder ein Parteibuch in der Tasche zu haben, war ein geradezu revolutionärer Gedanke; vielen erschien er hart an der Grenze zu völliger Auflösung, zu Anarchie.« Für einen Großteil der Neonaziszene hat sich daran trotz aller Modernisierung wenig geändert. Und selbst innerhalb der AN ist es mit »Autonomie« nicht weit her – Aussteiger berichten von straffen Strukturen, strengen Hierarchien und wenigen Führungskadern, die das Sagen haben.

Auch inhaltlich bieten die Autonomen Nationalisten wenig Neues. »Eine eigene Weltanschauung o. Ä. ist mit AN nicht gemeint«, betont ein in der Szene kursierender Text, es handele sich lediglich um »eine Agitationsform«.[88] Der Sozialwissenschaftler Jan Schedler von der Ruhr-Universität Bochum sagt: »Die Autonomen Nationalisten haben keineswegs eine eigene Ideologie, die von der des übrigen Spektrums abweicht.« Was hinter der vordergründigen Frische wirklich steckt, zeigte sich schon 2005 bei einer Hausdurchsuchung in Berlin bei Mitgliedern des AN-Vorläufers Kameradschaft Tor. »Das Zimmer … ist mit eindeutigen Devotionalien des Nationalsozialismus verziert«, notierten die Beamten des Staatsschutzes nüchtern in die Ermittlungsakte. »Zwischen den Fenstern ist eine Hakenkreuzfahne befestigt, an der Wand hinter der Couch eine Fahne, die ebenfalls ein Hakenkreuz beinhaltet. Über dem Bett hing eine schwarz/weiß/rote Fahne. Auf dem Fernseher stand eine Büste mit dem Kopf von Adolf Hitler.«[89]

Altbekannte rechtsextreme Denkmuster werden von den AN übernommen und nur teilweise anders verpackt. Und paradoxerweise sind die so modern auftretenden AN in ihrer Weltanschauung erheblich rückwärtsgewandter als andere Rechtsextremisten – die altbackene NS-Ideologie wird einfach poppig übertüncht. Hemmungslos beziehen sich die AN auf den historischen Nationalsozialismus, der viel genutzte Begriff »Nationaler Sozialismus« dient lediglich als juristisch unangreifbare Chiffre. Ein kleiner Teil der Szene vertritt auch »nationalrevolutionäre« Positionen und führt sich dabei als Widergänger des linken NSDAP-Flügels um Otto Strasser oder Ernst Niekisch auf.

Besonders deutlich wird der völkische Biologismus und Rassismus der AN in einem Papier, das sich auf etlichen Szenewebsites findet.[90] Der nationale Sozialismus, heißt es darin, habe »eine Gemeinschaft von Menschen gleicher Art« zum Ziel, die dann »von Generation zu Generation schöner, gesünder und stärker« werde. Er rücke »die Gemeinschaft in das Zentrum allen Denkens und Fühlens«, setze die Interessen der Volksgemeinschaft an die Stelle individueller Freiheiten und erkenne »Leben nur dann als wert- und sinnvoll an, wenn es als Dienst an einer ethisch hochwertigen Idee verstanden wird«.

Das Papier macht auch klar, dass die AN unter ihrem nationalen »Sozialismus« etwas ganz anderes verstehen als die Linke. Gesellschaften mit gleichen Rechten für alle brächten lediglich »schwaches und krankes Dasein« hervor. Der Grundsatz der Gleichwertigkeit aller Menschen sei das »Dogma« eines »Irrglaubens«, Demokratie die »Herrschaft des Pöbels und der Entarteten«. Die eigene, »gesunde Erkenntnislehre« hingegen halte »das Prinzip der natürlichen Rangordnung« hoch: Dem »aristokratischen Grundprinzip der Natur« folgend dürfe sich der Stärkere und Bessere in der Volksgemeinschaft durchsetzen. Der Kommunismus gilt der

AN lediglich als Schwester des Kapitalismus, beide seien Formen der (angeblich von Juden in die Welt gebrachten) materialistischen Weltanschauung, die »letztendlich alle Probleme unserer Zeit« verursacht habe: von »Dekadenz« und »Überbevölkerung« über »Drogensucht« und »Müllbergen« bis hin zur »multi-kulturellen Zersetzung der Völker«.

Den Parlamentarismus lehnen Autonome Nationalisten natürlich ab. »Wir glauben nicht daran, dass Wahlen etwas verändern können, und geben uns nicht der Illusion hin, auf demokratischem Wege Veränderungen zu erreichen«, bekennt denn auch ein ehemaliger ANler. »Die neue Revolution muss auf der Straße stattfinden.«[91] Wie diese Revolution aussieht, wird großspurig in dem zitierten Positionspapier umrissen: Man werde »Machthaber und Nutznießer« des gegenwärtig herrschenden »Regimes vertilgen«, »Gesundheits- und Rassenpflege auf genetischer Basis betreiben«, »die Banken und die Schlüsselindustrie verstaatlichen«, eine Weltordnung auf der Basis »der Solidarität der weißen Völker« errichten – und ganz allgemein »eine art- und naturgemäße Kultur schaffen, mit Werten und Idealen wie Liebe, Schönheit, Ordnung, Kraft und Weisheit«.

Der antikapitalistische Gestus der AN entpuppt sich bei genauem Hinsehen als antiamerikanische und vor allem antisemitische Hetze. Anders als bei den Linken wird weniger die ungezügelte Macht der Märkte als zentrales Merkmal des Kapitalismus kritisiert oder das Privateigentum an Produktionsmitteln, sondern vor allem Zinswirtschaft und Geldspekulation. Man knüpft damit an die Unterscheidung zwischen »schaffendem« und »raffendem« Kapital an, wie sie bei der NSDAP üblich war – Ersteres sei deutsch und gut, Letzteres jüdisch und böse. Ein Transparent Dortmunder Neonazis bei einem Aufmarsch am 1. Mai 2007 legt das Versteckspiel bloß: »Ob Dortmund, Erfurt oder Buxtehude, der Feind ist und bleibt der …«, stand darauf – und statt den Reim mit »Jude«

zu beenden, folgte als letztes Wort auf dem Banner: »… Kapitalismus«.[92]

In ihren konkreten Forderungen unterscheiden sich Autonome Nationalisten kaum von anderen Rechtsextremisten: Ein »sofortiger Einwanderungsstopp« und »Arbeitsplätze zuerst für Deutsche«, werden häufig von ihnen gefordert, ebenso die bei Revisionisten beliebte »objektive Aufklärung über die Geschichte des Dritten Reichs«. Allerdings sind die AN besonders flott, wenn es um das Anknüpfen an traditionell linke Themen geht, um Globalisierung, Castor-Transporte oder Ökologie. So gehen beispielsweise Autonome Nationalisten unter dem Motto »Umweltschutz ist Heimatschutz« gemeinsam Müll sammeln. Als im Januar 2011 in Berlin-Mitte mehr als 20 000 Menschen unter dem Motto »Wir haben es satt – Nein zu Gentechnik, Tierfabriken und Dumpingexporten« demonstrierten, versuchten sich rund 30 AN-Neonazis einzureihen. Ihr Transparent zeigte, wie sich das Thema Tierschutz antisemitisch aufladen lässt. »Wir haben es satt – Dem Schächten ein Ende setzen«, stand darauf und zielte auf die unter Juden und Muslimen verbreitete Schlachttechnik. Auch damit stellen sich die AN in die Tradition des historischen Nationalsozialismus, 1933 verabschiedeten die Nationalsozialisten das erste »Reichstierschutzgesetz« in Deutschland. Der Block wurde schließlich von anderen Demonstranten als rechtsextrem erkannt und abgedrängt.

In manchen Bundesländern gab es zeitweise rechtsextreme Tierrechtsgruppen, die vorwiegend aus der AN-Szene stammten und darauf setzten, dass Tierschutz gerade bei Jugendlichen ein positives Image genießt. Wie grotesk der Versuch werden kann, Tierschutz mit NS-Ideologie zu verbinden, zeigt das Programm der inzwischen aufgelösten »AG Tierrecht«. Sie forderten, im Interesse der genetischen Reinheit, unter anderem ein »Zucht- bzw. Kreuzungsverbot verschiedener Tierarten und -rassen«.[93]

Ausgehend vom Kampf für vermeintlich gleiche Ziele versucht ein kleiner Teil der Autonomen Nationalisten, die in den Dreißigerjahren entwickelte Querfrontstrategie wiederzubeleben. Das rechte und linke Lager, so der Wunsch, könnten doch zusammenarbeiten. Die meisten AN-Gruppen aber lehnten die Idee brüsk ab, ein Aufruf der Szene wandte sich vor einigen Jahren gegen eine »Verdrehung unserer Weltanschauung« und »zerstörerische Kräfte innerhalb der eigenen Reihen«.[94] Die aktivste Querfront-Gruppe, der Kampfbund Deutscher Sozialisten (KDS) aus Brandenburg, löste sich 2008 wegen »dürftiger« Ergebnisse und »zu geringer« Erfolgsaussichten selbst auf.[95]

Auf die Spitze getrieben wurde die AN-typische Themenspielerei, als 2008 im Internet eine Gruppe namens »Nationale Sozialisten für Israel« (Nasofi) auftauchte. Die Macher der Website argumentierten streng nach der ethnopluralistischen Ideologie der Neonazis. »Ein starkes Volk hat es verdient zu leben«, lautete ihr Credo. Das »jüdische Volk« habe sich gegen so viele Feinde erfolgreich verteidigt, dass man das Durchhaltevermögen auch als Rechtsextremist mit der Anerkennung des Existenzrechts Israels belohnen müsse.[96] Die Szene war empört. Viele kamen gar nicht darauf, dass es sich hier um eine Inszenierung handelte. Die Betreiber wollten beweisen, dass Neonazis doch nicht wahllos alle Themen, Symbole und Forderungen von Linken oder Demokraten übernehmen können. Bis heute ist nicht geklärt, ob es sich um Antifa-Aktivisten handelte oder gar um Rechtsextreme, die der eigenen Szene den Spiegel vorhalten wollten.

Mittlerweile ist sogar in der NPD Platz für Autonome Nationalisten

Das Verhältnis der militanten AN und der gemäßigt auftretenden NPD ist äußerst gespannt. In der Anfangszeit versuchte die Partei, die Schwarzvermummten aus ihren Demonstrationen fernzuhalten. Mittlerweile hat man sich arrangiert; heute zeigen sich bisweilen selbst NPD-Kader in Kapuzenpullis. Immer stärker umwirbt die Partei die Autonomen Nationalisten, und auf der anderen Seite haben langjährige AN-Kader, die inzwischen auf die 30 zugehen, mittlerweile erkannt, dass ihnen die NPD gut bezahlte Jobs verschaffen kann. Sebastian Schmidtke, Jahrgang 1985, ist einer von ihnen. Wie kaum ein anderer verkörpert er das Verhältnis von Partei und AN.

Schmidtkes rechtsextremistische Karriere begann schon als Schüler. Er war fasziniert von Großvater und Urgroßvater, die beide in seiner Heimatstadt Strausberg nahe Berlin in Hitlers SA aktiv waren. In der achten Klasse, erzählt er noch heute stolz, habe er ein Referat über Rudolf Hess gehalten, bis seine Lehrerin ihn stoppte. Die Provokation gefiel ihm. Er begann Briefe an alle rechtsextremistischen Gruppen zu schreiben, deren Adressen er finden konnte. Die NPD-Jugendorganisation JN antwortete sofort, aber damals war ihm die Partei »inhaltlich zu lasch«. 1999 macht er mit bei einem Wahlkampf, zwar für die eigentlich noch laschere DVU – doch das Plakate-Aufhängen, das Aktionistische, sagt er, das habe ihm gefallen.

In der militanten Neonazi-Zeitschrift *Zentralorgan* findet Schmidtke irgendwann einen Aufkleber des Kampfbunds Deutscher Sozialisten (KDS). Er wird Mitglied, ist begeistert von den Querfrontideen der Gruppe. Er tritt dem Märkischen Heimatschutz bei, der zu jener Zeit größten und gefährlichsten Brandenburger Nazikameradschaft. Schnell steigt er zu einem ihrer führenden Köpfe auf. Später zieht er nach Berlin und beginnt gemeinsam mit Mitgliedern der Kameradschaft Tor und

Dortmunder Neonazis den AN-Stil zu entwerfen. Schmidtke war einer der ersten, der plötzlich mit Che-Guevara-Shirt bei Aufmärschen posierte. Er sehe Guevara nicht als »reinen Kommunisten«, sondern mehr als »Freiheitskämpfer«, da er ja »für sein Land und sein Volk gekämpft« habe. Die Provokation, erinnert sich Schmidtke, habe jedenfalls »ziemlich gefruchtet«.

Eine schlagkräftige Truppe, straff organisiert, schwebte ihm für die Autonomen Nationalisten vor. Auch ihn ärgert es, dass viele seiner Anhänger heute mehr an Abenteuer als an Politik interessiert sind. Für »manche Leute« sei es egal, ob sie »ins Fußballstadion gehen oder zu einer politischen Demonstration«. Schmidtke sagt, ihm gehe es bei der Suche nach Auseinandersetzungen mit der Polizei nicht um den Spaß: »Ich mache das für mein Volk und für mein Land, nicht weil ich Bock habe, mich da ein bisschen rumzuschubsen.«

Als die NPD 2009 auf ihn zukam und fragte, ob er nicht für sie antreten wolle, habe er nicht lange überlegen müssen. Die Berliner NPD sei schließlich noch nicht so »weichgespült« wie andere Landesverbände. Und schließlich profitierten auch er und seine AN-Kameraden: »Durch die Unterstützung der Partei konnten wir mehr und weitaus besser organisierte Veranstaltungen machen als vorher.«

Schon kurz nach seinem Eintritt steigt Schmidtke in den Landesvorstand auf. Bei den Wahlen zum Abgeordnetenhaus erzielt er in seinem Wahlkreis 5,2 Prozent der Stimmen, mehr als das Dreifache des landesweiten Parteiergebnisses. Nachdem es mit einem bezahlten Parlamentssitz aber doch nicht klappte, versucht sich der Hartz-IV-Empfänger nun als Geschäftsmann. In dem von Rechtsextremen dominierten Berliner Stadtteil Schöneweide eröffnete er wenige Häuser von einer bekannten Naziktneipe entfernt den Laden *Hexogen,* benannt nach einem Sprengstoff, der im Zweiten Weltkrieg vor allem von Wehrmacht und Waffen-SS eingesetzt wurde. Schmidtke wirbt mit dem Slogan »Alles für den Aktivisten«.

Was er unter Aktivismus versteht, zeigt ein Blick in das Verkaufssortiment. Neben Kleidung der Nazimarke *Ansgar Aryan* findet sich dort für 4,50 Euro bis 39,95 Euro eine breite Auswahl von Pfeffersspraydosen. Für 13,95 Euro gehen Teleskopschlagstöcke in »chrom oder brüniert« über den Ladentisch, die in Berlin unter das Waffengesetz fallen und oft bei Angriffen von Neonazis auf alternative Jugendliche verwendet werden. Auch Buskarten für Fahrten zu überregionalen Naziaufmärschen werden angeboten. Für die 30 Euro teuren Tickets zum »Antikriegstag 2011« der Autonomen Nationalisten in Dortmund, gab es im *Hexogen* eine Sonderaktion: Zur Buskarte gratis ein Pfefferspray.

Schmidtke sieht sich als Vermittler zwischen NPD und AN. »Wir haben immer gut zusammengearbeitet, weil wir die gleiche Weltanschauung haben.« Dass er im Mai 2011 für einen gewalttätigen Neonazi-Aufmarsch in Berlin-Kreuzberg verantwortlich war, hatte innerparteilich keine ernsthaften Konsequenzen. Die Partei, die sich sonst wortreich von militanten Aktionen distanziert, ist wegen des allgemeinen Mitgliederschwunds inzwischen stärker auf Leute wie Schmidtke angewiesen als diese auf die Partei. Der sagt zu dem Vorfall, bei dem Neonazis einige unbewaffnete Teilnehmer einer Sitzblockade zusammenschlugen: »Was da passiert ist, war Notwehr.« Gewalt, so klingt das, ist also als Mittel recht, wenn es um die Durchsetzung der eigenen Ziele geht. Im Februar 2012 wählte die Berliner NPD den gerade 26-Jährigen zum Landesvorsitzenden.

»Nazis wissen, wie man feiert«

Wer einen Eindruck von Lebensgefühl und Selbstbild eines Autonomen Nationalisten bekommen möchte, braucht bloß das Lied »Weg des Widerstands« zu hören.[97] Über »ein paar

Tage eines Aktivisten, eines deutschen Dissidenten, Nationalen Sozialisten«, rappt da der Musiker *Mic Revolt*.[98] »Du bist einer von denen, die genau wissen wie es ist, wenn du früh am Morgen aufwachst und verschlafen im Bett liegst.« Mit diesen Einstiegsversen werden gezielt Jugendliche angesprochen, wohl jede und jeder kann sich damit identifizieren. Erst der nächste Satz macht deutlich, dass es sich bei dem Protagonisten um einen Neonazi handelt, der im Schutz der Dunkelheit Parolen gesprüht hat. »Du warst nachts noch unterwegs, warst aktiv in deiner Stadt, liefst vermummt durch die Straßen, weil dich kein Mensch erkennen darf.«

Dabei fühlen sich die Aktivisten als Idealisten: »Du tust, was du nicht lassen kannst, es ist wie ein innerer Drang. Du hörst dabei auf dein Gewissen, welches täglich ruft zum Kampf.« Höhepunkt ist am Wochenende die gemeinsame Fahrt zu einem Aufmarsch. Dabei wird der Wunschtraum erfolgreicher Übergriffe auf Sitzblockaden der Gegendemonstranten als zusammenschweißendes Gruppenerlebnis besungen. »Was die Bullen sich nicht trauen, das führen wir eben selbst herbei. Brechen durch und räumen auf, räumen uns selbst die Straße frei. Du siehst die Rotfront rennen, im Galopp und Dauerlauf, was ist denn los mit euch, ihr Fotzen, gebt ihr etwa kampflos auf?«

Hochgespielt wird auch das angebliche Interesse der Anwohner an den Parolen der Aufmarschteilnehmer. »Die Resonanz in der Bevölkerung ist groß, für das wankende System ist das heut' der nächste Stoß.« Bezeichnend ist es, dass der Grund des Aufmarsches nur am Rande Erwähnung findet, politische Inhalte spielen für den fiktiven Aktivisten offenbar eine untergeordnete Rolle. Auf der Heimfahrt versichern sich die »Kameraden« gegenseitig, wie erfolgreich der Tag war: »Mann, war das eine geile Demo. Auf der ganzen Linie Sieg. Man verabschiedet sich, bis man sich bald schon wieder sieht.«

Die AN stellen sich als verschworene Gemeinschaft dar, die sich vor allem über den eigenen Aktivismus definiert und jede Menge gemeinsamer Abenteuer durchsteht. »Doch auch der Spaß kommt nicht zu kurz, abends geht es noch aufs Konzert. … Die Stimmung kocht, die Laune gut, und es bebt die Wand. Nazis wissen, wie man feiert, der Widerstand bittet zum Tanz.« Im Refrain wird das eigene Protestimage gepflegt: »Das Leben, das du führst, können andere nicht verstehen. … Wenn du wegen deines Schaffens ein Außenseiter bist, tja, dann ist das eben so, lässt dich nicht blenden von dem Mist.« Auch das würden viele Teenager in ihrer rebellischen Pubertätsphase unterschreiben.

»Der ganze Alltag, das ganze Leben … bestand eigentlich nur aus Nazi sein, Naziwelt leben und Naziaktivismus«, erinnert sich ein Aussteiger.[99] Soziale Kontakte nach außen, sogar zur eigenen Familie, habe es kaum noch gegeben. Die AN seien eine regelrechte »Parallelwelt zur Gesellschaft« gewesen. Man wohnt zeitgemäß (und preiswert) in Wohngemeinschaften. Je größer die Szene an einem Ort, desto mehr können sich die AN abschotten. Gemeinsam wird gefrühstückt und geplant, gefeiert und geprügelt. Über die allgegenwärtigen Widersprüche in der Weltanschauung sowie zwischen Theorie und Lebenswirklichkeit wird, so scheint es, durch Hyperaktivität hinweggestolpert.

Die AN beweisen, dass auch Anhänger einer dogmatischen und rückwärtsgewandten Ideologie sich an den heutigen Zeitgeist und (äußerliche) Individualisierung anpassen können. Das Spiel mit den Patchworkidentitäten hat die rechtsextreme Szene, genau wie vor ihr schon andere Jugendkulturen, eingeholt: Je nach Alltagssituation und momentaner Lebensweise wird zwischen den Identitäten hin- und hergewechselt. Neonazi und gleichzeitig urban geprägter Jugendlicher – beides kann jetzt ausgelebt werden.

Soziologen beobachten schon seit Jahrzehnten die immer

stärkere Auffächerung der Lebensstile.[100] Niemand muss sich mehr hundertprozentig festlegen, zu welcher Gruppe er gehören will. Der Mix aus Musik und Kleidung als Ausdruck der eigenen Wunschidentität ist das deutlichste Zeichen dieses Wandels. Die Autonomen Nationalisten haben also streng genommen nur den Prozess durchgemacht, der alle Jugendkulturen erfasst hat. So attraktiv die Betonung ideologischer Offenheit und spannender Aktionen kurzfristig für die Nachwuchsrekrutierung ist, hat sie sich langfristig als Nachteil für die Autonomen Nationalisten entpuppt. In keinem Teil des Rechtsextremismus gibt es ähnlich viele Aussteiger. Die Widersprüche zwischen Alltag und Ideologie bleiben also doch alles andere als folgenlos, aber sie gehen ja auch zu tief: Individuelle Selbstbestimmung geht schlecht zusammen mit völkischer Vergemeinschaftung; Hedonismus ist das direkte Gegenteil von Askese; man kann nicht gleichzeitig mit dem Zeitgeist schwimmen und die dekadente Moderne verdammen.[101]

Neonazis anderer Strömungen, aber auch AN-Strategen, kritisieren die Szene längst als »reinen Durchlauferhitzer«, der immer mehr zu einem »nutzlosen Lifestyle verkommt«.[102] Tatsächlich gibt es reihenweise Kader, die bei den AN einsteigen, sich vier bis fünf Jahre austoben und dann die Szene wieder verlassen, weil ihre privaten Lebensumstände sich ändern oder längere Gefängnisstrafen drohen. Aus einem coolen Look und der Beteiligung an krawalligen Aufmärschen oder Angriffen auf politische Gegner folgt eben nicht automatisch eine ideologisch gefestigte Einstellung.

Ein führender AN-Funktionär ärgerte sich schon 2008 über seine »erlebnis- und spaßorientierte Klientel«, die »nicht bereit ist, sich diszipliniert in eine Gemeinschaft einzureihen und die für ihre Ziele auch keine Opfer bringen will«.[103] Während in den traditionellen Kameradschaften oder der NPD-Jugend viele Protagonisten ihr Leben lang der Bewegung treu bleiben und die rechtsextreme Ideologie in das Familienleben integrieren, fehlt den AN ein Konzept, ihre Mitglieder langfristig zu binden. Vom stets geforderten unbedingten Bekenntnis dem »Nationalen Sozialismus« und der eigenen Gruppe gegenüber bleibt nach ein paar Jahren meist nicht viel übrig. Weniger gefährlich macht das die AN nicht. Den Opfern ihrer brutalen Übergriffe hilft es wenig, zu wissen, dass die Täter voraussichtlich bald wieder aus der Szene aussteigen werden.

Guerilla-PR mit Nazi-Flashmobs

Bautzen, die Nacht zum 1. Mai 2011: Eine Menschenmenge marschiert durch die engen Gassen der Altstadt, alle tragen weiße Masken vor den Gesichtern und brennende Fackeln in den Händen. »Damit die Nachwelt nicht vergisst, dass du Deutscher gewesen bist«, steht auf dem Transparent an der Spitze des Zuges. Feuerwerkskörper werden gezündet, rechtsextreme Parolen skandiert. Nur 20 Minuten dauerte der Spuk, der wie eine Mischung aus Ku-Klux-Klan- und NSDAP-Aufmarsch wirkt. Bevor die von der lokalen Polizei gerufene Verstärkung eingetroffen ist, sind die Täter schon wieder verschwunden.

Der Sinn der Aktion wird wenige Tage später klar, als ein in typischer AN-Manier produziertes Video im Internet auftaucht: Der Aufzug war lediglich eine PR-Aktion, er sollte bloß Bilder liefern für den Start einer bundesweiten Kampagne mit dem Titel »Werde unsterblich!« In dem geschickt geschnittenen Videoclip scheint der Fackelzug kein Ende zu nehmen. Unterlegt sind die Szenen mit dem aggressiven Soundtrack des Hollywoodfilms »Matrix«. Die – in der Realität nur kurzzeitige – Abwesenheit der Polizei lässt den Marsch als gelungene Machtdemonstration gegen den Staat erscheinen. Dutzendfach wird der Zweiminutenfilm bei allen relevanten

Videoplattformen hochgeladen, die Links per SMS und Mail, Twitter und Facebook verbreitet. Innerhalb weniger Tage wird der Clip mehr als 20 000-mal angeschaut, nach ein paar Wochen sind die Klickzahlen bereits sechsstellig. Die ebenfalls äußerst professionell gestaltete Webseite fordert Interessierte dazu auf, in ihrer Region ähnliche Aktionen aufzuziehen. Bald werden Fernsehjournalisten auf die martialischen Bilder aufmerksam, mehrere Sender zeigen Ausschnitte des Videos, dass die Macher auf ihrer Website in weiser Voraussicht gleich in HD-Qualität zum Download angeboten hatten.

Den Faschingsnazis gelang, was Werbeprofis als Viralmarketing bezeichnen: Das Video ist derart eindrucksvoll, dass es vieltausendfach weitergemailt und in sozialen Netzwerken gepostet wird. Selbst nichtrechte Jugendliche, das lassen viele Kommentare erahnen, sind gefesselt von den geradezu mystisch inszenierten Szenen. Ein Theorietext zu Volksgemeinschaft und Nationalem Sozialismus hätte nur einen winzigen Bruchteil des Publikums erreicht.

Begonnen haben die Vorbereitungen der »Unsterblichen« im Jahr 2009. Da fing eine Gruppierung aus Brandenburg namens »Spreelichter« an, in völkischer Diktion gegen die Demokratie zu hetzen: »Demokraten bringen uns den Volkstod«, so der Titel ihrer Kampagne. Einige Mitglieder der Gruppe stammen aus der NPD-Jugend; den Autonomen Nationalisten fühlten sie sich nicht zugehörig, stehen aber in engem Kontakt zur Szene. So produzierten die Brandenburger für die Dortmunder AN das Mobilisierungsvideo zu einem Aufmarsch im September 2011.[104]

Das Problem von Abwanderung und Arbeitslosigkeit in Ostdeutschland nutzen die Spreelichter, um das angebliche »Aussterben der Deutschen« zu belegen. Schuld daran seien »die Demokratie« und »die Ausländer«. Die Botschaft der Unsterblichen ist kurz und prägnant: »Demokratie? Nein Danke!« Dass ihre Ästhetik an die Fackelmärsche der SA erinnert, ist kein Zufall. Auch den Begriff »Volkstod« haben sie bei den Nationalsozialisten entlehnt. Zwar ist fraglich, ob die Kampagne langfristig funktioniert. Dem Vorteil, durch konspirative Vorbereitung den Abenteuerwert zu erhöhen und Blockaden von Nazigegnern vorzubeugen, stehen bedeutende Nachteile gegenüber. An den Aktionen kann immer nur ein kleiner Kreis von Eingeweihten teilnehmen, und die Außenwirkung nimmt mit jeder neuen Aktion ab – wer klickt schon die immer gleichen Clips mit jeweils wechselnden Städten, die in der Dunkelheit ohnehin nicht zu erkennen sind?

Doch in der Szene fanden die Unsterblichen wie gewünscht schnell Nachahmer. Innerhalb weniger Monate haben lokale Neonazigruppen in sieben Bundesländern mehr als 25 Unsterbliche-Aktionen mit jeweils zehn bis 300 Leuten durchgeführt. Mittlerweile treten sie sogar tagsüber auf, zuletzt liefen im Februar 2012 bei einem Karnevalszug in Konstanz unerkannt zehn Weißmaskierte mit und verteilten rechtsextreme Flugblätter. So anonym, wie sich die Unsterblichen geben, sind sie aber nicht. Anfang 2012 ging die Polizei mit mehreren Razzien gegen die Gruppe vor, unter den Betroffenen waren mindestens zwei NPD-Funktionäre. Im Juni 2012 wurden die Spreelichter verboten. Die Gruppe sei »tief in der nationalsozialistischen Gesinnung« verankert gewesen und »besonders offensiv aufgetreten«, sagte der Brandenburger Innenminster Dietmar Woidke (SPD) zur Begründung.

Doch die Idee ist in der Welt, die Begeisterung der Szene für die neue Aktionsform gross: »Ein geniales Ding«, heißt es in einem rechtsextremen Internetforum. [105] »Mir gefällt besonders daran die Farbe Weiß«, schreibt ein anderer User. »Ich hatte bereits ... angeregt, dass man statt eines linken ›Black Bloc‹ einen deutschen ›Weißen Block‹ erschafft. Dieser hat die Vorteile des Block-Auftretens; aber der Deutsche kann erkennen, dass hier die ›Guten‹ am Werk sind.« Und die extreme rechte Zeitschrift *Zuerst!* schwärmt: »In nicht einmal zwei Minuten entfaltet das Video eine atemberaubende Atmosphäre voller Kraft und Entschlossenheit.«[106] Gleich fünf Seiten inklusive Interview widmete das Magazin der Maskentruppe.

Den »Unsterblichen« ist es gelungen, den faschistischen Stil ins 21. Jahrhundert zu übertragen. Sie stellen die Auflösung des Individuums in der Volksgemeinschaft mit popkulturellen Mitteln dar. In einer Zeit, in der viele Jugendliche – gerade in Ostdeutschland – nach Sinn suchen, bieten sie die Integration in ein zeitloses Kollektiv an. Ihre weißen Masken sind fast schon Ikonen, werden zum Beispiel bei Facebook als Profilbilder benutzt. Die Unsterblichen zeigen eine stilistische Modernisierung, die ohne die vorherigen Tabubrüche der Autonomen Nationalisten nicht denkbar gewesen wäre. Sie haben sich bei den AN die Propagandatechniken abgeschaut und die Chuzpe, einfach beim politischen Gegner zu klauen: Die Idee mit den weißen Theatermasken ist nämlich offenbar bei der linken Aktivistengruppe »Die Überflüssigen« abgeschaut, die damit seit 2004 gegen soziale Ungleichheit und Hartz IV protestierte.[107]

Einige Beobachter der extremen Rechten meinen, die Autonomen Nationalisten hätten ihren Zenit bereits überschritten, weil die Szene bereits zerfasere. Das Gegenteil ist richtig: Elemente ihres Stils verbreiten sich in der gesamten extremen Rechten und sickern in andere Strömungen – erfolgreicher kann ein Projekt kaum sein.

Alter Wein in neuen Schläuchen

Nach Jahren der Stagnation will Holger Apfel die NPD
wieder aufhübschen. Doch die Terrorzelle NSU hat seine
Pläne durchkreuzt – vorerst zumindest

Man könnte ein Kapitel über die NPD vor 16 Jahren beginnen lassen, als Udo Voigt den Vorsitz übernahm – dann wäre
es die Geschichte eines Aufstiegs. 1996 war die Partei ein sie-
cher Altherrenverein mit nur noch 2600 Mitgliedern; damals
habe er, erinnerte sich Voigt später einmal, bundesweit jedes
halbwegs aktive Mitglied samt seiner Wehwehchen persönlich gekannt.

Man könnte das Kapitel aber auch vor sechs Jahren beginnen lassen, dann wäre es die Geschichte eines Abstiegs. Damals, genauer gesagt am 17. September 2006, stand die NPD
auf dem Höhepunkt ihrer Erfolgswelle. Bei der Landtagswahl
in Mecklenburg-Vorpommern erreichte sie 7,3 Prozent und
zog nach Sachsen 2004 in den zweiten Landtag ein. In einem
Gartenlokal in Sichtweite des Schweriner Schlosses feierte die
Partei am Wahlabend ihren Triumph. Es gab Freibier. Auf
dem Buffet standen auch Lachsschnittchen – doch die versammelten Rechtsextremisten entsprachen dem Klischee und
langten viel lieber bei Grillhaxe, Sauerkraut und Brezeln zu.
Spitzenkandidat Udo Pastörs ließ in seiner Dankesrede das
Frauenbild der Partei aufblitzen, als er hervorhob, wie toll die
Kameradinnen im Wahlkampf doch Wäsche gewaschen und

Essen gekocht hätten.[108] Irgendwann skandierten die Kameraden: »Hoch die na-tio-na-le Solidarität!« Nach einer knappen Stunde wurden alle Journalisten aufgefordert, die Party zu verlassen. Da hatten die ersten Gäste schon angefangen, Reporter anzurempeln und ihnen »Dreckschwein!« ins Ohr zu zischen. Der Wahlkampf war vorbei, man musste seine Aggressivität nicht mehr im Zaum halten.

Heute, sechs Jahre später, ist die NPD in einer Krise – aber auf einem für ihre Verhältnisse immer noch hohen Niveau. Seit einigen Jahren sinken Wahlergebnisse und Mitgliederzahlen, liegen jedoch weiterhin weit über denen der frühen Neunzigerjahre. Seit November 2011 hat die NPD einen neuen Vorsitzenden, Holger Apfel, den langjährigen Chef der sächsischen Landtagsfraktion. Sein Plan war und ist, der Partei ein weicheres Image zu verpassen und so die Wahlchancen wieder zu erhöhen. Doch just zu seinem Amtsantritt flog die Terrorzelle NSU auf, die dunkelste Seite des Rechtsextremismus füllte plötzlich die Nachrichten, und direkte Verbindungen der Jenaer Terroristen zu Parteifunktionären wurden bekannt. Erneut begann eine Debatte über das Verbot der NPD. Inzwischen rudert Bundesinnenminister Hans-Peter Friedrich (CSU) wieder zurück; man könne sich die Mühe wohl sparen, weil die NPD ohnehin »eine absterbende Partei« sei.

Doch so einfach ist es nicht. In Westdeutschland, das stimmt, bekommt die NPD nur wenig auf die Reihe. Und bundesweit steht sie vor einem großen strategischen Problem: Die extreme Rechte hat sich in den vergangenen Jahren grundlegend gewandelt. Am militanten Rand sind die Autonomen Nationalisten entstanden, denen die NPD zu angepasst ist – die Partei droht den Anschluss zu verlieren an die rechtsextreme Jugendszene, aus der sie in den letzten anderthalb Jahrzehnten einen Großteil ihrer Kraft bezogen hat. Am anderen Ende des Rechtsaußen-Spektrums sind die gemäßig-

ten Rechtspopulisten erstarkt. Apfel versucht, in der Außenwirkung moderater zu werden – inhaltlich kann und will er
offenbar keine Abstriche von der stramm völkischen Ideologie machen.

Doch die NPD hat in ihrer fast fünfzigjährigen Geschichte
viele Krisen überstanden. Und in Teilen Ostdeutschlands, in
Sachsen oder auch in Vorpommern, hat die Partei sich längst
etabliert. Dort arbeitet sie an einer Faschisierung der Provinz – und ist schon ziemlich weit damit gekommen. Man-
cherorts erreicht sie stabil Wahlergebnisse von über 20 Prozent, ihre Funktionäre sind in Dorfgemeinschaften verankert,
arbeiten als Fußballtrainer oder Schöffen. Mit der NPD verbundene Neonazi-Kameradschaften haben inzwischen ganze
Ortschaften im Griff. Die nächste Bundestagswahl ist ziemlich belanglos für die Partei, wirklich wichtig wird das Jahr
2014: Dann stehen Europawahlen an, bei denen die NPD wegen der weggefallenen Fünf-Prozent-Hürde durchaus mit
Mandaten rechnen kann. In gleich elf Bundesländern, darunter alle ostdeutschen NPD-Hochburgen, werden Kommunal-
parlamente gewählt und im Herbst im Stammland Sachsen
ein neuer Landtag, ebenso in Thüringen und Brandenburg.
In diesen kommenden anderthalb Jahren wird sich wohl die
Zukunft der Partei entscheiden.

Aber blenden wir doch noch einmal zurück ins Jahr 1996,
gemessen am damaligen Zustand nämlich ist die heutige Lage
der NPD immer noch ziemlich gut. Nach einem kurzen Höhenflug in der Bundesrepublik der Sechzigerjahre hatte die
Partei jahrzehntelang in Agonie gelegen, drohte buchstäblich auszusterben. Nach Voigts Amtsübernahme strömten
dann aber junge Leute aus verbotenen Neonazigruppen in
die Partei. Die Mitgliederzahl verdoppelte sich innerhalb weniger Jahre. Parallel zu dieser organisatorischen Öffnung re-
formierte die NPD ihre Programmatik, stellte fortan soziale
Themen in den Vordergrund und propagierte einen revolu-

tionären Umsturz.[109] Bald ging es auch mit den Wahlergebnissen bergauf. 1998 übersprang die Partei in Mecklenburg-Vorpommern mit einem »Glatzenwahlkampf« (Voigt), also der gezielten Ansprache junger Skinheads, die wichtige Marke von einem Prozent. Erstmals seit vielen Jahren nahm sie wieder an der staatlichen Parteienfinanzierung teil. Im Jahr darauf kam sie in Sachsen auf 1,4 Prozent, bei Kommunalwahlen im selben Jahr eroberte sie dort ihre ersten neun lokalen Mandate, vor allem in der Sächsischen Schweiz.

Zugleich trug die Radikalisierung der NPD ein erstes Verbotsverfahren ein, das aber scheiterte. Bund und Länder hatten in ihre Anträge auch Äußerungen von V-Leuten einfließen lassen, woraufhin das Bundesverfassungsgericht das gesamte Verfahren abbrach – ohne auch nur ein Wort zur Verfassungsfeindlichkeit gesagt zu haben. Diese Pleite nützte der NPD letztlich, das Verfahren hat ihre Bekanntheit gesteigert – und in der Öffentlichkeit die Ansicht verstärkt, sie sei eine fast normale Partei: Wenn sie nicht verboten wurde, hört man bis heute häufig, dann könne die NPD ja so schlimm nicht sein.

Ab dem Jahr 2000 konzentrierte die NPD ihre Ressourcen in Sachsen. Der Freistaat hatte damals den größten Landesverband, die Verankerung in den Kommunen war am weitesten vorangeschritten. Man schickte Führungskader aus dem Westen, der Parteiverlag *Deutsche Stimme* wurde nach Riesa verlegt. So entstand ein knappes Dutzend sicherer Jobs für Funktionäre, die nebenher Aufbauarbeit leisten konnten. Schon bei der nächsten Landtagswahl 2004 zeigte sich der Erfolg: Angetrieben von Protesten gegen die Arbeitsmarktreformen der rot-grünen Bundesregierung holte die NPD 9,2 Prozent. Eine Sensation – erstmals seit vier Jahrzehnten zog die Partei wieder in ein Landesparlament ein. Der Erfolg wiederholte sich zwei Jahre später in Mecklenburg-Vorpommern, dort reichte es auch ohne Hartz-IV-Effekt für 7,3 Prozent.

Damals verschickte Parteiideologe Jürgen Gansel ein Pamphlet, das die Euphorie jener Tage wiedergibt. »Nach dem Wahltag ist nichts mehr so wie vorher«, schrieb Gansel. Nun werde »von Mitteldeutschland aus eine nationale Welle über das Land schwappen«, und diese Welle werde »mittelfristig mehr verändern als nur die Zusammensetzung von Parlamenten; sie wird die geistig-kulturellen Fundamente des Systems unterspülen und das ganze gesellschaftliche Klima re-nationalisieren.«[110] Das war natürlich wahnwitzige Selbstüberschätzung. Doch die Partei hatte bis 2006 etwas geschafft, was noch wenige Jahre zuvor undenkbar schien.

Zwar bröckelte die Dresdner Landtagsfraktion bald, nach internen Streitereien und Skandalen traten insgesamt fünf Abgeordnete aus, und das Nachwuchstalent Uwe Leichsenring starb bei einem Verkehrsunfall. Aber anders als man es etwa von der DVU gewohnt war, blamierte sich die NPD nicht komplett. Die verbliebenen sechs sächsischen Abgeordneten nutzten die parlamentarischen Möglichkeiten durchaus gekonnt. Mit kalkulierten Provokationen sorgten sie für Schlagzeilen, etwa als sie die alliierten Luftangriffe auf Dresden im Zweiten Weltkrieg als »Bomben-Holocaust« titulierten. Geschickt spielten sie die demokratischen Parteien gegeneinander aus, vor allem die in Sachsen besonders antikommunistische CDU gegen die Linkspartei-Vorgängerin PDS. Dank der Fraktionsgelder konnte sie weitere Parteikader in Lohn und Brot bringen, im Lande Bürgerbüros eröffnen und Flugblätter en masse drucken. Mittels kleiner Anfragen besorgte sie sich im Landtag Informationen, die Kommunalpolitikern vor Ort zur Profilierung dienten. »Wir nutzen die fünf Jahre, um intensivst Sachverstand zu sammeln«, erklärte einer der Abgeordneten. »Wir fressen hier Akten, saugen alles auf.«

In ihren Anträgen nahm die NPD verbreitete Bürgersorgen auf, protestierte beispielsweise gegen Schulschließungen. Sie präsentierte sich als Anwalt gefährdeter Unternehmen, forderte etwa ein Eingreifen der Regierung bei der Pleite eines traditionsreichen Lausitzer Textilbetriebes – und lud zur entsprechenden Plenardebatte die Belegschaft auf die Zuschauertribüne des Landtags ein. Auch in Schwerin bewies die NPD einiges Geschick. Beispielsweise trat sie als einzige Landtagspartei (die Bündnisgrünen saßen damals noch nicht im Schweriner Parlament) gegen die Nutzung der grünen Gentechnik ein – im agrarisch geprägten Mecklenburg-Vorpommern mit seiner wachsenden Biobranche ein heißes Thema. Zeitweise gelang es ihr, einzelne Anti-Gentechnik-Bürgerinitiativen zu unterwandern.[111]

In Sachsen schaffte die NPD im September 2009 dann zum ersten Mal überhaupt in der Parteigeschichte den Wiedereinzug in einen Landtag. Ohne Proteststimmung wie fünf Jahre zuvor reichte es zwar nur für 5,6 Prozent, aber die NPD hatte sich in der Zwischenzeit eine Stammwählerschaft erarbeitet. Dasselbe Bild bot sich in Mecklenburg-Vorpommern, wo die Partei 2011 auf 6,0 Prozent kam.

Hitleristen gegen Karrieristen, »Achteljuden« gegen »Schädelvermesser«

Voigts Erfolgrezept als Vorsitzender war, alle Flügel der Partei zu integrieren. Sie ist nämlich – anders als in Reden so gern beschworen wird – keine kameradschaftliche Kampfgemeinschaft, sondern ein Sammelbecken verschiedener rechtsextremistischer Strömungen, die untereinander zum Teil regelrecht verfeindet sind. Es gibt einen nationalsozialistischen Flügel, der Hitler offen glorifiziert, hierzu gehörte beispielsweise der 2009 verstorbene Parteivize Jürgen Rieger. Nach wie vor gibt es einige Nationalkonservative aus der Frühzeit der NPD, daneben einen nationalrevolutionären Flügel. Nach dem Einzug in zwei Landtage entstand zudem innerhalb weniger Jahre eine einflussreiche Schicht hauptamtlicher Abgeordneter und Fraktionsreferenten, die ihre Arbeitsbedingungen liebgewonnen haben. Sie wollen unbedingt wiedergewählt werden und lehnen ein martialisches Auftreten ab – weshalb ihnen die Hitleristen gern vorwerfen, sie seien vom »System« korrumpiert und bereits »verbonzt«.

Zehn Jahre lang ging die Strategie des Parteichefs auf, aber je größer die NPD wurde und je mehr sie sich differenzierte, desto weniger funktionierte Voigts Auftreten als großer Moderator. Die Vorwürfe, er habe selbst keine Linie, wurden immer lauter. Typisch für Voigts Kurs – und dessen Grenzen – war die Auseinandersetzung mit den Autonomen Nationalisten (AN). Deren ungezügelte Aggressivität bei Demonstrationen konterkarierte das Bemühen der Partei um ein geordnetes Auftreten; die Übernahme linker Ästhetik und englischsprachiger Slogans war der völkischen NPD innerlich zuwider. Andererseits war und ist die Partei auf das jugendliche Fußvolk angewiesen, und sei es nur zum Plakatkleben im Wahlkampf. Der Konflikt eskalierte im Juli 2007. In Frankfurt/Main kam es während eines NPD-Aufzugs zu Wortgefechten und Handgreiflichkeiten zwischen AN-Mitgliedern und dem Ordnerdienst der Partei, der Auflagen der Polizei durchzusetzen versuchte. Aus der AN wurde anschließend über die zu »Hilfssheriffs mutierten Ordner« der NPD geschimpft.[112] Auf der anderen Seite beklagte der damalige hessische Landesvorsitzende, Marcel Wöll, der Schwarze Block habe sich »völlig grundlos« mit der Polizei angelegt.

Das NPD-Präsidium unter Voigt reagierte am 15. August mit einer deutlichen Absage an den Schwarzen Block: Bei Demonstrationen sei man, »auch auf die Gefahr künftig geringerer Teilnehmerzahlen hin«, nicht bereit, sich einem »politischen Zeitgeistphänomen anzupassen«.[113] Insbesondere das AN-typische Erscheinungsbild mit Sonnenbrille und Basecaps wollte die NPD nicht weiter hinnehmen. »Wer eine

Demonstration mit einem Faschingsball verwechselt, soll ihr lieber fernbleiben.« Der damalige NPD-Generalsekretär Peter Marx ging noch weiter und behauptete, die Autonomen Nationalisten würden »durch staatliche Institutionen gefördert« – mit dem Verfassungsschutz unter einer Decke zu stecken, gilt innerhalb der Szene als schwerstmöglicher Vorwurf.

Doch die Parteispitze hatte ihre Klientel falsch eingeschätzt, die AN konterten mit wütenden Erklärungen und zeigten trotz geteilter NS-Ideologie keinerlei Parteidisziplin. In Internetforen schlugen die Wogen hoch. Ein Vertreter der NPD-Linie schrieb etwa: »Die Nachahmung von Antifanten-Gebaren in Verhalten, Kleidung und auf Transparenten erachte ich als artfremd, weil undeutsch.«[114] Ein AN-Anhänger motzte zurück: »Wenn ich mal Lust auf 'nen schwarzen Kappu, eine Sonnenbrille und 'ne schwarze Mütze habe, dann lass ich mir das nicht von einer dahergelaufenen Demokratenpartei verbieten.« Mit einer Distanzierung von den Autonomen Nationalisten werde die NPD zu einem »Hindernis in diesem demokratischen Judenstaat, das es zu überwinden gilt«.

Obwohl es sich bei den AN zu jener Zeit noch um eine zahlenmäßig überschaubare Gruppe handelte, waren sie allein durch ihr aggressives Auftreten bereits zu einer bedeutenden Kraft in der Szene aufgestiegen. Voigt wurde bewusst, dass das gute Verhältnis zur parteifernen Neonaziszene, das ihm extrem wichtig war, vor dem Aus stand. Wenige Wochen später ruderte deshalb die NPD mit einer zweiten Erklärung hektisch zurück: Die jungen Kameraden hätten da etwas missverstanden. Man habe »durchaus Verständnis, dass viele anonym bleiben wollen und [sich] zum Schutz vor Repression« mit Sonnenbrille und Mütze tarnen«. Man wolle bloß verhindern, dass »das Propagandamittel Demonstration immer mehr zu einer Spaßveranstaltung für ›erlebnisorientierte‹ Jugendliche verkommt«. Behauptungen, die NPD schlage mit ihrer Erklärung den »bürgerlich-reaktionären Weg ein«, seien aus der Luft gegriffen.[115]

Ein paar Tage später, bei der offiziellen Auftaktveranstaltung zum niedersächsischen Landtagswahlkampf in Hannover, ging Voigt noch weiter auf die AN zu. In seiner Rede begrüßte er »ausdrücklich die Vertreter des Schwarzen Blocks«. Man lasse sich nicht »durch die Medien, nicht durch Hetze auseinanderdividieren«, betonte der NPD-Chef. »Wir müssen den Weg gemeinsam bestreiten!«[116] Die AN sahen es mit Wohlwollen, doch nun wurde Voigt wieder innerhalb seiner Partei kritisiert. Er schwenkte ein wenig zurück, betonte auf dem Bundesparteitag 2008 in Bamberg, es sei »für einen Nationalisten unwürdig, ausländische Symbole und Sprüche« zu verwenden.[117] Am Ende hatte es sich Voigt mit allen verscherzt.

Spätestens 2008 überschritt seine Amtszeit ihren Zenit, in der Bundespartei verschärften sich die Spannungen. Bei Landtagswahlen im Westen änderte sich nichts an der Erfolglosigkeit, in Hessen, Bayern und Niedersachsen kam die NPD in jenem Jahr auf lediglich 0,9 bis 1,5 Prozent. Zudem begann eine Serie von Finanzproblemen. Erst behielt die Bundestagsverwaltung staatliche Gelder von fast 900 000 Euro ein, nachdem Mauscheleien im Landesverband Thüringen aufgeflogen waren. Dann entpuppte sich Schatzmeister Erwin Kemna, dem Voigt blind vertraut und der die Parteikassen zwischenzeitlich tatsächlich auf Vordermann gebracht hatte, als Betrüger. Wegen Veruntreuung sechsstelliger Summen wurde er zu einer Haftstrafe von zwei Jahren und acht Monaten verurteilt. Sein Nachfolger Stefan Köster schließlich war offenbar schlicht überfordert; wegen eines fehlerhaften Finanzberichts, den er verantwortete, forderte die Bundestagsverwaltung 2009 mehr als zwei Millionen Euro zurück. Seit drei Jahren prozessiert die Partei dagegen, das bindet Kraft und Geld, von denen die NPD sowieso zu wenig hat. Allein der Gang zum Bundesverwaltungsgericht 2011 kostete mehr als 100 000 Euro an Anwalts- und Gerichtsgebühren.

Jedenfalls balanciert die NPD seit Jahren am Rande des Ruins; Voigt saß zweitweise fast allein in der Berliner Parteizentrale, musste sieben von zwölf Mitarbeitern entlassen. In dieser Situation schlug die Stunde von Jürgen Rieger. Der Hamburger Rechtsanwalt und Hardcore-Rassist wurde zum wichtigsten Geldbeschaffer. Er steckte sechsstellige Summen in die Partei, in der Regel als Darlehen, deren Rückforderung er dann selbst steuern konnte. Oft waren es nicht einmal Riegers eigene Mittel. Weil Geldgeber der NPD meist nicht öffentlich bekannt werden wollen, schaltet die Partei häufig Treuhänder dazwischen. Regelmäßig bot sich der Rieger hierfür an, und er muss auch tatsächlich ein gewisses Talent gehabt haben im Umwerben von Gönnern. So wuchs Riegers Einfluss, Voigt folgte immer öfter seinen Vorschlägen, machte ihn sogar zum Parteivize. In der Partei grummelte es hörbar.

Ein Auftritt der Hitleristen im Juli 2008 auf einem Friedhof nahe Passau brachte das Fass zum Überlaufen. Bei der Beerdigung des Altnazis und Rechtsterroristen Friedhelm Busse legte der Rieger-Vertraute Thomas Wulff eine Hakenkreuzfahne ins Grab, stimmte sodann das Staffellied der SS an, »Wenn alle untreu werden«.[118] Voigt stand dabei und griff nicht ein. Der gemäßigte Parteiflügel war empört. Solche »Symbolik von gestern«, schimpfte etwa Holger Apfel, schade der Partei. Doch Voigt versuchte wieder nur, die Wogen zu glätten. Statt des geforderten Parteiausschlusses gab es für Wulff lediglich eine Missbilligung durch den Bundesvorstand.

Da rebellierte der gemäßigt auftretende Flügel. Für die 2009 anstehende Neuwahl des Bundesvorsitzenden präsentierte er einen Gegenkandidaten, den ehemaligen Waldorfschullehrer und Ex-Redakteur der *Jungen Freiheit* Andreas Molau. Der kündigte einen »Strategiewechsel« an, hin zu einem »modernen europäischen Nationalismus«. Daraufhin brach eine wahre Drecklawine los: Jürgen Rieger pestete, Molau sei »Achteljude« und hätte »im Dritten Reich nicht einmal Blockwart werden können«. Molau nannte seine Gegner daraufhin »Schädelvermesser«. Auf Blogs und in Internetfilmchen beschimpften sich Anhänger beider Seiten als »Kostümnazi« oder »Polithure«. Monatelang glich die NPD einem Trupp Saufkumpanen beim Schlammcatchen. Molau gab schließlich entnervt auf und ging zur DVU (heute ist er bei Pro NRW aktiv). An seiner Stelle kandidierte der Schweriner Fraktionschef Udo Pastörs. Anders als Molau versprach er »Kontinuität«, und tatsächlich ist Pastörs ein Radikaler, manchmal rastet er geradezu aus, hetzt in Goebbels-Manier gegen »diese Judenrepublik«.[119] In der Partei gilt er als unberechenbar und vor allem an der eigenen Karriere interessiert. Beim Wahlparteitag im April 2009 in Berlin konnte sich Voigt deshalb noch einmal klar durchsetzen. Dafür verbündete er sich aber offen mit dem NS-nostalgischen Flügel, neben Rieger als Parteivize holte er noch Thorsten Heise, Andreas Thierry und sogar den kurz zuvor gerügten Thomas Wulff in den Vorstand. Wegen des Vorfalls von Passau, sagte Voigt damals lapidar, habe man sich »ausgesprochen«. Wulff habe erklärt, dass er ihn nicht habe kompromittieren wollen und die Hakenkreuzfahne Busses letzter Wunsch gewesen sei. Irgendwie, so Voigt, könne er ja verstehen, »dass jeder alte Soldat oder SS-Angehörige mit seiner Fahne begraben« werden wolle.[120]

Holger Apfel zog sich nach dem gescheiterten Putsch aus der Bundespartei zurück. Er konzentrierte sich auf den von ihm so getauften »sächsischen Weg«, ein gemäßigt-bürgerliches Auftreten ohne offene NS-Bezüge. Und tatsächlich gelang in Dresden 2009 der Wiedereinzug. Zeitgleich scheiterte die Partei in Thüringen knapp. Zwei wichtige Wahlkämpfe parallel zu führen, das zeigte sich da, überstieg die Kräfte der

NPD; das Wachstum der Strukturen hinkte den höher geschraubten Zielen hinterher. Im Westen bestätigte sich erneut die Chancenlosigkeit: In Hessen und Schleswig-Holstein scheiterte die Partei an der finanziell wichtigen Einprozenthürde, und bei der Bundestagswahl schnitt sie mit 1,5 Prozent merklich schlechter ab als noch 2005.

Voigt glückte kaum noch etwas – außer ein wenig Ruhe in die Partei zu bringen. Dabei half ihm der plötzliche Tod Riegers Ende 2009. Nun konnte Voigt zurückkehren zur Rolle des innerparteilichen Moderators, Apfel sich mit seinem Drängen auf ein weicheres Auftreten teilweise durchsetzen. Die Ideologie müsse künftig »richtig dosiert« werden, schrieb Voigt jetzt in der Parteizeitung *Deutsche Stimme:* »Der Wähler strebt nach persönlicher Absicherung, eigenem Nutzen, persönlichen Vorteilen für sich und seine Familie und ist nicht auf der Suche nach Verkündern der ›reinen Lehre‹ weltanschaulicher Grundlagen.«[121]

Im Jahr 2010 beschloss die NPD ein neues Grundsatzprogramm, das weniger auf ideologische Klarheit setzte. Es wurde mit populären Einzelforderungen vollgepackt, doch unter der gefälligeren Oberfläche steckt weiter das knallhartvölkische Weltbild der NPD. Damals reagierte die Partei auch programmatisch auf ihren Status als Ostpartei, in einer Reihe von Punkten schwenkte man auf den dortigen gesellschaftlichen Mainstream ein: Auch für Alleinerziehende wurde nun staatliche Unterstützung gefordert, das DDR-Schulsystem in Teilen als vorbildlich gelobt. Zudem verlangte die NPD nun ein flächendeckendes Angebot von Kindertagesstätten – die hatte sie früher als Teufelszeug abgelehnt und einzig das traditionelle Bild der Mutter und Hausfrau propagiert, die sich am heimischen Herd um den Rassenachwuchs zu kümmern habe.

Die vielleicht interessanteste Korrektur gab es bei der »Ausländerpolitik«. So verrückt es klingt, aber die NPD führte so etwas wie einen ›abgestuften Rassismus‹ ein: Man wolle »weniger von Ausländern, sondern mehr von Fremden sprechen, denn für den Wähler reduziert sich das Ausländerproblem auf ein Türken- und Araberproblem«, so Voigt in seinem Strategieaufsatz. »Wenn wir von Ausländern allgemein sprechen, dann gibt es unter den Bürgern einen Solidarisierungseffekt mit dem Pizzabäcker, auf den sie nicht verzichten wollen.«

Doch Voigts Konzessionen an den gemäßigten Flügel kamen zu spät. Im Frühjahr 2011 verpasste die Partei zudem den sicher geglaubten Einzug in den Landtag von Sachsen-Anhalt. Im Berliner Wahlkampf im Herbst spielte der dortige Landesverband mit Voigt als Spitzenkandidaten doch wieder mit NS-Andeutungen (zum Beispiel lautete das Lösungswort eines Kreuzworträtsels in der Wahlkampfzeitung »Adolf«). Mit 2,1 Prozent war das Ergebnis mager, auch bei den zeitgleichen Wahlen zu den Bezirksverordnetenversammlungen brach die NPD ein.

Direkt danach meldete Holger Apfel seine Kampfkandidatur an. Er forderte schon seit Jahren, die NPD dürfe sich nicht als »Politsekte und Bürgerschreck-Truppe« aufführen und wie ein »Zombie aus der Vergangenheit« wirken. Eine offene Verherrlichung des NS-Regimes lehnt er als »unpolitische Nostalgiepflege« ab. In Sachsen hatte er das Auftreten der NPD bereits gemäßigt, die sonst in der Partei beliebten Reichsfarben Schwarz-Weiß-Rot zum Beispiel sind dort tabu; sein Landesverband nutzt lieber schwarz-rot-goldene Flaggen, die viele NPDler als Symbol des »Besatzerstaats« Bundesrepublik verachten. Apfel selbst zeigt sich gern im hellen Anzug oder auf lieblichen Familienfotos samt Frau und drei kleinen Kindern. Mit fast 60 Prozent der Delegiertenstimmen setzte er sich im November 2011 auf dem Bundesparteitag im brandenburgischen Neuruppin gegen Voigt durch.

Holger Apfel, der Weichzeichner

Holger Apfel ist erst 41 Jahre alt und damit der jüngste Vorsitzende in der NPD-Geschichte, aber bereits seit zweieinhalb Jahrzehnten in der Partei aktiv. Ein TV-Spot zu Bundestagswahl 1987, erinnert er sich, habe ihn zur Partei gebracht. Der forderte einen »Ausländerstopp«, das fand er gut. Denn schon als Jugendlichen habe ihn die »Überfremdung« geärgert, das »aggressive Auftreten« von türkischen Jungs und deren »übertriebenes Rumgepose« in Diskotheken. Apfel schrieb an die NPD-Zentrale, der Kreisvorsitzende seiner Heimatstadt Hildesheim rief zurück – das war damals der Rechtsintellektuelle Hans-Michael Fiedler, der sich mit seinem Studentenbund Schlesien (SBS) der Nachwuchsarbeit verschrieben hatte. Für die nächsten Jahre, sagt Apfel, war Fiedler »sicher so etwas wie ein politischer Ziehvater«.

Apfels Parteikarriere verläuft steil. Einen Lehrgang für Nachwuchskader schließt er als Jahrgangsbester ab; Schulungsleiter war damals Udo Voigt, der ihn in den folgenden Jahren förderte. 1990 ist Apfel bereits Parteitagsdelegierter – und mokiert sich hinterher über einen Redner, der doch tatsächlich »ein neues Verhältnis zu Polen« und »Freundschaft mit unseren Nachbarn« forderte.[122] Bald übernimmt Apfel den Kreisverband Hildesheim, wird Chef der niedersächsischen JN, rückt in den Landesvorstand der NPD auf, 1994 in die Bundesspitze. Seinen Job als Verlagsangestellter gibt er 1996 auf, um sich ganz »der nationalen Sache« zu widmen. Apfel wird Chefredakteur und Verlagsleiter der *Deutschen Stimme* (und saniert sie in den folgenden Jahren), wird Bundesorganisationsleiter und Wahlkampfmanager der Partei. 1999, da ist Apfel gerade 29 Jahre alt, zählt Voigt ihn schon »zu den wichtigen Schlüsselpersonen« im Bundesvorstand.[123]

Alle, die ihn kennen, selbst seine innerparteilichen Gegner, heben Apfels Fleiß und Disziplin hervor. »Er stach schon als Jugendlicher aus der Masse heraus«, erinnert sich ein Veteran der niedersächsischen NPD. Was Apfel ankündigte, habe er durchgezogen, war stets akribisch vorbereitet. So auch, als er 2011 Voigt stürzen wollte: Schon Monate vorher begann Apfel, Kandidaten für einen neuen Vorstand zu rekrutieren; sein Personaltableau trug dann in Neuruppin entscheidend dazu bei, die Delegierten zu überzeugen.

Jan Zobel, ehemaliger JN-Chef von Hamburg und später im Streit aus der Partei ausgetreten, beschreibt den jungen Apfel als jemanden, der noch nachts um drei Uhr hellwach am Schreibtisch saß und Faxe in alle Welt verschickte. Nie habe er ihn Alkohol trinken sehen. In seinem Aussteiger-Buch schildert Zobel, wie er Apfel einst in Hildesheim besuchte: »Sein Kinderzimmer ist sein Parteibüro. Es hängt voller Plakate. Im Bücherregal stehen Publikationen der NPD und Alben. In denen hat Holger Aufkleber der Partei und der JN gesammelt. Er zeigt sie mir mit sichtlichem Stolz. Es gibt im Raum nichts Persönliches, was auf ihn verweist. Vielleicht fällt es ihm auch deshalb so leicht, in den folgenden Jahren wiederholt den Wohnsitz zu wechseln.«[124] Apfel ging immer dorthin, wo die Partei ihn brauchte, nach Baden-Württemberg, nach Bayern, nach Sachsen. »Unter vier Augen gesteht er mir, dass er mal Vorsitzender der NPD werden würde«, erinnert sich Zobel in seinem Buch. »Nicht etwa, dass er es *wolle,* sondern: dass er es *werde.*«

»Die Partei beziehungsweise meine politische Arbeit war damals weitgehend Lebensmittelpunkt«, sagt Apfel rückblickend. Es habe ihn fasziniert, Dinge verändern zu können. »Und wenn ich mich einer Aufgabe verschreibe, dann richtig.« Als 26-Jähriger schrieb Apfel in einer Zeitschrift des Studentenbunds Schlesien etwas, das man getrost als Anspruch an ihn selbst lesen kann: »Es muss unser Ziel sein, Persönlichkeiten heranzubilden, die bereit sind, den Verlockungen des Zeitgeists zu widerstehen, um aufrechte Streiter für die Sache unseres Volkes zu werden.« Gemeinsam könne man dann am »Aufbau eines neuen Reiches« arbeiten.[125] Als Gegner bezeichnete Apfel die »morsche westliche Unwerte-Gesellschaft«, die »heute noch in Europa herrscht«.[126]

Sechs Jahre lang (1993–1999) – und damit länger als alle seine Vorgänger – war Holger Apfel Chef der Jungen Nationaldemokraten. Er profilierte sich als Radikaler, machte den Jugendverband wieder flott. Anfang der Neunzigerjahre galt der NPD-Nachwuchs im Kontrast zu den später verbotenen Neonazi-Gruppen NF und FAP szeneintern als verschnarcht; Apfel und eine kleine Truppe von Aktivisten änderten das Image mit einigen spektakulären Auftritten. Sie störten Vertriebenentage mit Protesttransparenten (»Auf Kohl verzichten wir gern, auf Schlesien nie«), bei den Wagner-Festspielen in Bayreuth warfen sie Eier auf Edmund Stoiber und Michael Gorbatschow.

Apfel verstand die JN nicht als Massenorganisation, sondern als kleine Kadertruppe »politisch überzeugter Aktivisten, die die Arbeit des nationalen Widerstandes in Deutschland zentral steuern«.[127] Die Mitglieder müssten sich als »politische Soldaten« verstehen, forderte er, ihr Vorbild seien »einzig und allein« Wehrmacht und Waffen-SS.[128] »Ich glaube durchaus, dass sich bald die Gelegenheit ergeben wird, unsere politischen Überzeugungen anzuwenden«, führte er 1996 in der JN-Zeitschrift *Einheit und Kampf (EuK)* aus. »Die Geschichte lehrt, dass in revolutionären Phasen jeweils die Kräfte den Neubeginn bestimmen, die den alten Vorstellungen am radikalsten entgegengetreten sind. In unserem Fall heißt dies antikapitalistisch, national, revolutionär. Unsere Grundsätze werden aber erst dann Anwendung finden, wenn wir es geschafft haben, zum Zeitpunkt des Untergangs des BRD-Systems eine umfassend geschulte und gut organisierte Gemeinschaft herangebildet zu haben, die am Tag X in der Lage ist, die suchende und erwartungsvolle Bevölkerung in unserem Sinne zu führen.«

Diese sozialrevolutionäre Rhetorik wurde später auch von der Gesamtpartei übernommen. Apfel hat den Kurs vorbereitet, den Udo Voigt als Vorsitzender einschlug. Er knüpfte bereits Kontakte zu militanten Neonazis und jungen Skinheads, als die Mutterpartei sich offiziell noch abgrenzte. Apfel reiste schon 1993 als Redner zum Rudolf-Hess-Gedenkmarsch, zählte später zu dessen Hauptorganisatoren. Auf Fotos von damals ist ein dicklicher Junge im Ringelpullover zu sehen, der wie jemand wirkt, der auf dem Schulhof immer von allen gehänselt wird. Hier aber lauschten Hunderte seinen Reden, auch wenn er lispelte. Die Partei hat Apfel groß gemacht.

Interessanterweise hat er als Chef der JN gegen deren inhaltliche Modernisierung gekämpft. Sein Kontrahent war Jan Zobel, der damals einen »progressiven Nationalismus« propagierte. »Das Ansehen des deutschen Soldaten zu verteidigen … oder die tatsächlichen Verhältnisse im Nationalsozialismus aufzuzeigen, das alles sind berechtigte Handlungen«, schrieb Zobel beispielsweise. »Wir lehnen es jedoch ab, dass man darüber die viel wichtigeren politischen Aufgaben und Ziele vernachlässigt und letztendlich aus den Augen verliert. Der Revisionismus ist Aufgabe versierter Historiker und gehört höchstens am Rande zur Politik.« Heute als NPD-Vorsitzender sagt Apfel praktisch dasselbe, 1997 drängte er Zobel aus der Partei.

Das JN-Blatt *Einheit und Kampf*, das Apfel damals verantwortete, nannte Hitler-Stellvertreter Hess 1997 den »vielleicht größten Idealisten, den die Welt je geboren hat«.[129] Das ist Meilen entfernt von Apfels heutiger Forderung, die NPD dürfe nicht mehr rückwärtsgewandt erscheinen. Spricht man ihn darauf an, grinst er, lehnt sich zurück auf seinem Stuhl, verschränkt die Arme hinter dem Kopf. »Bei den Hess-Märschen ging es sehr wohl um Gegenwartspolitik – nämlich um das Schicksal eines Mannes, der 46 Jahre im Gefängnis saß, über viele Jahre in Einzelhaft.« Irgendwie merkt Apfel dann wohl selbst, dass die Erklärung albern ist. Andererseits will er partout nicht zugeben, dass er heute weniger radikal ist als früher – denn das werfen ihm ja viele szeneninterne Kritiker vor. So flüchtet er in eine Floskel: »Mit zunehmender Etablierung der Partei haben wir den Fokus stärker auf politische Gegenwarts- und Zukunftsfragen gelegt.« Weniger er habe sich verändert, soll das wohl heißen, sondern vielmehr die NPD und mit ihr die Notwendigkeiten, denen er als Parteisoldat natürlich folgt.

Aus dem Jahr 1999 stammt ein Satz, der einen tiefen Einblick erlaubt in Apfels Geschichtsbild: »Als am 8. Mai 1945 mit der Kapitulation der Deutschen Wehrmacht unter dem letzten Reichspräsidenten Karl Dönitz der Traum vom Deutschen Reich als Zentrum der Macht in der Mitte Europas zerstört und Deutschland von den alliierten Siegermächten USA, Frankreich, Großbritannien und der Sowjetunion besetzt wurde, starb für Millionen von Menschen der Glaube und die Hoffnung an die Zukunft ihrer Nation.«

Doch seit er in Dresden im Landtag sitzt, trimmt Apfel die sächsische NPD auf bürgerlich – im Äußeren. Mit sozialen Forderungen versuchte er, der NPD das Image einer »Kümmerer-Partei« zu verpassen. Als Vorbild gelten Haiders FPÖ oder auch die holländischen Rechtspopulisten um Geert Wilders. »Wer die Herzen unserer Landsleute gewinnen will«, ist Apfels oberstes Gebot, »darf sie nicht verschrecken.« Verharmlosend nannte Apfel seine Partei »Sachsens starke Rechte«. Der Wahlslogan von 2009 »Arbeit – Familie – Heimat« klang fast mehrheitsfähig – dass dies auch das Motto des französischen Vichy-Regimes während der deutschen Besatzungszeit war, fiel kaum jemandem auf.

Fast weichgespült wirkten damals das Landtagswahlprogramm und etliche Plakatsprüche: Aus der gewohnten NPD-

Forderung »Arbeit zuerst für Deutsche« strichen die Sachsen das »zuerst« – und klangen so weniger rabiat. Statt »Todesstrafe für Kinderschänder«, wie sonst in der Partei üblich, war lediglich von »Höchststrafe« die Rede. Während sich die Spitze der Bundespartei um Udo Voigt lange auf soziale Randgruppen konzentrierte, nahmen die Sachsen früh den Mittelstand in den Blick. (So wie es die NPD der Sechzigerjahre tat; und auch die NSDAP verdankte ihren Aufstieg einst maßgeblich den Kleinbürgern.) Apfels NPD sprach von »einem sozial verpflichteten Unternehmertum«. Der üblichen Forderung nach einem Mindestlohn folgte im sächsischen Wahlprogramm plötzlich die Idee einer »Übergangslösung« für mittelständische Unternehmen, die ja selbst Opfer des Großkapitals seien. Hingegen war nirgends mehr von »nationalem Sozialismus« die Rede.

Die völkische und rassistische Ideologie will Apfel indes nicht antasten. Es gehe ihm nicht »um eine Aufweichung unserer politischen Inhalte«, versicherte er mehrfach und wortreich seinen verunsicherten Parteikameraden in Sachsen und jetzt bundesweit. »Wichtig ist vor allem die Außendarstellung, die Verbesserung unseres Erscheinungsbildes.«[130] In der Tat kann er mit dem Grundsatzprogramm von 2010 gut leben, es trägt sowieso schon seine Handschrift. Er freue sich darauf, sagt er ausdrücklich, »alten Wein in neue Schläuche umzufüllen«.

Im letzten Landtagswahlkampf ließ sich bereits besichtigen, was Apfel nun wohl für die Gesamtpartei vorhat. An einem sonnigen Freitagmorgen steht er im modischen Tommy-Hilfiger-Hemd auf dem Wochenmarkt von Sebnitz in der Sächsischen Schweiz. Neben dem Springbrunnen auf dem schmucken Marktplatz bauen Broilerbrater und Gemüsehändler ihre Stände auf. Vor einem Eierwagen stehen ältere Frauen mit leeren Eierpappen Schlange. Indische Händler verkaufen billige Feinstrumpfhosen und Steppwesten. Direkt daneben geht Holger Apfel auf und ab und verteilt – Äpfel. Auf die rote Schale ist mit einem Laser das NPD-Logo graviert, am Infostand gibt es auch noch kleine Schnapsfläschchen Marke »Saurer Apfel«.

Er versucht sich in Selbstironie und hofft, seinen Rassismus damit besser an die Wählerinnen und Wähler zu bringen: »Touristen willkommen – Kriminelle Ausländer raus!« steht auf einem der Flugblätter, die Apfel zusammen mit dem Obst in Sebnitz verteilt. Der Ort liegt direkt an der tschechischen Grenze; vielen hier spricht die NPD aus ihrer ängstlichen Seele, wenn sie Passkontrollen und Polizeistreifen gegen »importierte Kriminalität« fordert. Auf ihrem Flugblatt bringt die Partei gleich auch noch ein getarntes Plädoyer für die rassisch-reine Volksgemeinschaft unter, gegen »Multikulti« nämlich und für »ein deutsches Sachsen«.

In Sebnitz wurde die Partei bei den letzten Wahlen bereits zweitstärkste Partei. Den Termin auf dem Wochenmarkt nennt Holger Apfel »ein Heimspiel«. Anderswo ist er im Wahlkampf mit Gegendemonstranten und Trillerpfeifen konfrontiert, hier nicken ihm Mütter mit Kinderwagen freundlich zu. Ein junger Mann im Rockeroutfit bittet um ein Autogramm. Ein Touristenpaar aus Bayern schimpft über die heimische CSU, die ihnen viel zu links sei, und wünscht der NPD zum Abschied, »gute Erfolge und dass ihr auch in den Bundestag kommt«.

Ein anderes Gesicht zeigt Apfel intern, als am Vorabend gut 60 Kameraden aus der Gegend bei einem Parteiabend zusammensitzen. Bei Bier und Gulasch hören sie, wie Apfel sich in Rage redet über ausländische Kriminelle, Hassprediger und Lohndrücker. Als er Hartz IV als »Sozialraub am deutschen Volk« geißelt, klatschen die Kameraden zum ersten Mal. Vor diesem Publikum trägt Apfel ein T-Shirt der bei Neonazis beliebten Marke *Erik and Sons*, und er verspricht einen »nationalen Volksstaat«, in dem es nicht nur ein Recht auf Arbeit geben werde. Angesichts des »arbeitsscheuen Gesindels«, bellt Apfel mit hochrotem Kopf, das auf Demonstrationen gegen die NPD »herumlungert«, müsse »es auch wieder eine Verpflichtung zum Arbeiten« geben.

»Wieder« – also wie im Dritten Reich. Dafür bekommt Apfel donnernden Applaus.

Die Camouflage der Gewalt

Zumindest vorerst hat das Auffliegen des NSU Apfels Versuche einer Imagekorrektur zunichte gemacht. In der Öffentlichkeit war bereits die Rede davon, die Jenaer Terroristen seien so etwas wie der bewaffnete Arm der Partei gewesen. Im letzten Wahlkampf in Nordrhein-Westfalen, sagt Apfel, habe er nicht wie sonst viel Abneigung gespürt, sondern wirklichen Hass. Fast verzweifelt verurteilt Apfel deshalb den NSU. »Die NPD hat seit jeher Terrorismus und Gewalt aus innerer Überzeugung abgelehnt«, betonte er etwa im Parteiblatt *Deutsche Stimme*.[131] Die Taten seien von einer »Abartigkeit, die einen fassungslos macht«.

In Wahrheit ist das Verhältnis der NPD zu Gewalt und Gewalttätern vielschichtig. Einerseits sind zahlreiche Parteikader wegen schwerer Gewaltdelikte vorbestraft, andererseits hat sich die NPD immer wieder in ihrer Geschichte in wortreichen Erklärungen von Gewalt distanziert, gelegentlich sogar Straftäter ausgeschlossen. Wirklich gefährlich aber ist die Partei wegen ihrer Rhetorik und Ästhetik – sie strotzen vor Aggressivität. Und aus der Ideologie der NPD folgt Gewalt geradezu zwangsläufig. Dass junge, militante Anhänger die Theorie dann auch in die Tat umsetzen, ist eigentlich eine natürliche Folge.

Klar ist: In keiner anderen Partei gibt es so viele Gewalttäter und Gewaltbereite wie in der NPD. Der ehemalige Thüringer Parteivize Ralf Wohlleben ist da nur ein Beispiel. Er sitzt in Untersuchungshaft, weil er dem NSU-Terrortrio eine Waffe verschafft haben soll. Vor mehr als zehn Jahren wurde er schon einmal wegen gefährlicher Körperverletzung verurteilt. Gemeinsam mit einem Kameraden aus dem Umfeld der Terrorzelle hatte er versucht, zwei Frauen Adressen nichtrechter Jugendlicher abzupressen.

Bereits in den Verbotsanträgen gegen die NPD aus dem Jahr 2001 finden sich lange Listen: Siebenmal innerhalb weniger Jahre wurden demnach Parteimitglieder wegen Brandstiftung verurteilt, 19-mal wegen Landfriedensbruch, 28-mal wegen Körperverletzung, 54-mal wegen schwerer Körperverletzung. In Nordrhein-Westfalen etwa hatten im Juli 2000 elf Vermummte, darunter fünf NPD-Mitglieder, eine Gedenkveranstaltung im ehemaligen KZ Kemna überfallen. In Mecklenburg-Vorpommern wurde 1995 ein NPD-Landesvize verurteilt, weil er Jugendliche zu einem Brandanschlag auf ein Asylbewerberheim angestiftet hatte.

Nach dem Scheitern des Verbots riss die Kette nicht ab. 2004 gingen mehrere NPD-Kader am Rand einer Wahlkampfveranstaltung in Schleswig-Holstein auf Gegendemonstranten los. Polizisten stoppten den Angriff mit Warnschüssen. Selbst im Bundesvorstand saßen und sitzen verurteilte Gewalttäter: zum Beispiel Thorsten Heise (er versuchte, einen libanesischen Asylbewerber zu überfahren), Manfred Börm (beteiligt am Überfall auf einen Nato-Truppenübungsplatz) oder Bundesorganisationsleiter Patrick Wieschke (er stiftete einen Sprengstoffanschlag auf einen türkischen Imbiss an).

Gewalt ist allgegenwärtig in der NPD, und häufig geht es gar nicht um Politik. Viele Mitglieder kommen aus gewaltaffinen Milieus. In der Partei gibt es Schläger und Rocker. Ein Ex-Landeschef machte nach der Karriere in der Partei eine zweite als Schutzgelderpresser. Konflikte mit Fäusten zu lösen, auch unter Kameraden, ist normal. Generell befürworten Rechtsextreme »die Anwendung von Gewalt als ein legitimes Mittel zur Durchsetzung von Zielen« viel stärker als der Bevölkerungs-durchschnitt, stellten die Leipziger Sozialpsychologen Oliver Decker und Elmar Brähler 2006 in einer Studie fest.[132]

Für ein Parteiverbot aber genügen Taten Einzelner nicht. Nach der bisherigen Rechtsprechung des Bundesverfassungs-gerichtes müsste der NPD als Organisation eine »aggressiv-kämpferische Haltung« nachgewiesen werden. Genau diesen Vorwurf sucht die Partei mit ihren Distanzierungserklärun-gen zu entkräften. »Die NPD hat das Gewaltmonopol des Staates zu keinem Zeitpunkt in Frage gestellt und lehnt Ge-walt als Mittel der politischen Auseinandersetzung ab«, heißt es beispielsweise in einer Schulungsbroschüre, in der die Par-teispitze ihren Kadern Sprachregelungen für bestimmte Fra-gen empfiehlt. Gewalt sei »politisch kontraproduktiv und ein Ausdruck geistiger Schwäche und fehlender Argumente«.[133]

So klar wie diese Worte sind die Taten der NPD aber nicht. Schon mehrfach in der Parteigeschichte entschied sie sich für den kalkulierten Einsatz von Militanz. Nach der Nieder-lage bei der Bundestagswahl 1969 zum Beispiel versuchte die NPD-Spitze, mit einer »Aktion Widerstand« Niedergang und Mitgliederschwund zu stoppen. Während man sich vor der Wahl bürgerlich und friedfertig gegeben hatte, wurde nun ra-biat gegen die Ostpolitik der sozialliberalen Bundesregierung protestiert. NPD-Mitglieder warfen Scheiben der sowjeti-schen Botschaft in Bonn ein, auf Demonstrationen wurden DDR-Fahnen zerrissen und »Brandt an die Wand« skandiert.

Schnell liefen die Aktivitäten aus dem Ruder. Im Juni 1970 flog ein Geheimbund namens Europäische Befreiungsfront auf, der von Mitgliedern des NPD-Ordnerdienstes gegründet worden war und unter anderem Entführungen geplant hatte. Bei Parteimitgliedern wurden Maschinenpistolen und andere illegale Waffen gefunden. Im April 1971 drang der Ex-NPD-ler Karsten Eggert in die Villa Hammerschmidt mit der Absicht ein, Bundespräsident Gustav Heinemann umzubringen. Daraufhin versicherte der damalige NPD-Chef Adolf von Thadden in der Parteizeitung, man werde politische Auseinandersetzungen nur auf rechtsstaatlichem und parlamentarischem Wege führen. Ergänzend beschloss der Bundesparteitag im November 1971 ein förmliches Gewaltverbot.

Ein solches Hin und Her in der Gewaltfrage zieht sich seit Jahrzehnten durch die Parteigeschichte. Während der Welle rechtsextremistischer Pogrome Anfang der Neunzigerjahre grenzte sich die NPD mit einem Unvereinbarkeitsbeschluss gegenüber neonazistischen Gruppen ab. Mitte der Neunzigerjahre dann öffnete Udo Voigt die NPD für genau diese Organisationen. Als die so in die Partei geholten Neonazis allzu aggressiv auftraten und 2001 das erste Verbotsverfahren gegen die NPD eingeleitet wurde, pfiff der Bundesvorstand die besonders radikale Strömung Revolutionäre Plattform zurück und drängte deren Führungskader aus der Partei.

Kaum war der Verbotsversuch gescheitert, folgte wieder eine Öffnung zu militanten Neonazis. Die Partei und ihr Umfeld dürften sich »nicht im Trennenden der Vergangenheit verzetteln«, hieß es 2004 in einem Präsidiumsbeschluss, vielmehr seien »alle Aktionsformen als Bereicherung im Kampf für unser Volk zu betrachten«. Von der in der Szene verbreiteten Gewalt distanzierte sich die Partei mit keinem Wort. Im Gegenteil: Künftig solle die Devise aller Aktivisten sein, sich jeweils »auf den eigenen Weg zu konzentrieren, ohne andere Konzeptionen zu diskreditieren«.[134]

Das erneute Zurückrudern setzte dann mit den Schwarzen Blöcken der Autonomen Nationalisten ein. »Solche Aktionsformen halte ich für völlig inakzeptabel«, sagte Udo Voigt damals. Seine Begründung, vorgetragen beim Bundesparteitag 2008, spricht Bände, denn sie offenbart eine taktisch motivierte Gewaltabsage: »Niemals« dürften sich Ausschreitungen »gegen Polizisten« richten. Denn die täten nur ihre

Pflicht und sympathisierten mit der NPD, so Voigt. »Wenn nun aber gegen solche Beamte aus unseren Reihen Gewalt ausgeübt wird, so wird dieser demnächst bereit sein, verstärkt gegen Nationalisten vorzugehen.«[135]

Apfel mit seiner heutigen Distanzierung von Gewalt steht vor dem Problem, dass er in den Neunzigerjahren einer der Hauptverantwortlichen des Radikalisierungskurses war. Damals arbeitete er offen mit militanten Neonazis zusammen. Auf Fotos vom Rudolf-Hess-Marsch 1996 in Worms ist er ebenso zu sehen wie Beate Zschäpe und ein Mann, der aussieht wie Uwe Mundlos. Apfel betont, er habe die späteren Terroristen nicht persönlich gekannt, was vermutlich sogar stimmt. Man könne ihn doch nicht für alle Taten aller Leute verantwortlich machen, die irgendwann mal mit ihm demonstriert haben. Zschäpe, Mundlos und ihren Komplizen Uwe Böhnhardt bezeichnet er als »irre« und unpolitisches »Kriminellen-Trio«.

Dabei blendet er aus, dass Gewalt im NPD-Programm geradezu angelegt ist. Dessen völkische Ideologie ist ausgrenzend. Einheit und Reinheit der eigenen Nation werden als oberstes Ziel definiert. Wer dabei stört, gilt als Volksschädling: Juden, Migranten, nichtrechte Jugendliche, Politiker der demokratischen Parteien. Einwanderer werden grundsätzlich als Kriminelle und Krankheitsüberträger gesehen. Geschickt deutet die NPD Täter zu Opfern um. »Wenn Übergriffe auf Fremde in Deutschland stattfinden«, erklärte einmal Bundeschef Voigt, dann sei das »ganz gewiss eine leidvolle Geschichte, die aber die etablierten Parteien zu verantworten haben, die hemmungslos weiterhin Zuströme von Ausländern ins Land lassen.«[136]

Als »Angstmobilisierungsideologie« bezeichnen die Soziologen Rainer Erb und Michael Kohlstruck die NPD-Programmatik – und an ihr will Apfel ja ausdrücklich nichts ändern. Die Ideologie setze nicht auf Erkenntnis oder Überzeugung, sondern Emotionalisierung und Mobilisierung von Anhängern. »Die Fremdgruppe wird als Gefahr für die Eigengruppe konstruiert, sodass Attacken als ›Notwehr‹ oder ›Selbstverteidigung‹ gerechtfertigt werden. In diesem Zusammenhang ist das Wort bereits die Vorbereitung zur Tat.« Wenn dann »polizeiliche oder soziale Kontrollen« fehlen, werde die Theorie in die Praxis umgesetzt.[137]

Zugespitzt wird die an sich bereits gefährliche Ideologie durch aufputschende Rhetorik und eine Ästhetisierung von Gewalt. Der politische Gegner wird bei der NPD oft als »Abschaum« und »Geschmeiß« bezeichnet, man selbst stehe im »Krieg«. Von »Riesenkampf« und »Freiheitskrieg« ist auf Flugblättern und Veranstaltungen die Rede, und Funktionäre schwelgen in Gewaltfantasien. Kein Gegner werde der Partei nach der Machtergreifung entkommen, sagte beispielsweise der damalige Geschäftsführer des bayerischen Landesverbandes Sascha Rossmüller 1998 bei einer Rede auf einer NPD-Veranstalung in Kulmbach, »dafür werden wir schon sorgen. Alle Flughäfen und Wege, die aus dem Land führen, werden dichtgemacht. Anschließend wartet der Strang.«[138] Später wurde Rossmüller Mitglied der als besonders gewaltbereit geltenden Rockergruppe »Bandidos«.[139]

Passend zur Kriegsrhetorik pflegt die NPD eine militärische Ästhetik: Man liebt Uniformen und Fackelmärsche, Parteitage begannen lange Zeit mit Fanfaren und einer Flaggenparade. NPD-Aktivisten sollen sich als »politische Soldaten« verstehen, als »großes Vorbild für Kameradschaft, Tapferkeit und Opferbereitschaft« gelten Wehrmacht, SA und Waffen-SS. Gewalt wird verharmlost, verherrlicht. Der meistverkaufte Artikel im parteieigenen *Deutsche-Stimme*-Versand war, just als das NSU-Terrortrio aufflog, eine CD des Rechtsrockers Michael »Lunikoff« Regener, auf der Hass und Krieg gepriesen werden.

Wenn völkische Ideologie, Notwehr-Rhetorik und Aggressivitätskult schließlich auf jugendliche Militanz treffen, ist das

Resultat fast zwangsläufig reale Gewalt. Dass sich der NSU als verlängerter Arm rechtsextremistischer Hassprediger verstand, belegt ihre Bekenner-DVD: »Taten statt Worte«, reklamieren sie da. In der Anhängerschaft der NPD werden deren Distanzierungen und Unvereinbarkeitsbeschlüsse ohnehin meist als doppelbödige, augenzwinkernde Erklärungen verstanden.

Dass sie auch so gemeint sind, zeigte ein Papier des NPD-Präsidiums zum Bundesparteitag 2011 in Neuruppin: »Die NPD hat sich für den parlamentarischen Weg entschieden, einerlei wie aussichtsreich, aussichtslos oder widerwärtig er auch sein mag«, erklärte die Parteispitze da ihren Anhängern, warum sie sich manchmal opportunistisch zeigt. »Die NPD hat sich für einen politischen Weg entschieden, der anderen Gesetzen folgt und andere Rücksichtnahmen erfordert als die Aktivitäten z. B. loser Folklore- und Freizeitbünde.« Eine Partei müsse zu »den denkbar zweckmäßigsten und erfolgversprechendsten Mitteln« greifen, so das überraschend offenherzige Bekenntnis zur Camouflage. »Alles andere ist inkonsequent, dilettantisch und/oder vorsätzliche Sabotage.«

Selbst wenn es zu einem neuen Verfahren in Karlsruhe kommen sollte, würde all dies vermutlich nicht für ein Parteiverbot genügen. Langfristig liegen die größeren Probleme für Apfel deshalb in seiner eigenen Partei. Zwar wird Udo Voigt in die NPD-Geschichte eingehen als Vorsitzender, der die NPD so sehr prägte wie außer ihm nur Adolf von Thadden. Doch am Ende seiner Amtszeit war die Partei in desolatem Zustand, wie sich auch auf dem Neuruppiner Parteitag zeigte: Die Finanzlage ist prekär. Die JN verzeichnet sinkende Mitgliederzahlen und bekommt nicht einmal ordentliche Rechenschaftsberichte hin. Der Ring Nationaler Frauen (RNF), mit dem die Partei weibliche Mitglieder anziehen will, kriselt ebenfalls. Der Parteiverlag *Deutsche Stimme* ist von überforderten Geschäftsführern heruntergewirtschaftet worden, mit einer Finanzspritze von 50 000 Euro sicherte der sächsische Landesverband das Überleben.

Bundesgeschäftsführer Klaus Beier musste auf dem Parteitag berichten, dass sich viele der mühsam geworbenen Neumitglieder mit Grausen abwenden, sobald sie die Partei von innen gesehen haben. »Nach ein bis zwei Jahren«, so Beier, »bleiben die meisten auf der Strecke.« Von rund 7200 Mitgliedern auf dem Höhepunkt 2007 waren bei Apfels Amtsantritt nur noch 5900 übrig. Die Fusion mit der DVU, Ende 2010 noch gefeiert, hat der Partei wenig gebracht.

Eine ganze Reihe von Landesverbänden macht Probleme. Anfang 2012 hat der Chef der niedersächsischen NPD nach internem Streit hingeworfen, gerade ein Jahr vor der nächsten Landtagswahl. In Hamburg hat mit Thomas Wulff ein Hitlerist den Vorsitz übernommen. Seit der verpatzten Landtagswahl 2011 bröckeln auch in Sachsen-Anhalt die Strukturen, die Neonazi-Kameradschaften gehen nun wieder ihre eigenen Wege. In Bayern erklärten im Mai 2012 drei führende Kader mit Verweis auf den neuen Schmusekurs demonstrativ ihren Austritt.[140]

Das Bündnis mit den Kameradschaften, zeigt sich nun, ist sehr fragil. Ihnen gilt der neue Vorsitzende als viel zu moderat; keiner ihrer Kontaktleute wurde unter Apfel in den Bundesvorstand gewählt. In Sachsen war es ihm noch gelungen, mit Maik Scheffler einen Vertreter des mitteldeutschen Kameradschaftsverbunds Freies Netz in die dortige NPD-Spitze einzubinden. Doch Scheffler verstand sich offenbar nicht als loyaler Parteisoldat, sondern als U-Boot. Darauf deuten zumindest die Inhalte eines internen Internet-Forums der Szene, die Antifa-Aktivisten Ende 2011 öffentlich machten.[141]

Wie Schmarotzer redeten Kameradschafter dort über die NPD. Sie sei »ausschließlich Mittel zum Zweck«, hieß es etwa, um »radikale Programmatiken« wie den »Nationalen Sozialismus in den kleinsten Gemeinschaften des Volkes, nämlich

den Gemeinden, den Städten und den Landkreisen« zu etablieren. Ein Kader schlug vor, bei Kommunalwahlen »den
Namen der Partei erst mal zu nutzen und dann nach einer
möglicherweise erfolgreichen Wahl sofort das sinkende Par-
teischiff zu verlassen und selbstständig zu schalten und zu
walten«. Scheffler selbst erklärte in der internen Diskussion,
er hole aus der Partei, »was ich brauch, um das zu machen,
was wir hier für richtig halten«. Er versichert: »Ich gebe aus
dem Freien Lager gar keine Infos an Apfel oder sonst wem
weiter. Ich arbeite nicht für deren Machtinteressen und bin
keiner von ihnen.« Kein bisschen interessiere ihn eine Mitarbeit im Bundesvorstand der Partei, »da ich mich ihr nicht
verbunden fühle«.

Viele der Kameradschaftskader, die unter Voigt in die Partei kamen, dürften das ähnlich sehen. Apfel wird sie kaum
langfristig in der NPD halten können. Woche um Woche
tingelt er seit seinem Amtsantritt durch die Partei, erklärt
überall seine Weichzeichner-Strategie. Da gebe es »hin und
wieder schon Diskussionen«, räumt er ein, bei manchen Parteikameraden sei »noch ein Bewusstseinswandel nötig«, bisweilen gebe es »eine Art Bunkermentalität«. Er müsse tatsächlich noch darum streiten, dass die Partei künftig nicht
mehr auf die Reichsfarben Schwarz-Weiß-Rot setzt oder »un-
angebrachte Sprechchöre auf Demonstrationen« unterblei-
ben. Bislang wird bei NPD-Aufmärschen gelegentlich skandiert: »Antifa – Hurensöhne« oder »Linkes Gezeter – Neun
Millimeter«.

Apfel hätte es vermutlich relativ leicht, würde er die Partei
wirklich reformieren: Bei einem klaren Bruch mit NS-Nostal-
gie und Gewalt würden die Leute, mit denen er sich nun her-
umschlägt, schnell die Partei verlassen. Aber Apfel versucht
keine Reform, sondern nur Kosmetik: Er will die NPD neu
anmalen, ihren Kern aber nicht antasten – weil er wohl selbst
daran hängt.

Nur sacht hat Apfel nach seinem Amtsantritt die ersten Schritte eingeleitet. Die Kolumne des Holocaust-Leugners Horst Mahler in der *Deutschen Stimme* wurde still beendet. Aus dem Sortiment des parteieigenen Versands werden nach und nach die allzu krassen Artikel entfernt, bislang gibt es dort beispielsweise ein breites Angebot an Reichsflaggen oder den NS-Helden Generaloberst Eduard Dietl als Zinnfigur. Apfel muss aufpassen, die Kernklientel der NPD nicht zu verschrecken – denn es ist völlig offen, ob er mit einem moderateren Auftreten jemals bürgerlichere Wähler gewinnt.

Graswurzelrevolution mit Volkstanz und Hartz-IV-Beratung

Man hätte ein Kapitel über die NPD aber auch völlig anders beginnen können, nämlich in Vorpommern – dann wäre es die Geschichte einer Partei, die schon fast nicht mehr gebraucht wird. Hier, im äußersten Nordosten der Republik, ist es ziemlich egal, wie die Krise der Bundes-NPD ausgeht. In Vorpommern sind ihre Kader längst eine Macht, an der man nicht mehr vorbeikommt.

Schon Ende der Neunzigerjahre hatte die Partei in Stralsund und Greifswald mit sozialen Aktionen für Aufsehen gesorgt: Kameraden organisierten Kinderfeste mit Hüpfburg und Bratwurst, beglückten Kinderheime mit Spielzeugspenden. Der damalige Kreisvorsitzende Axel Möller, der später mit *Altermedia* die einflussreichste deutsche Neonazi-Website aufbaute, versuchte sich als Jugendsozialarbeiter. Er korrigierte Bewerbungsschreiben und verlieh Bücher, tröstete bei Liebeskummer und Krach mit den Eltern. »Das hiesige Jugendamt spiele ich an die Wand«, sagte Möller. »Das sind Amateure.«[142]

Im nahen Anklam ließ sich 2003 Michael Andejewski nieder, ein arbeitsloser Jurist aus Hamburg. Zuvor war er lange Jahre und ziemlich erfolglos in Westdeutschland aktiv gewesen, hatte Anfang der Achtzigerjahre die NPD-nahe Hamburger Liste Ausländerstopp mitgegründet. Schon kurz nach der Wende erkannte er die Chancen im Osten. 1992 tauchten in Rostock Flugblätter auf, die zum »Widerstand gegen die Ausländerflut« aufriefen, Herausgeber war eine »Aktion Rostock bleibt Deutsch«, verantwortlich dafür: Andrejewski.[143]

Zehn Jahre später siedelte er ganz über, suchte sich in Anklam eine Wohnung im Plattenbauviertel. Schon ein Jahr später zog Andrejewski mühelos in Stadtrat und Kreistag ein. Immer wieder gelang es ihm dort, die demokratischen Parteien vorzuführen. Als etwa die Post die Schließung ihrer letzten Anklamer Filiale ankündigte, war Andrejewski vorneweg mit einem Protestaufruf. Als der Bürgermeister seine Stadtvertreter bat, dem Förderverein zum Wiederaufbau der im Krieg zerstörten Nikolaikirche beizutreten, stellte Andrejewski als Allererster einen Aufnahmeantrag. Er richtete eine Hartz-IV-Beratungsstelle ein und verteilte Infoblätter zum »Verhalten bei Hausbesuchen durch das Arbeitsamt«. Bei einem Interview sagte er damals, die Abwanderung mag schlimm sein für Gegenden wie Vorpommern, doch ihm nütze sie eher: »Meine Wähler bleiben nämlich hier.«

Der Durchbruch in der Region gelang ab 2004. Auf Bundesebene veröffentlichte die NPD eine Erklärung »Volksfront statt Gruppenegoismus«, in der sie alle Neonazi-Kameradschaften »zum Schulterschluss« mit der Partei aufrief.[144] Udo Voigt bewegte drei prominente Kader zum Parteieintritt, Thorsten Heise, Ralf Tegethoff und Thomas Wulff. Auch in Mecklenburg-Vorpommern vereinbarte die NPD daraufhin eine Kooperation mit der Kameradschaftsszene. Die florierte vor allem im östlichen Landesteil, ab Mitte der Neunzigerjahre hatte dort die deutsche Sektion des Skinhead-Netzwerks Blood & Honour als Geburtshelfer gewirkt. Im Gasthof »Zur Linde« in Klein Bünzow nahe Anklam organisierte B&H bis zu ihrem Verbot ungestört mehr als ein Dutzend Konzerte. Aus ganz Deutschland reiste das Publikum an, und die örtliche Szene wurde dort politisiert. Kommunalpolitiker beschwichtigten damals, die Jungs würden sich schon beruhigen, wenn sie erst Frau und Kind hätten. Heute haben sie Familien, aber die sind für sie Teil des Kampfes um »den biologischen Fortbestand unseres Volkes«, wie es Michael Gielnik ausdrückt. Er ist ein adretter, junger Mann, Kfz-Mechaniker und Führer einer Neonazi-Kameradschaft auf der Insel Usedom. Fast alle Szene-Kader in Vorpommern sind heute zwischen Ende 20 und Ende 30, aus dieser Generation stammte übrigens auch Martin Wiese, der in Anklam aufwuchs und 2003 bundesweit bekannt wurde, weil er in München einen Anschlag auf den Neubau der Synagoge plante.

Gielnik ging einen anderen Weg; mit der Polizei geriet er bisher nur wegen Propagandadelikten in Konflikt. Er hat gemeinsam mit einer Reihe von Kameraden eine braune Graswurzelrevolution geschafft. Etwa seit dem Jahr 2000 bauten sie ein Netz lokaler Gruppen auf mit der Dachorganisation Soziales und Nationales Bündnis Pommern (SNBP), dazu eine Reihe von Tarnorganisationen. Ihr Kulturkreis Pommern lud Jungs und Mädels zum Volkstanz, und bald war er in der Region so bekannt, dass man ihn zu Silberhochzeiten und Dorffesten einlud. Vordergründig wurden da bloß alte Bräuche gepflegt, aber nebenbei völkische Vorstellungen von Kultur und Gesellschaft unter die Leute gebracht. Eine sogenannte Initiative für Volksaufklärung gibt seit zehn Jahren kostenlose Mitteilungsblätter heraus, die heute eine größere Reichweite haben als die etablierten Regionalzeitungen. Sie heißen zum Beispiel *Der Insel-Bote* und bieten in mittlerweile hochprofessioneller Aufmachung eine Mischung aus lokalen Nachrichten und rechtsextremer Propaganda – neben einem Korruptionsskandal auf Usedom geht es da um die vermeintliche »Kriminalitätswelle« aus Polen oder den »schleichenden Volkstod« infolge von Abwanderung und sinkenden Kinderzahlen.[145] Die Initiative ist ordnungsgemäß im Vereinsregister Wolgast eingetragen. Man verbreite, heißt es in der Satzung, »freie und unabhängige Nachrichten« als »Mittel zur geistigen Persönlichkeitsentwicklung, zur Willens- und Wesensbildung sowie zur gesunden Erziehung zum Wohle des deutschen Volkes«.

Die Kameraden sind emsig. Als in Ueckermünde 2003 ein Asylbewerberheim entstehen sollte, gründeten sie flugs eine Bürgerinitiative »Schöner und sicherer wohnen« und sammelten 2000 Unterschriften gegen das Projekt. Die Kameraden veranstalten Fußballturniere, Angelausflüge und Sonnenwendfeiern. In vielen Orten sind sie die Einzigen, die überhaupt noch aktiv sind. Mehr als 200 Leute werden ihnen in Vorpommern zugerechnet. Die Junge Union beispielsweise hat in der Region nicht einmal 50 Mitglieder. Kameradschaften hätten nur ein »einziges Problem«, sagte einmal Tino Müller von der Kameradschaft National-Germanische Bruderschaft in Ueckermünde: Sie seien nicht wählbar. Das Angebot der NPD zur Zusammenarbeit kam also gerade recht.

Gegen Leute wie Gielnik und Müller helfen keine Sozialarbeiter, schrieb vor ein paar Jahren ein Politologe über die Situation in Ueckermünde, »Rechtsextremismus ist hier keine Option für frustrierte, anerkennungsbedürftige Jugendliche. Er ist ein politisches Projekt, für das man sich entscheidet, das eindeutige und klare rechtsextreme Einstellungen voraussetzt und das mit einer durchdachten Strategie verfolgt wird.«[146] Bereits zur Bundestagswahl im September 2005 kandidierten einzelne Kameradschaftskader für die Partei. In Ueckermünde holte Tino Müller mit knapp zehn Prozent das landesweit beste NPD-Ergebnis überhaupt, im Wahllokal seines Wohnviertels kam er sogar auf 21,8 Prozent.[147]

Bis Ende 2005 strömten mehr als hundert Mitglieder der

Kameradschaften in die Nordost-NPD, die Partei ist ein Werkzeug in ihrem Kampf um die politische und kulturelle Hegemonie. In Vorpommern übernahmen sie die Parteistrukturen komplett, und auch der gesamte Landesverband wird heute von den jungen Neonazis dominiert. Die jungen Männer verstehen sich als Elite einer völkischen Bewegung. Sie suchen sich genau aus, wer in ihren Kreisverbänden Mitglied werden darf. Das ist eigentlich nicht im Sinne der Bundespartei, in Berlin schüttelt man über die fast sektenhafte Abschottung ein wenig den Kopf. Dass die Mitgliederzahl der NPD in Mecklenburg-Vorpommern seit Jahren nicht wächst, ist deshalb alles andere als ein Zeichen von Stagnation.

Zur Landtagswahl im September 2006 kandidierte Tino Müller auf Listenplatz 2, Michael Gielnik auf Platz 7. Er wolle »diese Bühne nicht den Feinden unseres Volkes überlassen«, sagte Gielnik damals zur Begründung. Sechs Leute schafften den Sprung ins Parlament. Müller ist seitdem gut bezahlter Abgeordneter, und auch Gielnik konnte fortan hauptamtlich Politik machen, als angestellter Fraktionsreferent. Den Chefredakteur des *Insel-Boten,* Enrico Hamisch, brachte Müller als seinen Wahlkreismitarbeiter in Lohn und Brot.

Ortstermin im August 2007, ein knappes Jahr nach der Landtagswahl: Vor dem Wahlkreisbüro, das Müller sofort in der Ueckermünder Altstadt eingerichtet hat, wartet ein junges Paar mit Baby, drinnen sitzt ein älterer Mann mit seinem Sohn auf dem Ledersofa. Der Kopierer ist nagelneu, es gibt Fax und Laptop. Schon nach einem Jahr im Parlament ist Müller anzumerken, dass er sicherer geworden ist im Reden. »Die kommunale Arbeit ist mir persönlich viel wichtiger«, sagt er, »aber der Landtag ist halt schon auch nützlich.« Dabei geht es nicht nur um Geld, mindestens ebenso wichtig sind Informationen. Bürgersorgen trägt er mit schriftlichen Anfragen nach Schwerin, die Antworten verarbeitet er zu Hause in Flugblättern. So kümmert sich der Kameradschaftsführer im Gewande eines NPD-Abgeordneten um mögliche Krebserkrankungen im Umfeld einer Mobilfunkstation oder die Zukunft der Ueckermünder Justizvollzugsanstalt (»Können bei einer eventuellen Schließung betriebsbedingte Kündigungen ausgeschlossen werden?«). Die Wähler wissen das zu schätzen.

Kurz nach der Wahl ersteigerte sein Wahlkreismitarbeiter zusammen mit dem von Michael Andrejewski im Zentrum von Anklam ein altes Möbelkaufhaus, 500 Quadratmeter für 17 000 Euro. Die Immobilie ist nun Privateigentum der Kameraden. Selbst bei einem NPD-Verbot, freut sich Andrejewski, »haben wir hier verbotssichere Strukturen«. Andrejewski richtete in dem Objekt sein Wahlkreisbüro ein, über die Miete refinanziert die Landtagskasse nun den Immobilienkauf. Er hat eine Druck- und eine Schneidemaschine gekauft, so sind die Kameraden nicht mehr auf externe Druckereien angewiesen.

Das Haus ist eine klassische »National Befreite Zone«. Unter dem Begriff verstanden Neonazis niemals nur Gebiete, in die Ausländer und Andersdenkende sich nicht hineinwagen können, sondern auch Rückzugsorte und Operationsbasen. »Nationalisten müssen sich Eigentum schaffen – für Wohnraum, Werkstätten und Kulturarbeit«, hieß es 1999 in einem NPD-Strategietext.[148] »Nationalisten wollen nicht aus der Gesellschaft aussteigen, sondern sie beeinflussen und verändern«, betonte das Papier – und als Erstes mache man sich »durch tadelloses Auftreten« bei den Nachbarn beliebt. In Vorpommern kommen die Neonazis meist sehr ordentlich daher, die Haare sind kurz, aber nicht zu kurz. Sie tragen Zimmermannshosen und Fischerhemden, die Frauen ziehen gern wallende Röcke an. Gielnik und Müller sagen laut und deutlich guten Tag, wenn sie ein Café betreten, und gehen sie dort aufs Klo, achten sie darauf, hinterher auch das Licht wieder auszumachen.

Der nächste Schritt waren die Kommunalwahlen 2009; in die Kreistage von Ostvorpommern und Uecker-Randow zogen jeweils vier NPD-Abgeordnete ein. In 30 Gemeinden stellte die Partei damals Kandidaten auf, in 28 holte sie Mandate. In Anklam kam sie auf 7,9 Prozent, in Ueckermünde auf 12,1 Prozent, das landesweit beste Ergebnis verzeichnete Klein Bünzow mit 14,3 Prozent – just jenes Dörfchen, in dem mehr als zwanzig Jahre zuvor mit regelmäßigen Blood & Honour-Konzerten die ganze Geschichte begann.[149] 2011 gelang Müller und der NPD der Wiedereinzug in den Landtag, in vorpommerschen Dörfern mit Ergebnissen von bis zu 33 Prozent.[150] Im Wahlkampf hatte die NPD stark auf soziale Themen und fremdenfeindliche Ressentiments gesetzt: »Polen offen? Arbeit futsch, Auto weg!«, lautete ein Plakatslogan. Ein anderer zielte auf ein im Nachbarland geplantes Atomkraftwerk: »Der Atomtod droht aus Polen«.[151]

Nach anderthalb Jahrzehnten sind die Rechtsextremisten in der Gegend auch wirtschaftlich etabliert, ein ganzes Netz von Kleingeschäften haben sie aufgebaut. In Anklam gibt es einen Laden für rechtsextreme Musik und Kleidung. Ein Kamerad eröffnete einen Dachdeckerbetrieb (sein Werbezeichen: die bei Neonazis beliebte Lebensrune). Andere haben sich als Landwirte selbstständig gemacht oder auch mit kleinen IT-Firmen. »Nach außen treten sie als normale Kleingewerbler auf«, sagt Günther Hoffmann, der mit seinem Informationsdienst RexMV seit Jahren die Entwicklung beobachtet. Im Stillen aber stützten sie »die Bewegung«, mit Spenden etwa oder mit Lehrstellen für den Nachwuchs.

Seit einiger Zeit sieht Hoffmann die zweite Generation von Kameraden heranwachsen, junge Leute, meist noch nicht einmal 20 Jahre alt. Sie seien von den älteren Kadern über Jahre geformt worden. »Die suchen sich 13-jährige Jungs, bieten ihnen Sommerlager und Ausflüge und Schulungen«, sagt Hoffmann. Die Anführer fordern auch gute schulische Leistungen – weshalb es viele Eltern gar nicht übel finden, wenn ihre Kinder zum Heimatbund Pommern gehen. Alternative Jugendangebote gibt es in Vorpommern sowieso nur wenige, weil die öffentlichen Kassen notorisch leer sind.

Bei einer Meinungsumfrage im Jahr 2010 bezeichnete ein Drittel der Anklamer die NPD als »normale Partei«. Zwar sagten auch knapp sechzig Prozent, sie wären bereit, sich gegen Rechtsextremismus zu engagieren. Ein Demokratieladen in der Anklamer Innenstadt versucht seit drei Jahren, solche Aktivitäten anzuschieben. Aber es ist ein mühsames Geschäft. Zwei junge Frauen sitzen da in hellen Räumen, sie organisieren Festivals und Lesungen. Die Fenster sind von innen vergittert. Bereits mehrfach wurde der Laden angegriffen, ein Judenstern auf die Scheiben gesprüht, Buttersäure unter der Eingangstür hindurchgegossen.

Vorpommern ist eine anstrengende Gegend für Menschen, die nicht rechts sind. Anfang 2012 wurden in Anklam gleich fünfmal innerhalb weniger Wochen alternative Jugendliche von Rechtsextremen zusammengeschlagen. Zeugen berichteten, Jungnazis hätten mit mehreren Autos regelrechte Hetzjagden veranstaltet. Der Bürgermeister sprach hinterher von einem »Bandenkampf« zwischen »rivalisierenden Jugendgruppen«. Vor allem aber versicherte er, dass »für die allgemeine Bevölkerung keine Gefährdungslage« bestehe: »Der normale Bürger braucht keine Angst haben, aus dem Haus oder durch die Stadt zu gehen.« Als Reaktion auf die Gewalttaten brachte er ein Alkoholverbot auf öffentlichen Plätzen ins Gespräch – was vor allem auf die überschaubare Punkszene Anklams zielt, also gar nicht auf die Täter, sondern die typischen Opfer rechtsextremer Überfälle.[152]

Als Neonazi hingegen kann man sich in Vorpommern zu Hause fühlen. Wenn der Free Fight Club Neubrandenburg zur jährlichen Kampfnacht einlädt, posieren auf den Plakaten auch bekannte Rechtsextreme. Wenn im Vorfeld des Tages der

Befreiung am 8. Mai Alleebäume mit revisionistischer Propaganda besprüht werden, sehen die Behörden darin lediglich Sachbeschädigung und eine Verschandelung des Stadtbildes. Der NPD-Abgeordnete Michael Andrejewski sagt, er könne manchmal kaum glauben, wie sehr ihm die offizielle Politik bei seiner Arbeit helfe. Die neueste Idee der Landesregierung sei die Schließung des Anklamer Amtsgerichts, nun hat er wieder ein Thema zum Profilieren – und als offenbar einziger Lokalpolitiker eine Idee, wie man aktiv reagieren könnte. Schon lange planen er und die Kameradschaften, in der ehemaligen Möbelhalle eine Bibliothek einzurichten. Als »erste freie und deutschfreundliche Volksbücherei« preisen sie das Projekt, neben unverfänglicher Literatur sollen dort auch revisionistische Bücher angeboten werden. Dieses Jahr soll die »Pommersche Volksbücherei« endlich eröffnen, und wenn das Gericht wirklich zumacht, sagt Andrejewski, dann erweitere er die Bücherei um ein paar juristische Ratgeber, halte Vordrucke für Prozesskostenhilfe bereit und andere Dienstleistungen, die man als Bürger sonst im Amtsgericht sucht.

Offen sagt Andrejewski, die NPD sei für ihn nur »ein Instrument«, auch er sei »aus taktischen Gründen in der Partei«. Dann zieht er einen originellen Vergleich: »Die NPD ist wie eine Plastiktüte zum Flugblätter verteilen. Wenn sie schön ist – prima. Wenn sie reißt – naja, dann such' ich mir eben eine neue.«

»Freiheit statt Islam« statt »Ausländer raus!«

Bei Wahlen sind Rechtspopulisten in Deutschland
bislang eher erfolglos. Doch auch ohne Parlamentsmandate
können sie das Klima vergiften

Berlin, ein grauer, feuchtkalter Samstagvormittag im Februar. Auf dem Antonplatz im Berliner Stadtbezirk Pankow steht zwischen dem Nagelstudio »Beauty Nails« und dem Dönerimbiss »Damla Bistro« ein weißer Sonnenschirm mit der Aufschrift »Pro Deutschland«. Aus zwei Lautsprecherboxen dröhnt Schlagermusik gegen den Straßenlärm an. Plakate stehen herum, auf denen ein maskierter Mann zu sehen ist, dazu der Slogan: »Hauptstadt der Angst? Nicht mit uns!«

Die Musik endet, ein korpulenter Herr mit Krücke greift zum Mikrofon. Schwer atmend lehnt er an einem Autoanhänger, über den eine Deutschlandflagge gelegt ist. Kurz beschimpft er die drei Dutzend Gegendemonstranten, die von der Polizei am anderen Ende des Platzes in Schach gehalten werden, als »rotlackierte Faschisten« und polemisiert dann länger gegen »die Griechen«, die bei Sonnenschein am Strand lägen und sich von den in kaltem Klima hart arbeitenden Deutschen aus der Finanzkrise retten ließen.

Ein paar Protestierer rufen: »Schießt Pro Deutschland auf den Mond, damit sich Raumfahrt wieder lohnt!«

Dann hält der Vorsitzende Manfred Rouhs, mit brauner Pudelmütze gegen den deutschen Februar gewappnet, eine geschlagene Stunde lang einen Vortrag – beginnend beim »Bildungsstandort Deutschland« (mit dem es ja bergab gehe, weil heute bekanntlich alle Schüler nur noch gute Zensuren bekämen) über den »globalisierten Finanzkapitalismus« (der dem kleinen Arbeiter das Geld aus der Tasche ziehe) bis zum Versprechen, Pro Deutschland werde sich nie vom Politikbetrieb oder von Großunternehmen korrumpieren lassen. Drei jüngere Männer verteilen derweil Postkarten mit der Forderung »RAUS aus dem EURO!« Die meisten Passanten winken ab oder steuern den nächsten Papierkorb an. So sieht es aus, wenn die derzeit wichtigste rechtspopulistische Partei Deutschlands eine Kampagne veranstaltet.

In den Nachbarländern wirbeln ähnliche Gruppierungen teils seit den Achtzigerjahren die politische Landschaft durcheinander. In Frankreich wie in Österreich, in Dänemark wie in Holland fahren sie regelmäßig zweistellige Wahlergebnisse ein, sitzen gar in Regierungen. Doch hierzulande bekommen Rechtspopulisten bei Wahlen fast nie einen Fuß auf den Boden. Warum eigentlich?

Ein Potenzial scheint auch in Deutschland vorhanden, in den Medien zum Beispiel floriert der Rechtspopulismus. Die islamfeindliche Website *Politically Incorrect* zum Beispiel gehört zu den meistgelesenen deutschen Politikblogs überhaupt. Der Ex-Bundesbanker Thilo Sarrazin erreichte mit einem ressentimentgeladenen Buch eine Millionenauflage. Meinungsumfragen belegen immer wieder, dass rechtsextreme Einstellungen weit verbreitet sind, Ausländerfeindlichkeit zum Beispiel ist bei gut einem Viertel der Bevölkerung zu finden, Chauvinismus bei fast einem Fünftel.[153]

Doch in den Wahlergebnissen von Parteien jenseits der Union schlägt sich das selten nieder. Ein Grund dafür ist sicherlich die besondere deutsche Vergangenheit; alles, was auch nur leicht nach Nationalsozialismus riecht, war und ist für größere Teile der Bevölkerung tabu. Doch auch in

Deutschland sucht die extreme Rechte nach neuen Wegen. Jedenfalls sollte man den Rechtspopulismus nicht unterschätzen – denn das öffentliche Klima lässt sich auch ohne Parlamentsmandate vergiften.

»Populismus« ist ein unscharfer Begriff. Umgangssprachlich wird ein Politiker schon populistisch genannt, wenn er den Massen nach dem Mund redet und einfache Lösungen propagiert. In der Wissenschaft wird der Begriff enger verwendet und meint eine Politik, die ihre Agitation auf einen angeblichen Gegensatz zwischen »korrupten Eliten« und »einfachem Volk« aufbaut. Populisten suggerieren, dass es so etwas wie »den Volkswillen« gibt und ignorieren die für moderne Gesellschaften typische Zersplitterung in viele Gruppen mit differierenden Interessen – unter denen dann im politischen Prozess Kompromisse auszuhandeln sind.

Rechtspopulisten meinen dabei mit »Volk« implizit oder explizit eine ethnisch reine Gemeinschaft. Allgemein verbreitete autoritäre Vorstellungen und rassistische Vorurteile werden von ihnen ausgenutzt, diffuse Ressentiments verstärkt. Zwar greifen Rechtspopulisten in der Regel auch Mächtige an: Regierungsparteien, Behördenapparate, Großunternehmen, die USA – aber denen machen die Anwürfe wenig aus. Gefährlich sind Rechtspopulisten, weil sie aus ihrem idealisierten »Volk« solche Menschen ausgrenzen, die nicht ihren Maßstäben entsprechen; dies sind meist religiöse, ethnische und sexuelle Minderheiten oder sozial Schwache – und die sind rechtspopulistischen Hasspredigten oder den Angriffen, die bisweilen daraus folgen, schutzlos ausgeliefert.

»Populistische Bewegungen sind ein Phänomen gesellschaftlicher Modernisierungskrisen«, schreibt der Politikwissenschaftler Frank Decker, »sie treten auf, wenn infolge zu raschen Wandels oder zu großer Verwerfungen bestimmte Bevölkerungsgruppierungen die Orientierung verlieren und von Zukunftsangst geplagt werden.«[154] Diese Bevölkerungsgruppen werden dann mobilisiert, ihre Ängste in bestimmte Richtungen kanalisiert. Frühere Zustände werden häufig romantisierend verklärt, das Weltbild ist von einem klaren Freund-Feind-Denken geprägt. Populisten machen gern Sündenböcke für alle möglichen Entwicklungen verantwortlich, sie lieben Verschwörungstheorien. Machbare Lösungen für die Probleme, die sie ansprechen (und die ja oft tatsächlich existieren), haben Populisten nur selten. Empfänglich für ihre Angebote sind nicht nur tatsächliche Verlierer von Modernisierungsprozessen, es genügt schon die Wahrnehmung eines sozialen Abstiegs oder die Angst, bald davon betroffen zu sein.

Rechtspopulisten übernehmen manche Positionen rechter oder konservativer Parteien, spitzen diese zu und verbinden sie mit einer Kritik der parlamentarischen Demokratie, beteuern gleichzeitig aber ihre Treue zum Grundgesetz. Sie vermischen gern Probleme, die nichts miteinander zu tun haben, und bauen Feindbilder auf, um sich dann selbst als moralische Instanz und universelle Problemlöser anzudienen. Typisch ist diese Aussage von Pro NRW: »Massenzuwanderung trotz millionenfacher Arbeitslosigkeit, immense Staatsverschuldung, hohe Kriminalität und arrogante Entscheidungen wider den Volkswillen – das hat Unmut hervorgerufen. Die Bürgerbewegung Pro NRW tritt an, um der ›schweigenden Mehrheit‹ wieder eine Stimme zu geben.«[155]

Wissenschaftler unterscheiden mehrere Varianten von Rechtspopulismus:[156] Beim Sozialpopulismus zum Beispiel steht die Kritik an einem vermeintlich überbordenden und die Wirtschaft lähmenden Wohlfahrtsstaat im Vordergrund. Der Kriminalpopulismus konzentriert sich auf die verbreitete Angst vor Straftaten, fordert ein härteres Vorgehen des Staates gegen Straftäter, aber auch gegen Gruppen wie Bettler und Obdachlose. Von Nationalpopulismus wird gesprochen, wenn die angebliche Privilegierung von Zuwanderern oder eine (kulturelle) Überfremdung beklagt wird. In der Praxis vermischen sich diese Typen, die meisten populistischen Gruppen setzen auf mehrere Themen.

Der Begriff geht ursprünglich zurück auf die *Populist Party,* in der sich Ende des 19. Jahrhunderts in den USA Farmer sammelten, die unter dem Preisverfall für landwirtschaftliche Produkte zu leiden hatten. Bei der Präsidentschaftswahl 1892 siegte der Kandidat der Populisten in vier agrarisch geprägten Bundesstaaten und gewann insgesamt mehr als eine Million Stimmen, um die Jahrhundertwende stellte die Partei mehrere Gouverneure und Dutzende Kongressabgeordnete, darunter sechs Senatoren. Bis heute ist es in der US-Politik nicht ehrenrührig, als »Populist« zu gelten, die Tea Party könnte man momentan als mächtigste rechtspopulistische Bewegung der Welt bezeichnen.

In Europa tauchte das Phänomen erstmals in den Fünfzigerjahren des letzten Jahrhunderts in Frankreich auf. Nachdem die Pariser Zentralregierung begonnen hatte, Steuern strenger einzutreiben, rief der Buch- und Papierhändler Pierre Poujade zu einem Zahlungsboykott und Widerstand gegen die »Fiskalgestapo« genannte Steuerpolizei auf. In den folgenden Jahren sammelten sich hinter ihm Kleingewerbetreibende und Mittelständler. Poujade mobilisierte seine Anhänger auch mit antisemitischen Untertönen, wenn er auf die jüdische Herkunft einiger französischer Spitzenpolitiker hinwies. Bei den Wahlen 1956 holte die Poujadisten-Partei UDCA (Union zur Verteidigung der Händler und Handwerker) 11,6 Prozent der Stimmen und entsandte 52 Abgeordnete in die Nationalversammlung, darunter übrigens ein junger Mann namens Jean-Marie Le Pen.

In den Achtzigerjahren erlebten dann in vielen westeuropäischen Staaten rechtspopulistische Parteien einen steilen Aufstieg; sie orientieren sich jeweils an den Verhältnissen ihrer eigenen Länder und unterscheiden sich deshalb teilweise deutlich in ihrer Schwerpunktsetzung. Den Anfang machte der Front National (FN) in Frankreich, einer der Mitgründer: Jean-Marie Le Pen. Mit Forderungen zur Beschränkung der Einwanderung erreichte der ehemalige Fremdenlegionär regelmäßig zweistellige Ergebnisse bei den Präsidentschaftswahlen (2002 lag er sogar vor dem Sozialisten Lionel Jospin auf dem zweiten Platz). Seit 1984 sitzt Le Pen fast ununterbrochen im Europaparlament, in drei Großstädten eroberte der FN ab Mitte der Neunzigerjahre die Oberbürgermeisterposten.

In Österreich formte Jörg Haider die einst liberale FPÖ nach seiner Wahl zum Vorsitzenden 1986 zu einer national-populistischen Partei, 1999 erreichte sie fast 27 Prozent der Stimmen und wurde in einer Koalition mit der konservativen ÖVP Regierungspartei. Nach dem Fall des Eisernen Vorhangs fassten rechtspopulistische Parteien auch in Osteuropa Fuß, etwa in Ungarn oder in Polen. In Italien setzte Anfang der Neunzigerjahre die sezessionistische und migrantenfeindliche Lega Nord unter Umberto Bossi zu einem Höhenflug an, regierte bald ebenfalls mit und stellt in Norditalien bis heute zahlreiche Provinzpräsidenten.

In der Schweiz stieg die SVP unter dem Milliardär Christoph Blocher mit antiislamischen Kampagnen bis zur stärksten Partei auf. In Dänemark ließ sich seit 2001 eine liberal-konservative Regierung von der rechtspopulistischen Volkspartei tolerieren. In den Niederlanden gelang 2002 der Liste Pim Fortuyn ein spektakulärer Wahlerfolg, 2006 und 2010 der ebenfalls islamfeindlichen Freiheitspartei von Geert Wilders, die fortan wie in Dänemark eine Mitte-Rechts-Minderheitsregierung stützte und so unter anderem ein Burkaverbot durchsetzen konnte.

Rechtspopulisten grenzen sich selbst, oft äußerst wortreich, von (Rechts-)Extremisten und Gewalttätern ab. Aber wohin ihre Ideologie führen kann, zeigte sich spätestens im Juli 2011, als in Norwegen der Islam- und Linkenhasser Anders Behring Breivik 77 Menschen tötete – von 1999 bis 2006 war er Mitglied der rechtspopulistischen Fortschrittspartei gewesen und bis zu seiner Tat in muslimfeindlichen Internetforen aktiv. Fünf Jahre zuvor hatte im belgischen Antwerpen der rassistische Amokläufer Hans van Themsche zwei Migrantinnen getötet und eine weitere schwer verletzt – er stammte aus einer Familie von Aktivisten des rechtspopulistischen Vlaams Belang.

Republikaner, STATT Partei und ein Hamburger Amtsrichter

In Deutschland hingegen ist Rechtspopulismus bis heute eine Randerscheinung geblieben, zumindest im parteipolitischen Raum. Erst ab Ende der Achtzigerjahre und damit später als sonst in Westeuropa erzielte er überhaupt Wahlerfolge. Und trotz vielfältiger Versuche hat er sich auch nach zwei Jahrzehnten nicht flächendeckend etablieren können.

Den ersten Anlauf machten die Republikaner. Gegründet wurde die Partei 1983 von zwei abtrünnigen CSU-Bundestagsabgeordneten, die vor allem über die Annäherungspolitik gegenüber der DDR verärgert waren, und dem prominenten Fernsehjournalisten Franz Schönhuber. Anfangs gelang es den Republikanern, etliche Unionsleute zu werben und eine relativ bürgerliche Reputation zu wahren. 1985 übernahm Schönhuber den Vorsitz, machte mit Harald Neubauer einen ehemaligen NPD- und DVU-Mann zum Generalsekretär und steuerte die Partei nach rechtsaußen – sein Vorbild war Le Pens Front National.

Bei der bayerischen Landtagswahl 1986 errangen die Republikaner mit drei Prozent einen Achtungserfolg. Im Januar 1989 zogen sie dann in Westberlin überraschend mit 7,5 Prozent ins Abgeordnetenhaus ein, und bei der Europawahl im Juni war das Ergebnis kaum schlechter. Die aus beiden Erfolgen resultierende Wahlkampfkostenerstattung ermöglichte einen Aufbau bundesweiter Strukturen. In Baden-Württemberg gelangen 1992 und 1996 (10,9 bzw. 9,1 Prozent) noch einmal aufsehenerregende Ergebnisse, aber danach folgte ein unaufhaltsamer Abstieg. Heute sind die Republikaner eine Splittergruppe, etliche Mitglieder sind zur neuen »Pro-Bewegung« übergelaufen, ganze Landesverbände zur NPD. Die Partei hält nur noch wenige Kommunalmandate, im Verfassungsschutzbericht taucht sie seit 2006 nicht mehr auf.

Spätere Versuche endeten noch schneller. Die STATT Partei zum Beispiel schaffte nur einen einzigen Wahlerfolg, im September 1993 in Hamburg. Von einem Anwalt im Protest gegen mangelnde Demokratie innerhalb der Hamburger CDU gegründet, kam sie bei der folgenden Bürgerschaftswahl auf 5,6 Prozent und wurde aus dem Stand Juniorpartner in einer Koalition mit der bis dahin allein regierenden SPD. Das Programm – Kritik des »Parteienstaates«, mehr direkte Demokratie, Rückzug von Parteienvertretern aus Behörden, Rundfunkanstalten und öffentlichen Unternehmen – erregte auch bundesweit Aufmerksamkeit. In Wahlumfragen kam sie zeitweise auf sechs Prozent, rund 50 Prozent erklärten sogar, sie hielten die STATT Partei oder eine ähnliche Gruppierung für notwendig. Doch die Gründer waren heillos überfordert, Chaoten und rechtsextreme Trittbrettfahrer drängten in die Partei. In Hamburg wurden die Newcomer von der SPD ausmanövriert, die Bürgerschaftsfraktion zerstritt sich, bei der nächsten Wahl hatte man kaum etwas vorzuweisen und scheiterte an der Fünfprozenthürde.

Aus der Unzufriedenheit der Deutschen mit der EU und dem Verlust ihrer D-Mark versuchten gleich mehrere Organisationen Kapital zu schlagen. 1994 etwa gründete der frühere bayerische FDP-Chef Manfred Brunner den Bund freier Bürger – und blieb bei der Europawahl im selben Jahr bei gut einem Prozent hängen. Auch eine Unterstützung durch Haiders FPÖ oder den damals relativ bekannten, nationalliberalen Ex-Generalbundesanwalt Alexander von Stahl nützte nichts. 1998 fusionierte die Partei mit der Offensive für Deutschland, die der hessische FDP-Rechtsausleger Heiner Kappel gegründet hatte. Auch das brachte keinen Erfolg. Die Partei Pro DM, die der Börsenspekulant Bolko Hoffmann 1998 gestartet und mit Millionensummen finanziert hatte, schaffte ebenfalls nirgends den Einzug in einen Landtag, das höchste Bundestagswahlergebnis waren 0,9 Prozent.

Den hiesigen Rechtspopulisten fehle halt ein charismatischer Anführer, lautet eine häufige Erklärung für die prekäre Lage. Ein deutscher Haider oder ein deutscher Le Pen würde alles ändern.

Nein, sagt der Berliner Politologe Richard Stöss, der Personenfaktor werde oft überschätzt – viel wichtiger seien die Inhalte. Rechtspopulisten müssten, wollen sie erfolgreich sein, »eine gesellschaftlich relevante Konfliktposition vertreten, durch die sie sich deutlich von den etablierten Parteien unterscheiden«, so Stöss. Sie hätten Chancen, »wenn diese Probleme von größeren Teilen der Bevölkerung als besonders wichtig eingestuft werden, wenn die Rechtsaußen-Parteien als vorrangige Sachwalter dieser Probleme gelten und ihnen zur Lösung dieser Probleme besondere Kompetenzen zugeschrieben werden«.[157]

Diese Voraussetzungen waren Ende der Achtziger-, Anfang der Neunzigerjahre erfüllt, als die Republikaner ihre Erfolge feierten: Die Asyldebatte kochte damals (angefacht auch von Teilen der Union); Einwanderung stand in Umfragen kurzzeitig ganz oben auf der Liste der als wichtig erachteten Probleme. Die Reps hatten radikalere Vorschläge als alle etablierten Parteien, und bei diesem Thema schrieb ihnen die Bevölkerung auch eine Kompetenz zu. Natürlich half Schönhubers Darstellungstalent – aber es nützte plötzlich nicht mehr viel, als ab Sommer 1993 wieder die Arbeitslosigkeit auf Platz Eins der Problemagenda rückte. Die Republikaner agitierten genau wie vorher gegen »Überfremdung«, aber die Öffentlichkeit hatte nun wieder andere Sorgen.

Folgt man Stöss, so stehen alle Anti-EU-Parteien vor der Schwierigkeit, dass die Europäische Union zwar unbeliebt ist, aber nicht als dringliches Problem angesehen wird. Zudem gibt es auch in den etablierten Parteien – von CSU bis Linkspartei – etliche Europakritiker. Die Eurokrise rangiert zwar inzwischen weit oben auf der Prioritätenliste der Wähler, doch gelten Rechtspopulisten bei dem Thema als wenig kompetent. Kurz vor der Wahl zum Berliner Abgeordnetenhaus im September 2011 startete die FDP einen Testballon – angesichts desaströser Umfragewerte klebte sie Plakate mit dem Slogan »Berlin darf nicht die Euro-Zeche zahlen«. Doch auch das verhinderte nicht, dass die Liberalen auf 1,8 Prozent der Stimmen abstürzten.

Hingegen stimmten alle Erfolgsbedingungen, als 2001 in Hamburg Ronald Schill zur Bürgerschaftswahl antrat: Die regierende SPD hatte die innere Sicherheit lange vernachlässigt, Drogen- und Jugendkriminalität galten als Problem. Als Amtsrichter konnte Schill eine gewisse Lösungskompetenz für sich reklamieren. Die in Hamburg dominierenden Zeitungen des Springer-Verlags hofierten ihn. Einige seiner Forderungen, unter anderem nach Kastration gewisser Sexualstraftäter, unterschieden sich mehr als deutlich von denen der etablierten Parteien. Mit 19,4 Prozent fuhr Schill schließlich das höchste Ergebnis ein, dass jemals einer neu antretenden Partei bei einer Landtagswahl glückte. Doch die bundesweite Ausdehnung scheiterte, auch weil in anderen Ländern und erst recht auf Bundesebene die innere Sicherheit den Wählern nicht so wichtig war. Als sich die Partei dann intern zerstritt (der Gründer attestierte ihr selbst ein »Querulantenproblem«) und Schill in Hamburg entzaubert wurde (er musste reihenweise Wahlversprechen kassieren, machte mit Skandalen von sich reden und wurde am Ende vom Regierenden Bürgermeister entlassen), versank der Amtsrichter wieder in der Versenkung. Heute verzehrt Schill in Rio de Janeiro seine Pension.

Pro Köln – Rechtspopulismus,
getarnt als Bürgerinitiative

Und nun also die »Pro-Bewegung«. Wie ein Franchise-Unternehmen versucht sie seit ein paar Jahren, an möglichst vielen Orten mit jeweils selbstständigen Organisationen aufzutreten. Die Masche ist stets gleich: Man gibt sich als lokale Bürgerinitiative, greift mit Petitionen Themen auf, die jeweils vor Ort umstritten sind und spitzt diese rechtspopulistisch zu. (Ganz neu ist die Strategie nicht, in den Achtzigerjahren etwa agitierten Rechtsextreme unter dem Deckmantel einer »Bürgerinitiative Demokratie und Identität« gegen Asylbewerberheime.[158])

Den Anfang machte ab 1996 Pro Köln, gegründet von einem ehemaligen Mitglied der rechtsextremen Deutschen Liga für Volk und Heimat (DLVH), die ab Anfang der Neunzigerjahre enttäuschte NPDler und Republikaner sammeln sollte, aber bald scheiterte. Schlüsselfiguren waren der Rechtsanwalt Markus Beisicht und der Verleger Manfred Rouhs, beide saßen zuvor für DLVH und Republikaner im Kölner Stadtrat. Beisicht hatte 1993 größeres Aufsehen erregt, als er 1000 Mark Kopfgeld auf eine untergetauchte Asylbewerberin aussetzte.

Die »Bürgerbewegung pro Köln« startete dann eine Kampagne nach der nächsten, mal ging es gegen eine Klinik für Straftäter, mal gegen einen Straßenstrich, mal gegen ein Heim für bosnische Roma.[159] Stets wurde versucht, Ressentiments gegen Randgruppen zu schüren, Anwohnerproteste aufzugreifen oder zu initiieren. »Die Gruppierung stellt sich selbst als konservativ dar, arbeitet allerdings eng mit Neonazis und anderen Rechtsextremisten zusammen«, hieß es im nordrhein-westfälischen Verfassungsschutzbericht 2003. Auf ihren Demonstrationen waren damals auch militante Neonazi-Kameradschaften und NPD-Mitglieder zu sehen.

2004 zog Pro Köln mit 4,7 Prozent in den Stadtrat ein. Dort wurden die Abgeordneten umgehend aktiv. In großer Zahl stellten sie Anträge und Anfragen und nutzten dabei Details der Geschäftsordnung so aus, dass ihre Initiativen zu Beginn der Stadtratssitzungen behandelt werden mussten – damit die Zuschauer, die meist nicht lange bleiben, einen möglichst starken Eindruck von Pro Köln bekommen. Fast dreißig Prozent der Anträge hatten Korruption oder den Kölschen Klüngel zum Thema, es gab außerdem viele Initiativen zu sozialen Fragen oder Sicherheit und Ordnung.[160]

Zum zentralen Thema für Pro Köln entwickelte sich eine im Stadtteil Ehrenfeld geplante große Moschee. Weil alle Stadtratsfraktionen (im Falle der CDU allerdings gegen innerparteiliche Widerstände) für das Projekt waren, besaß man die für einen Erfolg wichtige Monopolposition bei einem relevanten Thema. Mit einem Bürgerbegehren, Demonstrationen und zwei sogenannten Anti-Islamisierungskongressen hielt sich Pro Köln über Jahre in den Schlagzeilen.

In einem Interview mit der ultrarechten *Jungen Freiheit* gab Markus Beisicht einmal offen zu, dass es dabei weniger um die Inhalte ging, als darum, irgendwie Erfolg zu haben. »In den Neunzigerjahren waren alle herkömmlichen rechtsbürgerlichen Oppositionsprojekte an einen toten Punkt gelangt«, so der Ex-Rep Beisicht. »Es war klar, wir mussten etwas Neues erfinden: Statt einer bundesweiten Partei haben wir mit Pro Köln den entgegengesetzten Ansatz gewählt – den einer kommunalen Bürgerbewegung.«

Zwischenfrage des Interviewers: »Pro Köln ist also keine Anti-Moscheebau-Bürgerinitiative, sondern ein rechtes Parteiprojekt, das nur in diesem Gewand daherkommt?«

Beisicht: »So könnte man sagen. Das Thema Islamisierung

drückt die Menschen und es liegt uns politisch nahe, also haben wir es uns ausgesucht. Wir haben nach Inhalten Ausschau gehalten und waren anfangs selbst überrascht, welche außerordentliche Resonanz wir mit dem Thema gefunden haben. Gerade in Großstädten kann man damit punkten! Wir haben die Marktlücke besetzt, und es ist uns der Einbruch in Schichten gelungen, die wir sonst nicht erreicht hätten.«[161]

In der Tat hat sich der Islam in den vergangenen Jahren als Gewinnerthema für die Rechtspopulisten erwiesen. An die Stelle des alten völkisch-nationalistischen Rassismus der extremen Rechten setzen sie einen neuartigen Kulturalismus: Angegriffen werden nun nicht mehr fremde Rassen oder Ethnien, sondern Kulturen und mit diesen angeblich zwangsläufig verbundene kulturelle Praktiken. So können Rechtspopulisten real existierende Probleme aufgreifen, die von allen Demokraten und auch Linken kritisiert werden: Unterdrückung von Frauen, häusliche Gewalt oder militante Missionierung durch Muslime.

Der Trick von Gruppen wie Pro Köln ist eine Generalisierung von Missständen. Archaische Traditionen oder auch Unterschichtsphänomene werden als typisch für gewisse Kulturen bezeichnet – und diesen dann eine »deutsche Leitkultur« entgegengestellt. Soziale Probleme lassen sich so ethnisch umdeuten, die Zustände in so mancher deutschstämmigen Hartz-IV-Familie fallen dabei unter den Tisch. Das Ergebnis dieser Konstruktion ist ein klares Feindbild: »die Muslime«. Dabei wird wenig unterschieden zwischen dem Islam als Religion, dem Islamismus als politischer Bewegung und dem islamistischen Terrorismus. Am Ende steht jeder Muslim unter dem Generalverdacht, seine Frau zu schlagen oder Bomben zu legen.

Rassismus wird auf diese Weise als Kulturkampf kaschiert. »Freiheit statt Islam« klingt einfach besser als »Ausländer raus!« Muslime stehen in der Argumentation oft als Chiffre für Einwanderer generell. Und eine Ablehnung des Islam gilt den Rechtspopulisten als konsensfähig bis weit in die Mitte der Gesellschaft hinein – durchaus zu Recht. Laut einer di-map-Umfrage stimmen 37 Prozent der Deutschen der Aussage zu, »ein Deutschland ohne Islam wäre besser«.[162]

Der Neubau von Moscheen und Minaretten dient Rechtspopulisten als symbolischer Angriffspunkt. Solche Projekte sind leicht emotionalisierbar, zu den Ressentiments gegen Muslime treten noch die üblichen Vorbehalte von Anwohnern gegen Bauvorhaben in ihrer Nachbarschaft. Durchaus geschickt bedient sich Pro Köln dabei einer – wie es der Düsseldorfer Sozialwissenschaftler Alexander Häusler nennt – »ritualisierten öffentlichkeitsorientierten Eskalationsstrategie«:[163] Konflikte würden aggressiv geschürt, um Aufmerksamkeit und Gegenproteste hervorzurufen. Diese würden dann als Anlass genommen, sich als Opfer von »Meinungsdiktatur«, »Political Correctness« und »linkem Gesinnungsterror« zu inszenieren, was die Hitzigkeit der Debatte erhöht. Und so weiter. Bürgerbegehren und Bürgerentscheide ermöglichen zudem, rassistische Kampagnen als direktdemokratisches Mitbestimmungsangebot zu verpacken. Der Erfolg bestätigte das Kalkül: Bei der Kommunalwahl 2009 schnitt Pro Köln mit 5,4 Prozent sogar noch etwas besser ab als fünf Jahre zuvor.

Pro NRW, Pro Deutschland – und nicht Die Freiheit

Über die Ausweitung ihres Projekts zerstritten sich Beisicht und Rouhs. Klar war, dass das Kölner Modell exportiert werden sollte – aber Beisicht sah als nächsten Schritt die Landesebene und gründete Pro NRW. Rouhs hingegen hatte schon in den Achtzigerjahren für die nordrhein-westfälische NPD Wahlkämpfe gemanagt und dabei erfahren, wie schwer es ist, in einem großen Flächenland den Durchbruch zu schaffen; er hielt Wahlantritte in Stadtstaaten für aussichtsreicher – und ging nach Berlin.

Durchschlagenden Erfolg hatte (bisher) keiner von beiden. Der Aufbau von Pro NRW verläuft schleppend, bei den letzten Kommunalwahlen 2009 standen seine Ableger nur auf jedem fünften Stimmzettel. Doch wo sie antraten, holten Pro-NRW-Gruppen Mandate, zum Beispiel in Bonn, Gelsenkirchen und Leverkusen oder in vier Kreistagen im Rheinland. Die nächste Wahl, 2010 zum Landtag, erbrachte dann lediglich 1,4 Prozent der Stimmen. Bei der vorgezogenen Neuwahl 2012 setzte Pro NRW wieder auf seine Eskalationsstrategie: Man ging mit einer antiislamischen Karikaturenausstellung auf Tournee, stellte die Arbeiten in direkter Nähe zu Moscheen aus – als radikale Salafisten mit gewalttätigen Protesten reagierten, war Pro NRW in den Schlagzeilen und konnte sich als Opfer darstellen. Die Wahl endete aber schließlich auch nur mit 1,5 Prozent.

Der Verfassungsschutz beobachtet die Entwicklung mit zunehmender Besorgnis: Nachdem man seit 2004 lediglich vom »Verdacht« auf rechtsextremistische Aktivitäten sprach (wogegen Pro Köln erfolglos klagte), attestiert das Landesamt Pro Köln und Pro NRW seit 2011 »tatsächliche Anhaltspunkte für verfassungsfeindliche Bestrebungen«. Die Mitgliederzahl wird auf rund 350 beziffert.[164] Unter ihnen finden sich, wie eine Razzia Ende April 2012 zeigte, auch militante Autonome Nationalisten.

Derweil versucht Manfred Rouhs einen anderen Weg. Mit Pro Deutschland will er bundesweit an aussichtsreichen Orten punktuelle Brückenköpfe etablieren. Lokale Pro-Gruppen gibt es zum Beispiel in Chemnitz, Heilbronn, Mainz oder eben Berlin. Man sei eine »Bürgerbewegung«, die »den abendländischen Charakter« des Landes »bewahren« wolle, heißt es in der Präambel des Grundsatzprogramms. Doch bisher ist Pro Deutschland nur ein winziges Häufchen. Der Rechenschaftsbericht für 2010 weist exakt 256 Mitglieder aus, der Jahresetat betrug bloße 62 000 Euro.[165]

Doch Rouhs hat etwas, was vielen Akteuren der extremen Rechten fehlt: eine fast preußisch wirkende Arbeitsdisziplin. Er ist Ende vierzig, aber schon seit mehr als dreißig Jahren in der Szene aktiv. Nachdem er sich kurz bei der Jungen Union ausprobiert hatte, trat er 1981 in die NPD-Jugendorganisation Junge Nationaldemokraten (JN) ein, wurde bald Landeschef in Nordrhein-Westfalen. In der NPD gab es damals (wie eigentlich immer) Richtungskämpfe, Rouhs gehörte zu jenen, die eine allzu offene Hitler-Nostalgie ablehnten. 1984 erschien in der Zeitschrift *Die Bauernschaft* des Auschwitzleugners Thies Christophersen ein Leserbrief, der mit seinem Namen unterschrieben war. »Im 3. Reich« seien, hieß es da, »keine 6 Millionen Juden vergast oder sonstwie ermordet worden«, und »auch den 2. Weltkrieg haben wir Deutschen nicht verschuldet«. Trotzdem, so der Leserbriefschreiber, spreche er sich gegen den Nationalsozialismus aus, sondern sei für einen »demokratischen und sozialistischen NEUEN NATIONALISMUS«.[166] Rouhs sagt, der Brief sei nicht von ihm, ein innerparteilicher Gegner müsse das Schreiben gefälscht haben, um ihn zu diskreditieren. 1987 stieg er bei der NPD aus, wo er in der Folgezeit so verhasst war, dass ihm das Parteiblatt *Deutsche Stimme* einen ganzseitigen Schmähartikel widmete.

Rouhs ging zu den Republikanern, die damals im Aufwind und von Hitlerismus weniger belastet waren. Er baute den Kreisverband Köln auf und zog zum ersten Mal in den Stadtrat ein, war im rechtsextremen Ring Freiheitlicher Studenten (RFS) aktiv, arbeitete schon zu jener Zeit mit Markus Beisicht zusammen. Rouhs ist ein typischer Bewegungsarbeiter, bei ihm verschmelzen Politik und restliches Leben. Ebenfalls 1987 gründete er einen kleinen Verlag, mit dem er bis heute eine rechte Zeitschrift herausgibt, daneben betreibt er einen Buchversand und diverse Internetseiten.

Pro Deutschland und Rouhs sind kaum voneinander zu trennen. Die Partei hat ihre Geschäftsstelle – zwei kleine Zimmer plus Sitzungsraum – in einem DDR-Plattenbau in Berlin-Marzahn, keine Topgegend, aber preiswert. Eine Tür weiter sitzt der Verlag Manfred Rouhs. Plakatpappen aus dem letzten Wahlkampf stapeln sich bis unter die Decke. Der Tisch ist übersät mit Briefumschlägen und anderem Verpackungsmaterial für den Versand. Hinter ihm im Bücherregal steht der Große Brockhaus. Spricht man mit Rouhs, wird schnell klar, dass er kein Rechtspopulist ist, sondern eigentlich ein Neuer Rechter – also ein Anhänger jener Denkschule, die seit den Siebzigerjahren des letzten Jahrhunderts von Frankreich aus und angeführt von Alain de Benoist den Rechtsextremismus mit neuen ideologischen Konzepten modernisiert hat. Rouhs' Ziel ist nicht eine rassisch reine Volksgemeinschaft; er sagt bloß, dass eine funktionierende Demokratie zwei Dinge brauche: eine Nation »mit gemeinsamer Sprache und gemeinsamem kulturellem Hintergrund«.

Seit mehr als zwei Jahrzehnten arbeitet Rouhs daran, als Verleger und Politiker, erst mit JN, Reps und DLVH, nun mit Pro Deutschland. Wie die Pseudo-Bürgerinitiativen funktionieren, hat Rouhs in einem Aufbaukonzept niedergeschrieben:[167] Man brauche nicht mehr als zwei, drei Leute, ein Postfach, eine Internetseite und ein Girokonto, um eine lokale Pro-Gruppe zu gründen. »Wichtig ist es, ein regelmäßiges Treffen zu installieren, am besten wöchentlich«, heißt es in dem Papier, »dabei sollten Ort und Uhrzeit immer gleich sein.« Der zweite Schritt seien Petitionen, so Rouhs, die Themen dafür suche man sich in der Lokalzeitung. Deren Text »darf nicht ausländerfeindlich sein«, so die Mahnung, »Seriösität ist wichtig!«

Die Petitionen dienen vor allem dazu, eine Adressdatenbank aufzubauen – »unser wichtigstes politisches Kapital«. An alle Erfassten solle fortan regelmäßig Infomaterial verschickt werden, um sie langfristig zu binden. »Zudem müssen die Adressen an den Bundesverband weitergegeben werden«, also an

Rouhs. Dieses Procedere – Thema finden, Petition schreiben, Adresse speichern – werde »ständig wiederholt«, bis der Adressenbestand zwei Prozent aller Haushalte der jeweiligen Stadt enthält. Damit sei man dann »zu hundert Prozent wahlkampffähig, denn hinter zwei Prozent der Haushalte stehen – die bei Kommunalwahlen typischerweise niedrige Wahlbeteiligung vorausgesetzt – rund vier Prozent der Wähler«. Rouhs: »Der Erfolg des Ratseinzuges ist nach diesem Verfahren sicher.«

Großspurig trat Rouhs mit Pro Deutschland im September 2011 zur Wahl in Berlin an. Was in Köln geklappt hat, gab er sich sicher, werde in »einer Stadt, die ungleich mehr soziale Probleme hat, erst recht möglich sein«. Doch am Ende standen lediglich 1,2 Prozent – weit entfernt vom Parlamentseinzug, aber immerhin genug, um künftig Gelder aus der öffentlichen Parteienfinanzierung zu bekommen. Rouhs denkt ohnehin langfristig. Monat für Monat, hat er ausgerechnet, gebe es jetzt 6000 Euro vom Staat. Damit will er eine kostenlose Zeitung im Boulevardstil starten.

Mit dem Islamisierungsthema »sind wir in Berlin nicht gut gefahren«, gibt Rouhs rückblickend zu. »Zuwanderung an sich lehnt der Berliner nicht ab.« Künftig werde Pro Deutschland auf andere Themen setzen, auf den Euro und Kriminalität, soziale Ungerechtigkeit und die »Zuwanderung in die Sozialsysteme«. Doch das sind alles keine Themen, die weit oben auf der Prioritätenliste der Wähler stehen.

Am meisten, sagt Rouhs, habe die Konkurrenz geschadet. Die Piratenpartei habe »einiges vom Protestpotenzial abgefischt«. Rechts von ihm war zudem die NPD angetreten, »eine Partei, die mir sehr im Weg steht«; um sich zu rächen, überlegt er nun, mit Pro Deutschland 2014 in deren Hochburg Sachsen anzutreten. Und, sagt Rouhs, »dann kam auch noch Stadtkewitz«.

Er meint den Ex-CDU-Mann René Stadtkewitz, der im Oktober 2010 nach dem Vorbild des holländischen Islamfeindes Geert Wilders eine Partei namens »Die Freiheit« gegründet hatte. Bei ihrem Start waren die Erwartungen groß: Anders als bei Pro Köln sollte es keine Probleme mit der rechtsextremistischen Vergangenheit einzelner Mitglieder geben. Eine glaubwürdige und saubere Partei wollte man den Wählern bieten mit einem zumindest leidlich erfahrenen Politiker an der Spitze. Anders als bei den Pro-Gruppen, die auf ein langsames Wachstum von unten setzen, sollte Die Freiheit mit einem Paukenschlag von oben entstehen.

Stadtkewitz war seit 1995 in der CDU, von 2001 bis 2007 Vorsitzender in Berlin-Pankow. Dort tat er sich als Unterstützer einer Bürgerinitiative gegen den Bau einer Moschee hervor. Ab 2006 saß er für die CDU im Abgeordnetenhaus – und rückte immer weiter nach rechts. Zum Eklat kam es, als Stadtkewitz die islamfeindliche Bürgerbewegung Pax Europa (BPE), deren Landesvorsitzender er damals selbst war, für eine Podiumsdiskussion einladen wollte. Stadtkewitz verließ die Partei, blieb jedoch in der Fraktion. 2010 lud er Geert Wilders nach Berlin ein, woraufhin ihn die Fraktion ausschloss. Als er eine eigene Partei gründete, war die Stimmung bei seinen Anhängern geradezu euphorisch. Stadtkewitz gab das Ziel aus, in Berlin »mindestens die Fünfprozenthürde zu knacken« und dann bundesweit zu expandieren.

Schützenhilfe erhielt er von seinem »lieben Freund« Wilders. Der reiste kurz vor dem Wahltag nochmals nach Berlin, ließ sich mit Stadtkewitz im Blitzlichtgewitter in einem Nobelhotel am Potsdamer Platz feiern. Stadtkewitz' zweiter Coup sollte eine Rede zum zehnten Jahrestag der Terroranschläge vom 11. September in New York sein. Doch der Auftritt am Ground Zero entpuppte sich als peinliche Luftnummer. Stadtkewitz sprach – anders als Journalisten seine Ankündigung verstanden hatten – keineswegs auf der offiziellen Gedenkfeier, sondern bei einer obskuren Kundgebung von christlichen Fundamentalisten und Islamfeinden in einer Seitenstraße. Und von seiner Rede trug er am Ende, mit Verweis auf eine Erkältung, nur wenige Sätze in gebrochenem Englisch selbst vor.[168] Den Rest ließ er von einem Parteikollegen verlesen.

Hinter den Kulissen ging es zu diesem Zeitpunkt schon steil bergab. Der Führungszirkel war heillos zerstritten, etliche Mitglieder fühlten sich gemobbt. Die Funktionäre entpuppten sich als Dilettanten, für Straßenwahlkampf war sich mancher offenbar zu fein, im Straßenbild war Die Freiheit kaum mit Plakaten präsent. Interne Kritik wurde laut, dass Vorstandsmitglieder das knappe Geld nicht in Plakate investierten, sondern sich Sonderzahlungen genehmigten und durch die Welt reisten. Offenbar verließ man sich komplett auf Rückenwind durch Wilders. Am Wahltag platzte die Seifenblase: Mit 1,0 Prozent lag man sogar noch hinter Pro Deutschland, selbst in seinem Pankower Heimatwahlkreis kam Stadtkewitz nur auf 3,2 Prozent der Erststimmen.

Anfang April 2012 teilte die Parteispitze zerknirscht mit, dass sie nicht zur Wahl in Schleswig-Holstein antreten könne, weil sie für den entscheidenden Parteitag nicht die nötigen 50 Mitglieder zusammenbekamen. Spätestens jetzt war klar, dass Die Freiheit sich schon wieder in Auflösung befand. Vorausgesagt hatte den Untergang ausgerechnet der Vorsitzende. Scheitere die Partei in Berlin an der Fünfprozenthürde, so Stadtkewitz 2010, dann sei die Partei »so gut wie tot«. Er sollte recht behalten.

Die Hauptquartiere des Rechtspopulismus: Internet und Buchladen

Die wichtigste Waffe der Islamfeinde ist sowieso nicht irgendeine Partei, sondern die Internetseite *Politically Incorrect*, kurz *PI*. Mit rund 60 000 Klicks pro Tag ist das Portal das virtuelle Hauptquartier der gesamten deutschsprachigen

Szene. Täglich erscheinen auf *PI* mehrere Artikel mit Überschriften wie »Ankara will Auslandstürken als fünfte Kolonne« oder »Mufti: Mädchen mit zehn Jahren heiratsfähig«, zwischendurch wird »das beste islamkritische Musikvideo« gekürt. Detailliert berichtet die Seite selbst über winzigste Veranstaltungen von Pro Köln, Die Freiheit oder Pax Europa.

PI deckt alles ab, was in der Grauzone zwischen CSU und NPD von Interesse ist. Die gemeinsame ideologische Basis ist eine auf den Islam fokussierte Xenophobie und die Verteidigung ultrarechter, ›christlicher‹ Werte. Aber neben Islamhass in diversen Abstufungen gibt es auf *PI* auch Texte, die Schwule verächtlich machen, den Klimawandel leugnen und überhaupt alles und jeden geißeln, was irgendwie links sein könnte. Der Ton ist meist aggressiv trotzig, die Autoren gerieren sich als Märtyrer, die hier endlich mal aussprechen, was der »Meinungsterror« der »Political Correctness« anderswo verbiete. Manche Wortmeldung schrammt knapp an der Strafbarkeit vorbei. »Multikulturalismus ist Völkermord wie der Holocaust, nur subtiler«, heißt es da etwa.[169] Und unter einen Bericht über den Beschluss der Piratenpartei, dass Hitlers Judenvernichtung eine Tatsache ist und nicht geleugnet werden dürfe, schrieb ein *PI*-Leser, verziert mit einem zwinkernden Smiley: »Wahrscheinlich wird der nächste Parteitag feststellen, dass sich die Erde um die Sonne dreht – und der Jubel wird noch unbeschreiblicher sein.«[170]

Was *PI* von den meisten anderen extrem rechten Websites unterscheidet, steht in Großbuchstaben im Seitenkopf: Man sei »proamerikanisch« und »proisraelisch«. In der Tradition der US-amerikanischen Neokonservativen steht die Seite fest an der Seite des jüdischen Staates. Gründer ist der Kölner Sportlehrer Stefan Herre, zuvor ein eifriger Leserbriefschreiber und freier Autor, unter anderem für die *Junge Freiheit*. Als Reaktion auf den Mord an dem holländischen Islamkritiker Theo van Gogh startete der damals 39-Jährige 2004 sein eigenes Blog, bald kamen weitere Autoren hinzu. Die meisten Texte auf der Seite sind mit Pseudonymen gezeichnet, der Server steht für die deutsche Justiz unerreichbar im Ausland. 2007 gab Herre an, *PI* nicht mehr persönlich zu betreiben, doch 2011 wurden der *Frankfurter Rundschau* interne Kommunikationsdaten der *PI*-Macher zugespielt, denen zufolge Herre bei dem Projekt weiterhin die Fäden zog.[171] Der Inhalt der Mails offenbarte weitere pikante Details. Zum innersten Zirkel der Redaktion gehören demnach eine Pfarrerin, ein Polizeibeamter und ein früherer CSU-Politiker. Auch lag plötzlich freundschaftliche Korrespondenz mit dem *Welt*-Kolumnisten und Mitgründer des populistischen Blogs *Achse des Guten* Henryk M. Broder offen, der sich öffentlich stets von *PI* distanziert hatte. Der Bundesgeschäftsführer der Seniorenunion, Dirk Hülsenbeck, hatte *PI* gar eine Kooperation angeboten und geschrieben, es gebe »viele in der CDU, die die Union von innen erneuern möchten«. Die Seniorenunion, immerhin die zweitgrößte Bundesvereinigung von CDU/CSU, war entsetzt und distanzierte sich umgehend.

Herre hat über die Jahre ein Netz gesponnen, das sich zu fast allen rechtspopulistischen Gruppierungen Europas und bis zu christlichen Fundamentalisten in den USA zieht. Viele Autoren sind selbst Mitglied bei Die Freiheit oder in Pro-Gruppen. Herre war es auch, der Stadtkewitz mit Wilders bekannt machte. Bis ins rechtskonservative Lager reichen seine Kontakte. Herre wird beispielsweise hofiert von der islamkritischen Bürgerbewegung Pax Europa (BPE), wo man auch ehrenwerte Ministerialbeamte, CSUler und ehemalige *FAZ*-Redakteure treffen kann. In einer Rede bei einer BPE-Veranstaltung im Mai 2011 gab Herre tiefe Einblicke in sein Weltbild: Das eigentliche Übel sei nicht der Islam, sondern die 68er-Bewegung – denn mit ihr habe vor vier Jahrzehnten ein »gesellschaftlicher Verfall« begonnen, den heute die Islamisten ausnutzen. Statt »Islamkritik«, schwadronierte

Herre, solle man vielleicht lieber »Dekadenzkritik« betreiben, denn es sei »eine Tatsache, dass sich die Milieus und Strukturen, die Deutschlands Stärke und damit Wohlstand stets ausgemacht haben, immer weniger reproduzieren, ja sogar auflösen«.[172] Solche Sätze könnten genauso gut aus der NPD stammen. Inzwischen beschäftigt *PI* den Verfassungsschutz.

Doch längst hat sich die Seite zur größten ehrenamtlichen PR-Agentur des Rechtspopulismus in Europa verselbstständigt. In rund 50 deutschen Städten sowie in Österreich, der Schweiz und Tschechien soll es bereits sogenannte *PI*-Gruppen geben, die sich regelmäßig treffen und auch politisch aktiv werden. Den Schritt auf die Straße hinter den Infostand wagen nur wenige Leser, am Computer, wo man unter Pseudonym seinem Hass freien Lauf lassen kann, fühlen sie sich wohler. Aber auch dort kann man einiges bewegen. Regelmäßig wird über *PI*-Verteilerlisten dazu aufgerufen, sich in den Kommentarspalten unliebsamer Artikel großer Onlinemedien zu Wort zu melden. Unter manche Texte ergießt sich dann eine Flut islamfeindlicher Postings, die andere Meinungen verdrängt. Auch dem »Zukunftsdialog« von Angela Merkel drückten die *PI*-Jünger ihren Stempel auf: Auf Platz 3 der wichtigsten Themen bei diesem Online-Projekt wurde mit fast 150 000 Stimmen eine »Offene Diskussion über den Islam« gewählt, die von Politik und Medien »kriminalisiert« werde.[173]

Die Macher und Leser von *PI* sehen sich als »Retter des Abendlandes«, Beschimpfungen von Muslimen als »Gesindel« sind dabei noch eines der harmloseren Mittel. Im April 2011 veröffentlichte der Heilbronner Karl-Michael Merkle unter dem Pseudonym Michael Mannheimer auf der Seite einen frenetisch gefeierten »Aufruf zum allgemeinen Widerstand des deutschen Volkes«. Darin heißt es »Erhebt euch von euren Sofas! Geht auf die Straßen! Greift zu den Waffen, wenn es keine anderen Mittel gibt!«[174] Seit 2011 betreibt Merkle eine Website *Nürnberg 2.0*. Dort listet er Journalisten, Politiker, Wissenschaftler und »linke Faschisten« auf, die zum »geeigneten Zeitpunkt« nach dem »Muster des Nürnberger Kriegsverbrecher-Tribunals« zur Verantwortung gezogen werden sollen. Die Liste reicht von Akin, Fatih (Regisseur) bis Ziercke, Jörg (BKA-Chef).[175]

Dieser Pranger würde nur grotesk wirken, hätte nicht im Juli 2011 in Norwegen der christliche Fundamentalist Anders Breivik 77 Menschen ermordet. Breivik war zuvor jahrelang auf der Website *document.no* und anderen islamfeindlichen Blogs aktiv. Große Teile des rund 1500-seitigen »Manifests«, mit dem er seine Taten ideologisch unterfütterte, hat er dort abgeschrieben, etwa bei *Gates of Vienna* oder *Brussels Journal*. Nach Breiviks Amoklauf war in der rechten Bloggerszene kurz Entsetzen zu spüren. Auch auf *PI* gab es einen Text mit einem Anflug von Selbstkritik: »Was er schreibt, sind großenteils Dinge, die auch in diesem Forum stehen könnten.«[176] Doch sichtliche Konsequenzen hatte die Einsicht keine.

Wie groß das Reservoir für Rechtspopulisten hierzulande ist, ließ sich im Herbst 2010 erahnen, als das Buch *Deutschland schafft sich ab* von Thilo Sarrazin erschien. Die Gesamtauflage soll inzwischen bei 1,5 Millionen liegen, es gilt als das meistverkaufte deutsche Sachbuch des letzten Jahrzehnts. Der SPD-Politiker, Ex-Bundesbanker und -Finanzsenator von Berlin mischte darin Wohlstandschauvinismus, Rassismus und Kulturpessimismus. Migranten bedrohten den deutschen Wohlstand, argumentierte Sarrazin, sie vollzögen eine »Eroberung durch Fertilität«. Er brachte »Erbfaktoren« mit dem »Versagen« vieler Türken im deutschen Schulsystem in Zusammenhang. Und sowieso gehe es mit Deutschland permanent bergab. Der rechte Rand jubelte. Der Höhe- bzw. Tiefpunkt von Sarrazins Argumentation war der nach seiner Buchveröffentlichung geäußerte Satz: »Alle Juden teilen ein bestimmtes Gen.« Zumindest diese Aussage bezeichnete er hinterher selbst als »Riesenunfug«.

Natürlich sprach Sarrazin auch reale Defizite an, etwa im deutschen Bildungssystem oder bei der Integration von Migranten – aber so ist das immer bei talentierten Populisten. Erfolgreich wurde sein Buch, weil es sich nicht um die Differenzierungen scherte, die ernsthafte Wissenschaftler machen, wenn sie etwa über die Erblichkeit von Intelligenz sprechen. Sarrazin ordnete die Fakten entlang seiner These, blendete Unbequemes aus. Dass beispielsweise Zuwanderer aus dem katholischen Italien beim Bildungserfolg noch schlechter abschneiden als Türken oder dass iranische Migranten akademisch überdurchschnittlich erfolgreich sind, hätte nicht zu Sarrazins Diffamierung der Muslime gepasst.[177]

Reihenweise zerpflückten Experten Sarrazins Buch.[178] Sogar Geert Wilders distanzierte sich von dessen kruden Biologismus.[179] Sarrazin aber blieb bei seinem Das-muss-man-doch-noch-sagen-dürfen-Habitus, der ebenfalls für Rechtspopulisten typisch ist. In einer repräsentativen Umfrage erklärten 61 Prozent der Teilnehmer, sie stimmten ihm teilweise zu, weitere neun Prozent komplett. Jeder fünfte Befragte konnte sich vorstellen, eine Sarrazin-Partei zu wählen. Doch in reale Stimmen setzen sich solche Erhebungen selten um. Das liegt zum einen daran, dass Wahlentscheidungen von vielen Faktoren bestimmt werden, langfristigen Parteibindungen zum Beispiel. Am Ende geben die Leute leichter 22,99 Euro für ein Buch aus (oder tippen sich ihre Muslimbeschimpfungen im Internet von der Seele), als ihr Kreuzchen bei einer neuen Partei zu machen. Zudem war vieles von dem, was Sarrazin aussprach, so neu dann doch nicht – mehr Integrationswillen von Migranten fordern CDU/CSU schon immer, und auf das Machogehabe vieler Jungtürken weist Neuköllns SPD-Bezirksbürgermeister Heinz Buschkowsky alle Naslang hin.

Zum anderen hat es, bei allem Geraune, am Ende dann doch nie irgendein halbwegs Prominenter gewagt, in Deutschland eine neue Rechtspartei zu gründen. Im November 2011 berichtete die *ZEIT* zwar, eine »bundesweit bekannte politische Person« habe bei Bundestagsabgeordneten von CDU/CSU die Bereitschaft sondiert, bei einer neuen eurokritischen Kraft rechts der Union mitzumachen.[180] Immer mal wieder werden Ex-CDU-Fraktionschef Friedrich Merz Ambitionen nachgesagt, ebenso Ex-BDI-Präsident Hans-Olaf Henkel; Ex-Verteidigungsminister Karl-Theodor zu Guttenberg machte in seiner Autobiografie nebulöse Andeutungen. Letztlich aber scheuen alle das Risiko. Aktive Politiker würden ihr Mandat und andere Annehmlichkeiten aufs Spiel setzen. Jedem, der in Deutschland eine rechtspopulistische Partei startet, droht die soziale Ausgrenzung. Zudem genügt es nicht, ein prominentes Aushängeschild zu haben, im Hintergrund bräuchte es Leute wie Manfred Rouhs, die sich um so lästige Details wie funktionierende Kreisverbände und korrekte Finanzberichte kümmern. Noch wichtiger wäre es, Rechtsextremisten und die typischen Querulanten herauszuhalten (Geert Wilders in Holland hat deshalb in seiner Partei genau ein Mitglied zugelassen, sich selbst).

Die Liste gescheiterter Rechtsausleger ist lang. Vor René Stadtkewitz gab es die erwähnten Manfred Brunner und Heiner Kappel. Und den Bundestagsabgeordneten Martin Hohmann, der im Jahr 2003 nach einer Rede mit antisemitischen Untertönen aus der Union ausgeschlossen wurde – obwohl er dadurch ziemlich prominent wurde, konnte er sein Direktmandat in Fulda nicht verteidigen. Oder den sächsischen CDU-Mann Henry Nitzsche, der 2006 nach einer Reihe extrem rechter und islamfeindlicher Aussagen die Partei verließ – er gründete eine eigene Wählervereinigung, sympathisierte mit Pro Deutschland und ist heute nur noch kommunalpolitisch aktiv.

Gegen den Islam – aber was ist mit Israel?

Sogar Jürgen Möllemann scheiterte, der populistisch begabte FDP-Bundesvize. Schon länger als proarabischer Politiker bekannt, griff er im Mai 2002 erst den damaligen israelischen Premier Ariel Scharon an, dann auch den Vizepräsidenten des Zentralrats der Juden in Deutschland, Michel Friedman. Es entbrannte eine scharfe Antisemitismusdebatte. Beobachter meinten, Möllemann wolle die FDP auf Haider-Kurs bringen. Einem drohenden Parteiausschluss kam er im März 2003 durch Austritt zuvor. Möllemann kokettierte mit einer eigenen Partei, veröffentlichte ein Buch, dessen Titel *Klartext. Für Deutschland* sich prima als Start einer Rechtspopulistenkarriere geeignet hätte – und beging am Ende Selbstmord.

Wer hierzulande als Populist eine Chance haben will, hatte sich einmal mehr gezeigt, muss eine Stigmatisierung als Rechtsextremist unbedingt vermeiden. Stadtkewitz und Die Freiheit hatten sich daher – ihrem Vorbild Wilders und auch *Politically Incorrect* folgend – offensiv israelfreundlich gegeben. Dasselbe versuchen die Pro-Gruppen, im Kölner Stadtrat zum Beispiel forderten sie 2009 ein »Maßnahmenpaket gegen Antisemitismus«. Zwei Jahre später empfing Pro Köln zwei Funktionäre der israelischen Siedlerbewegung aus dem besetzten Westjordanland. Auch wegen solcher Aktionen sind die Rechtspopulisten bei NPD und Neonazi-Kameradschaften verhasst. Pro Köln sei »eine reaktionäre, populistische, philosemitische und absolut spießbürgerliche Partei«, hieß es 2007 in einem Kameradschafts-Pamphlet.[181]

Mit Israelfreundlichkeit können die harten Neonazis überhaupt nichts anfangen. Umgekehrt ist bei ihnen durchaus umstritten, ob man den Islam wirklich als Feind betrachten solle. In der NPD beispielsweise stritt der Bundesvorstand zum Ende der Amtszeit von Udo Voigt ernsthaft um diese Frage. Dafür plädierte der Flügel um den heutigen Vorsitzenden Holger

Apfel, der sich schon damals für ein eher moderat-bürgerliches Auftreten einsetzte. Hingegen vertraten einige Anhänger des offen NS-nostalgischen Flügels, zum Beispiel der damalige Bundesvize Jürgen Rieger, ernsthaft die Position, der Islam sei ein möglicher Partner im Kampf gegen Israel und die USA.

Rieger betonte anlässlich von Protesten gegen eine Moschee in Hamburg-Bergedorf, man sei nicht gegen den Islam an sich, sondern »ausschließlich gegen die zunehmende Überfremdung« Deutschlands – global gesehen sei der Islam ein »Verbündeter der freien europäischen Völker im Kampf gegen die Hegemonialansprüche der amerikanischen Ostküste«. In ihren eigenen Ländern, schrieb Rieger an anderer Stelle, dürften Muslime »selbstverständlich« die Scharia praktizieren.[182]

In einigen Punkten sind sich Rechtsextremisten und Islamisten inhaltlich durchaus nahe, etwa bei ihrem Frauenbild. Von Andreas Molau, damals Vizechefredakteur des NPD-Blattes *Deutsche Stimme,* ist der – nur halb scherzhafte – Spruch überliefert, »etwas ›mehr Kopftuch‹, als Frage einer züchtigen Kleiderordnung, stünde manch deutschem Mädel schon gut zu Gesicht«.[183] In seinem Blatt wurde der Koran schon mal als »ein politisches und ein gesellschaftliches Manifest von revolutionärer Sprengkraft« gelobt.[184] Und Parteichef Udo Voigt ließ 2002 Sympathien für Islamisten erkennen, als er in Berlin eine Veranstaltung der später verbotenen Organisation Hizb ut-Tahrir besuchte.[185]

An Israel scheidet sich jedenfalls die Szene der Islamhasser. Beileibe nicht alle, aber ein großer Teil folgt konsequent der Maxime: Der Feind meines Feindes ist mein Freund. Weil der Staat Israel von Islamisten bekämpft wird, solidarisieren sich die Muslimfeinde eben mit diesem. So haben sie eine Spielart des Rassismus entwickelt, der ohne den sonst in der Szene allgegenwärtigen Antisemitismus auskommt – dies dürfte der größte Beitrag des Rechtspopulismus zur Modernisierung der extremen Rechten sein.

Taten statt Worte

Deutschland war vom NSU überrascht. Wieso eigentlich?
Rechtsterrorismus hat eine lange Historie. Und die nächsten
Täter wachsen schon heran

Die Broschüre ist 47 Seiten dick und herausgegeben vom
Bundesamt für Verfassungsschutz. »VS – Nur für den Dienstgebrauch« steht fett gedruckt auf dem Deckblatt. Der Titel
lautet: *Gefahr eines bewaffneten Kampfes deutscher Rechtsextremisten – Entwicklungen von 1997 bis Mitte 2004.* Die Experten der Kölner Behörde hatten darin zusammengetragen,
was sie über den aktuellen Rechtsterrorismus in Deutschland
wussten und glaubten. Die Broschüre ist ein Dokument des
Scheiterns.

Akribisch haben die Verfassungsschützer aufgelistet, welche Verdachtsfälle für rechtsextremistischen Terrorismus ihnen in den Jahren 1997 bis 2004 untergekommen sind. Als
Punkt 10 (von insgesamt 30) tauchen auch »Rohrbomben-
funde in Jena« auf sowie drei Namen, die heute die ganze
Republik kennt: Uwe Böhnhardt, Uwe Mundlos und Beate
Zschäpe. Kurz wird geschildert, wie die drei jungen Thüringer Neonazis seit Mitte der Neunzigerjahre Bomben bastel-
ten und 1998 nach einer Hausdurchsuchung untertauchten.
»Hinweise dafür, dass mittels der sichergestellten Rohrbomben konkrete tatsächliche Anschläge geplant waren, liegen
nicht vor«, heißt es dann. »Auch haben sich keine Anhalts-

punkte für weitere militante Aktivitäten der Flüchtigen ergeben.«

Die Broschüre datiert von Juli 2004. Zu diesem Zeitpunkt hatten die Abgetauchten längst ihre Terrorgruppe Nationalsozialistischer Untergrund (NSU) gegründet, hatten bereits fünf türkischstämmige Kleinunternehmer in Nürnberg, Hamburg, München und Rostock erschossen und bei einem Nagelbombenanschlag in Köln-Mühlheim – nur zehn Kilometer Luftlinie vom Sitz der Verfassungsschützer im Stadtteil Chorweiler entfernt – 22 Menschen verletzt. Doch die Jenaer Bombenbastler sah die Behörde ebenso wie die anderen 29 in der Broschüre erwähnten »Verdachtsfälle« als nicht sehr schwerwiegend an. »Insgesamt sind derzeit in Deutschland«, so ihr Fazit, »keine rechtsterroristischen Strukturen erkennbar.«[186]

Seit November 2011 ist der Verfassungsschutz und mit ihm die Öffentlichkeit klüger. Nach einem Banküberfall stellten Streifenpolizisten Böhnhardt und Mundlos in einem Wohnmobil, die beiden erschossen sich daraufhin; ihre Komplizin Zschäpe zündete zur Spurenbeseitigung das gemeinsame Versteck im sächsischen Zwickau an. Im Zuge der Ermittlungen wurde in den folgenden Wochen nach und nach klar, dass die drei die wohl bestorganisierten Rechtsterroristen in der bundesdeutschen Geschichte waren. Über 13 Jahre lang lebten sie unbehelligt von allen Strafverfolgern mitten in Sachsen, zogen eine blutige Spur quer durch Deutschland. Mindestens neun Kleinunternehmer mit türkischen oder griechischen Wurzeln starben, dazu eine Polizeibeamtin. Und kein Geheimdienst, keine Polizei in Bund und Ländern war den Tätern auf die Spur gekommen. Zum Verhängnis wurde den Terroristen letztlich einer der Banküberfälle, mit denen sie sich in der Zeit der Illegalität maßgeblich finanzierten.

Zur Aufklärung der übers Land verstreuten Morde hatten Heerscharen von Beamten jahrelang in die falsche Richtung ermittelt. Das Muster war immer dasselbe: Da es keine Bekennerschreiben gab, schlossen die Behörden rechtsextreme Täter per se aus und vermuteten Schutzgelderpressung oder andere mafiöse Hintergründe. Auch rückblickend rechtfertigten die Sicherheitsbehörden dies: Wegen der fehlenden Selbstbezichtigung habe sich der NSU »völlig atypisch verhalten«, sagte etwa der Chef des Bundeskriminalamtes, Jörg Ziercke. Die Morde seien »nicht als rechtsterroristische Verbrechen erkennbar« gewesen, erklärte Generalbundesanwalt Harald Range. »Die Umstände der Mordserie sind völlig untypisch für Terroristen«, betonte auch Bundesinnenminister Hans-Peter Friedrich (CSU), denn ein »Protzen und Prahlen mit den Taten« sei »sonst in der rechtsextremen Szene üblich«.

Das ist schlicht falsch: Sich *nicht* zu bekennen, ist unter Rechtsterroristen eine durchaus verbreitete Strategie. Beim Anschlag auf den Bahnhof von Bologna beispielsweise, bei dem Neofaschisten 1980 insgesamt 85 Menschen töteten, gab es kein Bekennerschreiben. Auch bei Taten, die Mitgliedern der deutschen Wehrsportgruppe Hoffmann zugeschrieben werden, fehlte das angeblich »übliche Protzen und Prahlen«. Combat 18, der vor allem in Großbritannien und Skandinavien in den Neunzigerjahren aktive, gewalttätige Arm des Nazimusik-Netzwerkes Blood & Honour (B&H), rät ausdrücklich zu Klandestinität. Seine Schriften, die auch die Sicherheitsbehörden kennen müssten, lesen sich fast wie Blaupausen für die Taten der drei Thüringer Terroristen: Im »Handbuch« für »verdeckte Aktionen« wird empfohlen, sehr kleine Zellen zu gründen und »mit niemandem« über die eigenen Aktionen zu sprechen.[187] Detailliert erklärt Combat 18 den Bau von Nagelbomben – genau einen solchen Sprengsatz zündeten Bönhardt und Mundlos im Juni 2004 in Köln. Und im »Feldhandbuch«, das ein skandinavischer B&H-Kader mit dem Decknamen Max Hammer geschrieben hat, wird John

Ausonius lobend erwähnt: Der Schwede schoss 1991 und 1992 in einer Attentatsserie wahllos insgesamt elf dunkelhäutige Menschen in Stockholm und Uppsala nieder, teilweise mit einem Scharfschützengewehr mit Laserpointer, weshalb ihn die Medien »Laser Man« tauften. Eines der Opfer starb. Ausonius verschickte keinerlei Bekennerbriefe, was die Angst unter Einwanderern nur noch verstärkte.[188]

Wurden die Rechtsterroristen vielleicht von Geheimdienstlern gedeckt, lautete nach dem Auffliegen des NSU eine häufig gestellte Frage. Gibt es in den Sicherheitsbehörden womöglich Sympathien für Rechtsextreme? In Einzelfällen mag das so sein, das jahrelange Versagen des Staates aber hat einen anderen Grund: Wenn es um Terrorismus geht, denken die Behörden (wie auch die Medien) noch immer reflexartig an die Rote Armee Fraktion (RAF) mit ihrer festen Kommandoebene, seitenlangen Bekennerpamphleten und größeren Unterstützerstrukturen. Doch Gewalt und Terrorismus von rechts sehen seit jeher anders aus. In den vergangenen Jahrzehnten gab es hierzulande Dutzende Fälle, die es belegen; an diesem Punkt aber ist das kollektive Gedächtnis in Deutschland sehr vergesslich. Und so hat die Öffentlichkeit auch nicht bemerkt, dass die nächste Terroristengeneration offenbar längst heranwächst – unter den besonders radikalen und gewaltbereiten Autonomen Nationalisten. Diese Szene ist schon jetzt mindestens ebenso militant und aggressiv wie die Neonazi-Kameradschaften der Neunzigerjahre, aus denen der NSU entsprang. Und bereits mehrfach wurden Autonome Nationalisten bei Vorbereitungen zu Bombenanschlägen ertappt.

Fünfziger- und Sechzigerjahre:
Werwölfe, Antikommunisten und NPD-Ordner

Der NSU stehe »in der Kontinuität eines Rechtsterrorismus, wie er die Bundesrepublik seit den Fünfzigerjahren begleitet«, betont der Düsseldorfer Politikwissenschaftler Fabian Virchow. Eine bis heute in der extremen Rechten verbreitete Idee zum Untergrundkampf wurde sogar noch früher geboren, in den letzten Monaten des Zweiten Weltkriegs. Damals, im September 1944, rief SS-Reichsführer Heinrich Himmler die Organisation Werwolf ins Leben. In Kleingruppen organisiert sollten deren Kämpfer hinter der Frontlinie in bereits befreiten Teilen Hitlerdeutschlands Sabotage- und Terrorakte verüben. Doch dieser Guerillakrieg scheiterte kläglich, es fanden sich kaum Freiwillige. Der Mythos existierender Werwolf-Einheiten aber hielt sich bis in die Fünfzigerjahre, und noch heute kursiert unter Neonazis das Buch *Werwolf – Winke für Jagdeinheiten,* in dem der ehemalige SS-Hauptsturmführer Arthur Erhardt »grundlegende Regeln für den Partisanenkrieg« formuliert hat. Zeitweise war es auch beim NPD-eigenen *Deutsche Stimme*-Versand im Angebot. Immer wieder gibt es Grüppchen, die sich in dieser Tradition sehen und Gewalttaten planen oder ausführen, 1992 etwa wurde in Brandenburg eine Truppe namens Werwolf Jagdeinheit Senftenberg ausgehoben, die über Maschinengewehre und Handgranaten verfügte und bereits einen Menschen erschossen hatte.[189]

In den Fünfzigerjahren erlaubte es der verbreitete Antikommunismus Altnazis und Veteranen der Waffen-SS, unter dem Deckmantel des rechtsgerichteten Bundes Deutscher Jugend (BDJ) eine paramilitärische Kampfgruppe aufzubauen. Finanziert wurde dieser »Technische Dienst« (TD) des BDJ vom US-Geheimdienst CIA. Das Geld, bis zu 50 000 Mark pro Monat, habe man jeweils in Frankfurt in einem Koffer übergeben bekommen, berichtete Jahrzehnte später ein Ex-BDJler im *Spiegel*.[190] Bei einem Einmarsch der Russen wollten die Partisanen in »kleinen unabhängigen Einheiten« Widerstand leisten; Rechtsradikale galten den Amerikanern dabei als besonders zuverlässig. Sie durften dann Waffendepots anlegen und auf US-Übungsplätzen Schießen, spurenloses Töten, Vernehmungs- und Foltermethoden trainieren; das Ganze war der deutsche Arm der Nato-Geheimarmee Gladio/Stay Behind, die während des Kalten Krieges in ganz Westeuropa bestand und mit rechtsextremen Terrorakten in mehreren Ländern, vor allem in Italien, in Verbindung gebracht wird.

Die Mitglieder des TD legten auch eine Kartei von Personen an, die im Kriegsfall »liquidiert« werden sollten – dass damit Tötungen gemeint waren, bestritten alle Beteiligten später. Auf den Schwarzen Listen standen unter anderem hochrangige Gewerkschafter und SPD-Politiker, darunter der damalige Parteichef Erich Ollenhauer oder der hessische Innenminister Heinrich Zinnkann. Zu einem Arzt aus Oldenburg hatte man beispielsweise notiert: »Halbjude, starker Edelbolschewist, vermutlich Freimaurer«. Die Diktion erinnert nicht von ungefähr an das Dritte Reich, der für Norddeutschland zuständige TD-Kader Dieter von Glahn war zuvor Abwehroffizier der Wehrmacht (in seinem späteren Leben dann übrigens am rechten Rand der CDU aktiv, bei den Republikanern und der deutschnationalen Konservativen Aktion). 1952 flog der TD auf, alle Verdächtigen aber wurden nach kurzer Zeit freigelassen, »da die Organisation auf Anordnung der amerikanischen Geheimdienste geschaffen« worden war.[191]

In den Fünfziger- und Sechzigerjahren gingen viele Alt- und Neonazis noch davon aus, bald in ein Parlament nach dem anderen einzuziehen. Die Erfolgswelle der NPD ab 1965 schien sie zu bestätigen, spätestens mit deren Scheitern bei der Bundestagswahl 1969 aber galt der parlamentarische Weg als fehlgeschlagen. Die Szene zerstritt sich völlig über die künftige Strategie. Teile der NPD setzten auf einen bürgerlichen Kurs und hofften auf Koalitionen mit der Union, die in Frontstellung zur Regierung Willy Brandts merklich nach rechts rückte. Bei radikalen und militanten Neonazis hingegen war es mit der Zurückhaltung vollends vorbei, sie spalteten sich von der NPD ab und griffen zu den Waffen.

Schon wenige Tage vor der verlorenen Wahl hatte die Partei ihre gewalttätige Seite gezeigt. Am 16. September 1969 schoss der damalige Chef des NPD-Ordnerdienstes, Klaus Kolley, am Rande einer Parteiveranstaltung in Kassel zwei Gegendemonstranten nach einem Gerangel nieder. Beide wurden schwer verletzt. Der Schütze war für die Polizei kein Unbekannter, Kolley unter anderem wegen verbotenen Waffenbesitzes und Betruges vorbestraft; von 1956 bis 1960 hatte er schon einmal wegen Banden- und Rückfalldiebstahls in Haft gesessen.[192]

1970 wurde ein weiteres Mitglied des NPD-Ordnerdienstes festgenommen, weil er gemeinsam mit Parteikameraden eine »Europäische Befreiungsfront« gegründet hatte. Das Ziel der Gruppe: »Morde an ›kommunistischen‹ Politikern zu verüben und ›zersetzende Journalisten in Funk und Fernsehen‹ auszuschalten«.[193] Elf Pistolen, Gewehre, Schlagringe und über 1000 Schuss Munition wurden beschlagnahmt. Der »Kern des Ordner-Dienstes« seien durchweg »Landsknechts- oder Schlägertypen und Personen, die ohne nennenswerte Skrupel gegen die Strafgesetze verstoßen«, stellte damals ein hessischer Verfassungsschutzbeamter nüchtern fest.

1971 flog die Wehrsportgruppe Hengst auf. Deren Anführer, Bernd Hengst, war 1966 aus der DDR in den Westen geflohen, in die NPD eingetreten und hatte dann in deren Ordnerdienst eine bewaffnete Truppe um sich geschart. 1968 verübte Hengst einen Anschlag auf ein DKP-Büro. Mit einer Maschinenpistole auf dem Rücksitz wurde er schließlich festgenommen. Bei den folgenden Hausdurchsuchungen fand die Polizei große Mengen an Waffen und NS-Schrifttum, nach Angaben des Verfassungsschutzes hatte die 18-köpfige Gruppe »schwerwiegende Gewaltakte gegen Personen und Sachen« während der Karnevalszeit im Rheinland geplant, als mögliche Ziele wurden Munitionsdepots und die Bonner SPD-Zentrale genannt.[194]

Siebzigerjahre: Die ersten festen Strukturen entstehen

In den folgenden Jahren entstanden in der Bundesrepublik die ersten langlebigen Rechtsterror-Organisationen. Doch Verfassungsschutz und BKA waren offenbar allzu sehr auf den Linksterrorismus von RAF und anderen Gruppen fixiert – so konnten militante Neonazis jahrelang fast unbehelligt Waffen sammeln und Sprengstoffdepots anlegen. Erst gegen Ende der Siebzigerjahre beginnen die Sicherheitsbehörden, ernsthaft zu reagieren. Allein 1978 und 1979 beschlagnahmte die Polizei bei 33 Razzien große Mengen von Waffen und Sprengstoff, darunter 35 Maschinenpistolen, 371 Gewehre und Handfeuerwaffen sowie neun Granaten. 1979 wurden erstmals vier Rechtsextreme als Terroristen verurteilt. Die Männer aus dem Umfeld der Hamburger Wehrsportgruppe Werwolf hatten unter anderem Banken und ein Nato-Übungslager überfallen. Mit ihnen vor Gericht standen auch der spätere Neonazi-Führer Michael Kühnen und Manfred Börm, bis 2011 Leiter des NPD-Ordnerdienstes – beide wurden aber nur wegen minderschwerer Delikte belangt.[195]

1981 stolperten Waldarbeiter in der Lüneburger Heide über vier vergrabene Kisten mit Munition und Sprengstoff. Die Polizei machte als Verantwortlichen den Forstaufseher und Rechtsterroristen Heinz Lembke aus. Drei Jahre zuvor hatte der gemeinsam mit Peter Naumann, einem studierten Chemiker und langjährigen Funktionär der NPD-Jugendorganisation JN, eine Bombe am Denkmal in den Ardeatinischen Höhlen bei Rom gezündet, das an ein Massaker der SS an 335 Zivilisten erinnert. 1979 sprengte Naumann dann zusammen mit Komplizen zwei TV-Sendemasten, um zu verhindern, dass die US-Fernsehserie »Holocaust« ausgestrahlt wird. Heinz Lembke führte die Polizei nach seiner Festnahme zu einem gewaltigen Waffenarsenal, das aus 33 unterirdischen Depots bestand. Neben Maschinengewehren befanden sich darin unter anderem 156 Kilogramm Sprengstoff und 258 Handgranaten, 50 Panzerfäuste und knapp 14 000 Schuss Munition. Laut Medienberichten war Lembke wohl Teil jener deutschen Gladio-Einheiten, die Anfang der Fünfzigerjahre kurz für Schlagzeilen gesorgt hatten, aber nie aufgelöst worden waren – und hatte sich und andere Rechtsextremisten aus den geheimen Depots bedient. Nachdem er einem Staatsanwalt gegenüber angekündigt hatte, über die Hintergründe auszusagen, wurde er am 1. November 1981 erhängt in seiner Zelle aufgefunden.[196]

Am bekanntesten wurde in jenen Jahren die Wehrsportgruppe Hoffmann (WSG), 1973 gegründet vom damals 35-jährigen Karl-Heinz Hoffmann: Anfangs gehen die Mitglieder als Ordnungsdienst bei NPD- und DVU-Veranstaltungen mit brachialer Gewalt auf Gegendemonstranten los. Später veranstaltet die Gruppe regelmäßig paramilitärische Übungen. Für die internationale Presse posiert man gern mit scharfen Waffen, Stahlhelmen und Uniformen vor alten Wehrmachtsfahrzeugen in den bayerischen Wäldern. Hoffmanns – in einem noch heute auf seiner Website nachzulesenden »Manifest«[197] – förmlich erklärtes Ziel ist die Abschaffung der Demokratie und die Errichtung einer völkischen Diktatur.

Das Schloss Ermreuth im fränkischen Schwabachtal baut Hoffmann zum Hauptquartier seiner Gruppe aus, im Dritten Reich hatte es als NS-Gauführerschule gedient. Rasch bilden sich bundesweit Ableger, in seinen Hochzeiten soll die Organisation mehr als 400 Mitglieder gehabt haben. Hoffmann pflegt enge Beziehungen zu Neonazigruppen wie der Wiking-Jugend oder der Volkssozialistischen Bewegung Deutschlands (VSBD). Der Staat scheint von der braunen Truppe überfordert, mehrfach wird ein Verbot abgelehnt. Einer der damals Verantwortlichen ist der bayerische Innenminister Alfred Seidl (CSU), ein Ex-NSDAP-Mitglied, Verteidiger von Rudolf Hess während der Nürnberger Prozesse und langjähriger Berater des DVU-Vorsitzenden Gerhard Frey.[198] Sein Nachfolger Gerold Tandler (CSU) begründet seine Untätigkeit mit den Worten: Wenn ein Verein sich an die Vorschriften wie das »Waffengesetz, das Naturschutzgesetz, die Straßenverkehrsordnung usw. hält, kann die Abhaltung von ›Wehrsportübungen‹ nicht unterbunden werden«.[199] Im Januar 1980 schließlich schreitet Bundesinnenminister Gerhart Baum (FDP) ein. Während der Razzia in mehreren Bundesländern beschlagnahmt die Polizei ganze Lastwagen voller Nazipropaganda, Uniformen und Waffen, außerdem militärische Geländewagen, Motorräder, ein Flak-Geschütz, einen kaputten Panzer und eine Hitler-Büste.

Nach dem Verbot setzt sich Hoffmann in den Libanon ab und gründet dort in einem Palästinenserlager die »Wehrsportgruppe Ausland«. Als er im Sommer 1981 nach Deutschland zurückkehrt, klicken noch am Flughafen die Handschellen. 1984 wird er wegen Geldfälschung, Freiheitsberaubung, gefährlicher Körperverletzung und unerlaubtem Waffenbesitz zu neun Jahren und sechs Monaten Haft verurteilt, seine Gefolgsleute hatte er im Libanon brutal gefoltert.

Aus den Reihen der »halbverrückten Spinner« (wie Tandler die Wehrsportgruppe auch nach dem Verbot noch nannte) kamen mehrere Terroristen. Bereits im Mai 1976 versucht ein 19-jähriger Anhänger Hoffmanns einen Sprengstoffanschlag auf den Münchner US-Soldatensender AFN zu verüben. Das Attentat misslingt, der Täter wird schwer verletzt. Im Dezember 1980, also elf Monate nach dem WSG-Verbot, wird in Erlangen der jüdische Verleger Shlomo Lewin erschossen. Ein ehemaliges Mitglied der Wehrsportgruppe klingelt an seiner Tür und tötet erst den arglos öffnenden Lewin, dann auch seine Lebensgefährtin Frida Poeschke mit mehreren Schüssen aus einer Maschinenpistole. Hoffmann kann – auch wegen schlampiger Ermittlungen der Polizei – eine Tatbeteiligung nicht nachgewiesen werden.[200] Im Prozess streitet der Rechtsextreme mit dem egozentrischen Rauschebart jede Tatbeteiligung ab. »Ich lasse doch nicht jeden Dreck auf mich abladen«, herrscht er den Richter an. »Ich bin doch nicht verantwortlich für alle Leichen, die irgendwo herumliegen.«[201] Schon fünf Jahre nach dem Urteil kommt Karl-Heinz Hoffmann wieder frei.

Auch der blutigste rechtsextreme Anschlag in der Geschichte der Bundesrepublik, das Oktoberfestattentat, wird von einem ehemaligen Mitglied der Hoffmann-Truppe begangen: Es sind die letzten, entscheidenden Tage des Bundestagswahlkampfs zwischen Helmut Schmidt und Franz-Josef Strauß, als am 26. September 1980 eine Explosion die Republik erschüttert. Um 22.19 Uhr erhellt ein grelles Licht über den Köpfen der Oktoberfestbesucher in München die Nacht. Als hellrote Stichflamme, die bis zu acht Meter in die Höhe schießt, beschreiben Augenzeugen später die Explosion. 13 Menschen reißt der Feuerball in den Tod, mehr als 200 werden zum Teil schwer verletzt. Den Rettungskräften, die aus der ganzen Stadt herbeieilen, bietet sich ein Bild wie auf einem Schlachtfeld. Der Platz vor dem Festeingang ist übersät mit Leichen, abgerissenen Gliedmaßen und Unmengen an Blut.

Schnell wird der 21-jährige Geologiestudent Gundolf Köhler als Täter identifiziert. Er ist dem Verfassungsschutz als Mitglied der Wehrsportgruppe Hoffmann bekannt, hat an mindestens zwei Übungen der braunen Truppe teilgenommen. Nach dem Abitur 1978 verpflichtete er sich als Zeitsoldat bei der Bundeswehr, um Sprengmeister zu werden. Nach drei Monaten wurde er jedoch wegen Untauglichkeit entlassen. Die Oktoberfestbombe explodierte vermutlich zu früh, direkt in seinen Händen, als er sie in einen Mülleimer steckt. Es handelt sich um eine umgebaute Mörsergranate, die mit dem militärischen Sprengstoff TNT gefüllt und mit Schrauben und Nägeln versetzt wurde. Hunderte Meter weit flogen die tödlichen Geschosse. Über das mögliche Motiv ist viel spekuliert worden, womöglich sollte die Bombe – in der verqueren Logik von Rechtsextremen – in der Bevölkerung den Ruf nach einem starken Staat befördern und damit die Wahlchancen des Sozialdemokraten Schmidt mindern.

Heute erinnert eine Bronzestele mit den Namen der Opfer an das Attentat. Umgeben ist sie von einer knapp drei Meter hohen, halbrunden Stahlwand; symbolisch durchlöchert wie von Bombensplittern. Auch in den Boden sind kleine Metallteile eingelassen, die die verheerende Wucht der Explosion sichtbar machen sollen. Bis heute bleibt umstritten, ob Köhler wirklich als isolierter Einzeltäter gehandelt hat, wie es das BKA vermutet. Mehrere Zeugen wollen den Bombenbastler kurz vor der Explosion im Gespräch mit Komplizen gesehen haben. Ungeklärt bleibt auch die Herkunft einer abgerissenen Hand, die keinem der Opfer zugeordnet werden konnte. Warum hat sich der Verletzte nicht bei der Polizei gemeldet? DNA-Analysen gab es zu dieser Zeit noch nicht. Heute könnte man viele der Beweismittel, darunter über 40 Zigarettenstummel aus Köhlers Auto, auf DNS untersuchen. Doch die Bundesanwaltschaft hat alle Spuren vom Tatort 1997 vernichten lassen, weil sie den Fall für aufgeklärt hält und mit dem Platz in den Asservatenkammern sparsam umgehen will.[202]

Unter Rechtsextremisten wird Hoffmann bis heute als Held verehrt. Er lebt noch immer auf seinem fränkischen Schlösschen, bezeichnet sich als »Systemkritiker, geopolitischer Analyst, Autor, akad. Maler und Graphiker«. Zwei Bücher hat er inzwischen veröffentlicht, zuletzt im Jahr 2011 *Die Oktoberfestlegende – Gezielte Verdächtigungen als Kampfmittel im demokratischen Rechtsstaat.* Darin wettert er gegen die »haltlose Unterstellung«, dass »national eingestellte Deutsche« für das Attentat in München verantwortlich gewesen seien – das Ganze sei vielmehr eine »geheimdienstliche Inszenierung« gewesen mit dem Ziel, der WSG zu schaden. Erschienen ist das Werk im *Deutsche Stimme*-Verlag der NPD.

In Szeneversandhäusern kann man T-Shirts mit Hoffmanns Porträt kaufen, die NPD-Jugendorganisation JN lädt ihn zu Vortragsabenden ein. Einer seiner Auftritte – im Herbst 2010 in einem Gasthof in Hausdorf bei Leipzig – war angekündigt mit dem Titel: »Der Chef spricht!« Mehr als hundert Rechtsextreme reisten an und zeigten sich begeistert von den Ausführungen Hoffmanns zum Thema »Diszipliniert-militärische Organisationsformen«. Wehrsport sei »im Grunde nicht strafbar«, soll er da laut Berichten auf Neonazi-Webseiten erklärt haben, problematisch werde es nur, wenn der Gruppe eine »gemeinsame politische Ausrichtung« nachzuweisen sei.[203]

Am Tag danach wurden die Wohnungen mehrerer Zuhörer aus Jena von der Polizei durchsucht. Einige Neonazis hatten auf der Rückfahrt von der Veranstaltung am Telefon euphorisch über den Sprengstoff C4 und seine Einsatzmöglichkeiten gesprochen. Die Ermittler befürchteten einen Anschlag auf das Auto einer Thüringer Landtagsabgeordneten der Linkspartei. Gefunden wurde nichts. Ein Spürhund schlug aber bei der Untersuchung eines Autos der Rechtsextremisten an, was bedeuten kann, dass damit Sprengstoff transportiert wurde.

Achtzigerjahre: Blutiger Höhepunkt
des Rechtsterrorismus

Die Wehrsportgruppe Hoffmann war beileibe nicht die einzige einschlägige Organisation in jenen Jahren; nachdem sich die Szene in den Siebzigern weitgehend unbehelligt formieren konnte, entlud sich eine wahre Gewaltwelle. Am Heiligabend 1980 versuchte Frank Schubert, Mitglied der neonazistischen Volkssozialistischen Bewegung Deutschlands/Partei der Arbeit (VSBD/PdA), Waffen über die Schweizer Grenze zu schmuggeln. Bei seiner Entdeckung schoss er sofort. Zwei Beamte des Schweizer Grenzschutzes starben, Schubert beging Selbstmord.

Gegründet worden war der VSBD-Vorläufer PdA 1971 von Friedhelm Busse, einem glühenden Nazi, der sich als 15-Jähriger noch kurz vor Kriegsende freiwillig für die Waffen-SS gemeldet hatte und später bei so ziemlich jeder rechtsextremen Organisation mitmachte, die es in der frühen Bundesrepublik gab. Busse stilisiert Schubert, der als seine rechte Hand galt, später zum »Blutzeugen der Bewegung«. Ein Jahr nach ihm sterben zwei weitere Gefolgsleute Busses, als Polizisten sein »Kommando Omega« am 20. Oktober 1981 auf dem Weg zu einem Banküberfall stoppen und es zu einer Schießerei kommt. Zwei Mittäter und später auch Busse werden festgenommen.

Obwohl die beiden Getöteten, Wolfgang Uhl und Kurt Wolfgram, vor dem versuchten Banküberfall tagelang in Busses Wohnung zu Gast waren und bei diesem sogar ein Drohbrief des »Kommandos Omega« an den Bundesinnenminister gefunden wird, kann laut Bundesanwaltschaft die Existenz einer terroristischen Organisation »nicht mit einer für eine Verurteilung notwendigen Sicherheit« nachgewiesen werden. Busse habe aus einer »wirtschaftlichen Notlage heraus« gehandelt. Er wird lediglich zu drei Jahren und neun Monaten

Haft verurteilt, unter anderem wegen Hehlerei sowie Waffen- und Sprengstoffbesitzes. Nach der Haft gründet er die später ebenfalls verbotene Freiheitliche Deutsche Arbeiterpartei (FAP) und kehrt zum Ende seines Lebens in die NPD zurück. Viele Jahre nach den Taten erzählte Busse, was seine Anhänger in den Achtzigern eigentlich vorhatten: »Das Ziel des Kommando Omega war, Richter und Staatsanwälte als Steigbügelhalter dieses Systems zu liquidieren und Verräter in den eigenen Reihen zu beseitigen.«[204] Seine in NS-Tradition als »Totenleite« bezeichnete Beerdigung 2008 gerät zum Stelldichein der Neonazi-Szene. Anführer der militanten Kameradschaften wie Christian Worch oder Siegfried Borchardt nehmen daran ebenso teil wie der damalige NPD-Parteichef Udo Voigt samt seiner Gefolgsleute Uwe Meenen und Thomas Wulff, der eine Hakenkreuzfahne auf den Sarg legte.

Ebenso ungebrochen verlief die braune Karriere von Manfred Roeder. Geboren 1929, war er ein Zögling der NS-Kaderschmiede Napola und beteiligte sich als Kindersoldat noch 1945 begeistert an den Kämpfen um Berlin. Nach dem Krieg wird er Anwalt, baut Kontakte zu Neonazigruppen in der Schweiz, Österreich, Spanien, Großbritannien und den USA auf. Roeder organisiert Naziaufmärsche für die Freilassung des Hitler-Stellvertreters Rudolf Hess und lässt sich von einer »Freiheitsbewegung Deutsches Reich« zum »Reichsverweser« in Nachfolge von Admiral Karl Dönitz ernennen. 1971 gründet er den Verein Deutsche Bürgerinitiative, der einige Jahre sogar als gemeinnützig eingetragen ist. Ihr Ziel soll die »Erneuerung unserer Staats- und Sittenordnung« sein – darunter verstehen Roeder und Kameraden unter anderem Farbbeutelwürfe auf Plakate von Erotikmessen und Proteste gegen »entartete Kunst« auf der documenta in Kassel.[205]

1978 geht Roeder für zwei Jahre in den Untergrund. Er reist ins Ausland und beschließt eine »arische Widerstandsgruppe« in Deutschland zu gründen. Auf einer Todesliste, die er verschickt, stehen unter anderem Beate Klarsfeld, Marion Gräfin Dönhoff, Willy Brandt und Franz Josef Strauß. Ab 1980 wird Roeders Terrorvereinigung Deutsche Aktionsgruppen aktiv, eine militante Zelle fanatischer Aktivisten. Sie wollen die Ziele der Deutschen Bürgerinitiative mit Gewalt umsetzen. »Nach acht Jahren war der legale Weg erschöpft«, sagte Roeder einmal über den Schritt. »Entweder mussten wir aufgeben oder in den Untergrund gehen. Aufgeben kam nicht in Frage […] Der Kampf muss jetzt auf einer anderen Ebene mit noch größerer Entschlossenheit fortgeführt werden, denn wir werden niemals tatenlos zusehen, wenn Deutschland zerstört wird. Entweder wir siegen oder werden untergehen!«[206]

Im Februar 1980 explodiert die erste Rohrbombe der Deutschen Aktionsgruppen, Ziel ist eine Ausstellung zum KZ Auschwitz. Es folgen sechs weitere Anschläge auf Behörden, eine jüdische Schule und Flüchtlingsheime in Esslingen, Hamburg, Zirndorf, Leinfelden-Echterdingen und Lörrach. Am 22. August werfen zwei Gefolgsleute Roeders eine Brandbombe in das Fenster einer Unterkunft vietnamesischer Boatpeople in Hamburg. Zwei junge Flüchtlinge erleiden schwerste Verbrennungen und sterben. Roeder notiert an diesem Tag in seinen Taschenkalender: »Heute hat Deutschlands Befreiung begonnen. Der Funke ist übergesprungen.«[207] Gegen die Täter ergehen teils lebenslange Haftstrafen, Roeder wird wegen Gründung einer terroristischen Vereinigung zu 13 Jahren Haft verurteilt. Wegen guter Führung kommt er bereits nach acht Jahren frei, sein Aktionismus im tiefbraunen Milieu geht weiter. 1996 verübt er einen Farbanschlag auf die Wehrmachtsausstellung in Erfurt, wird wegen Sachbeschädigung verurteilt. Bei einem Prozess gegen Roeder 1996 in Erfurt finden sich auch die späteren NSU-Terroristen Böhnhardt und Mundlos in der Gruppe angereister Unterstützer. Im Jahr darauf schmückt sich die NPD mit Roeder, stellt ihn im vorpommerschen Stralsund als Direktkandidat für die Landtagswahl auf.

Noch während der Prozess gegen die Deutschen Aktionsgruppen lief, gab es 1982 schon die nächsten drei Todesopfer rechter Gewalt. Der 26-jährige Neonazi Helmut Okner erschoss am 25. Juli 1982 in einer Nürnberger Disko drei ausländische Gäste und rief »Es lebe der Nationalsozialismus«; anschließend tötete er sich selbst. In seiner Wohnung fand die Polizei Propagandamaterial der Nazigruppe NSDAP/AO.

Im selben Jahr raubte eine klandestine Neonazizelle fünf Banken aus und erbeutete dabei 630 000 DM. Die Hepp/Kexel-Gruppe nannte sich nach ihren Anführern Walther Kexel und Odfried Hepp, einem ehemaligen Mitglied der Wehrsportgruppe Hoffmann. In dessen libanesischen Camp war Hepp ausgiebig geschult worden. Hepp und Kexel planten 1982 gemeinsam mit dem Bombenleger Peter Naumann eine Befreiung von Rudolf Hess.

Naumann erzählt bis heute auf Vorträgen vor jungen Neonazis, dass er sich schon Grundrisse des alliierten Kriegsverbrechergefängnisses in Berlin-Spandau besorgt hatte, um in den richtigen Zellentrakt vordringen zu können.[208] Nach einem Streit wurde der Plan aber aufgegeben. Stattdessen veröffentlichte die Hepp/Kexel-Gruppe ein Papier mit dem Titel *Abschied vom Hitlerismus* und rief darin zum »antiimperialistischen Befreiungskampf« gegen die USA und Israel auf. Drei Autobombenanschläge auf US-amerikanische Militärangehörige in Frankfurt, Butzbach und Darmstadt verübte die Gruppe in der Folge. Ihre Aktivitäten galten damals als Höhepunkt des Rechtsterrorismus, da die Täter auffallend professionell, geplant und konspirativ vorgegangen waren.

Nach dem Zusammenbruch der DDR und der Wiedervereinigung beginnt eine beispiellose rechtsextreme Gewaltwelle. Vor allem in Ostdeutschland werden Migranten und
alternative Jugendliche, Obdachlose und Homosexuelle zu
Tode geprügelt. In Hoyerswerda, Rostock-Lichtenhagen oder
Quedlinburg kommt es zu pogromartigen Ausschreitungen.
Asylbewerberheime gehen in Flammen auf, etwa in Mölln
und Solingen. 1997 schießt in Ost-Berlin der Neonazi Kay
Diesner einen linken Buchhändler nieder und tötet später
auf der Flucht einen Polizisten. Im Jahr 2000 tötet in Dortmund der Rechtsextreme Michael Berger drei Polizeibeamte
und sich selbst.

Viele dieser Toten werden von den Behörden nicht offiziell als Opfer rechter Gewalt anerkannt. Man habe das genaue
Motiv des Schützen nicht mehr klären können, weil er selbst
tot war, lautete nach der Tat beispielsweise bei Berger die lapi-
dare Begründung der Staatsanwaltschaft. Seit 1990 gab es Re-
gierungsangaben zufolge in Deutschland 53 Todesopfer rechter Gewalt (mit den Opfern des NSU erhöhte sich diese Zahl
auf 63). Mindestens 86 weitere Menschen sind jedoch nach
Recherchen der Wochenzeitung *Die Zeit* und des Berliner
Tagesspiegel seit der Wiedervereinigung aus rechtsextremen
Motiven heraus ermordet worden.[209]

Meist handelte es sich bei diesen Taten um spontane Angriffe, etwa von betrunkenen Skinhead-Trupps. Hinter diesem blanken Straßenterror geriet in den Neunzigerjahren der
Terrorismus von rechts in den Hintergrund – doch es gab ihn
weiterhin. Von 1993 bis 1997 etwa verübte der Österreicher
Franz Fuchs eine Anschlagserie mit Rohr- und Briefbomben,
dabei wurden vier Roma im Burgenland getötet und 15 Menschen, darunter der damalige Wiener Bürgermeister Helmut

Zilk, teilweise schwer verletzt. Zu den Adressaten der Briefbomben zählten unter anderem die farbige Fernsehmoderato-
rin Arabella Kiesbauer und der Lübecker Vizebürgermeister,
der zuvor die Urteile in einem Prozess um einen Brandanschlag auf die Lübecker Synagoge als zu milde kritisiert hatte.

Die eingangs erwähnte Broschüre des Bundesverfassungs-
schutzes aus dem Jahr 2004 listet reihenweise Fälle auf, etliche
davon betreffen Kader, die seit Jahrzehnten im Rechtsextremismus aktiv sind: Meinolf Schönborn zum Beispiel, Vorsitzender der 1992 verbotenen Nationalistischen Front (NF). Er
hatte zur Gründung eines »Nationalen Einsatzkommandos«
aufgerufen, dessen Aufgabe sollte, so die Verfassungsschützer, »die Aufstellung kadermäßig gegliederter, mobiler Ver-
bände sein, die für den politischen Kampf auf der Straße und
die Planung und Koordinierung überraschender Gewaltak-
tionen vorgesehen waren«, unter anderem gegen »Auslän-
derverbrecherbanden«, Linke und den Staat.[210] Oder Anton
Pfahler, vor mehr als dreißig Jahren »Sektionsleiter und Waf-
fenlieferant«[211] der Wehrsportgruppe Hoffmann. Nach Hin-
weisen des Bayerischen Verfassungsschutzes ermittelte das
dortige LKA gegen ihn und vier weitere Männer, bei einer
Hausdurchsuchung 1998 wurden elf Maschinenpistolen sowie Handgranaten und andere Waffen gefunden. Oder Ek-
kehard Weil. Seine Gewalthistorie reicht zurück bis ins Jahr
1970, als er am Weltkriegsehrenmal in Berlin-Tiergarten einen sowjetischen Soldaten durch zwei Schüsse schwer verletzte.[212] In den frühen Achtzigerjahren verübte er in Österreich
Anschläge auf jüdische Häuser, unter anderem auf die Wohnung von Simon Wiesenthal. 1995 wurden bei Hausdurchsuchungen Waffen gefunden, einer Haftstrafe entzog sich Weil
durch Flucht und wurde erst im Jahr 2000 von einem SEK der
Polizei in Bochum verhaftet. »Es ist zu erwarten«, schreiben
die Verfassungsschützer, »dass er nach seiner Haftentlassung
erneut ein nicht unerhebliches Gefahrenpotenzial darstellt.«

Auch mehrere Kleingruppen spürten die Behörden in den Neunzigerjahren auf: 1997 etwa hatten sich sechs Männer im sächsischen Meerane vollautomatische Schusswaffen zugelegt; wofür sie genutzt werden sollten, konnten die Behörden nicht ermitteln, so gab es lediglich Bewährungsstrafen. Im selben Jahr fand die Polizei bei Berliner Neonazis eine Rohrbombe, mit der sie einen Anschlag auf einen jungen PDS-Politiker in Treptow verüben wollten. Im Mai und Juni 2000 wurden bei militanten Rechtsextremen in Berlin und Südbrandenburg eine Rohrbombe und ein Gewehr mit Zielfernrohr und Schalldämpfer gefunden. Ebenfalls in Brandenburg verübte eine selbst ernannte Nationale Bewegung in den Jahren 2000 und 2001 mindestens 16 Straftaten: Türkische Imbisswagen wurden angezündet, der jüdische Friedhof und ein Wohnheim für jüdische Zuwanderer in Potsdam angegriffen. Täter wurden nie ermittelt.

Etliche Sprengstoffanschläge aus jenen Jahren sind bis heute ungeklärt: Gleich zweimal war 1998 in Berlin-Charlottenburg das Grab von Heinz Galinski das Ziel, dem langjährigen Vorsitzenden des Zentralrats der Juden in Deutschland. Im März 1999 wurde in Saarbrücken ein Anschlag auf die Wanderausstellung zu Verbrechen der Wehrmacht verübt. Im März 2002 warfen Unbekannte erneut eine Bombe auf den jüdischen Friedhof in Berlin-Charlottenburg. Größeres Aufsehen verursachte keine der Taten. Lediglich ein geplanter Anschlag im November 2003 zog Schlagzeilen nach sich: Der damals 27-jährige Martin Wiese hatte zusammen mit einigen Komplizen aus der neonazistischen Kameradschaft Süd die Grundsteinlegung der neuen Münchner Synagoge angreifen wollen, der bayerische Verfassungsschutz war aber durch Hinweise eines V-Manns darauf aufmerksam geworden.

Immer wieder in den vergangenen Jahren und Jahrzehnten hieß es bei Sicherheitsbehörden und in den Medien, es handele sich um rechtsextreme »Einzeltäter«; für – so die hierzulande übliche Definition von Terrorismus – langfristig geplante und systematisch vorbereitete Taten durch feste Gruppen von mindestens drei Personen gebe es keine Hinweise. Doch diese juristische Grenzziehung ist gerade bei Gewalt von rechtsaußen wenig sinnvoll; Aktionen einzelner Täter und ohne erkennbare Koordination werden in rechtsextremen Kreisen ausdrücklich als Strategie propagiert. Die vierbändige Schrift *Eine Bewegung in Waffen* zum Beispiel, erschienen 1991 unter dem Pseudonym Hans Westmar, empfiehlt die Bildung kleiner, eigenständiger Gruppen nach dem Vorbild des Werwolfkonzepts der Nationalsozialisten. Aus dem Untergrund heraus sollten diese den Kampf aufnehmen. Exekutionen von »Feinden« seien dabei »unerlässlich und überdies legitim«.[213]

1992 veröffentlichte der US-Neonazi Louis Beam sein Konzept des »leaderless resistance«. Dieser »führerlose Widerstand« gegen den (angeblich jüdisch beherrschten) Staat müsse sich auf geheime Widerstandzellen stützen, kleine »phantom cells« oder gar Einzelkämpfer (»lone wolf«). Verbunden seien diese nicht durch irgendeine Führung oder Struktur, sondern allein durch eine gemeinsame Ideologie; eine Unterwanderung durch Sicherheitsorgane werde so praktisch unmöglich. Wann und wo zugeschlagen wird, bleibe den Zellen selbst überlassen. »Es wird die Verantwortung jedes Individuums, sich die nötigen Fähigkeiten und Informationen dafür, was zu tun ist, anzueignen«, so Beam. »Diejenigen Idealisten, die wahrhaftig der Sache der Freiheit verbunden sind, werden handeln, wenn sie fühlen, dass die Zeit dafür reif ist.« Bekennerschreiben oder dergleichen sind beim »leaderless resistance« nicht vorgesehen.[214]

Überaus populär in der Szene sind die *Turner Diaries* des US-Rechtsextremisten William Pierce. Sie beschreiben in Romanform einen Einzelkämpfer gegen Schwarze, Juden und das gesamte politische System der USA. Das Buch soll den Terroristen Timothy McVeigh zu seinem Anschlag auf ein Regierungsgebäude in Oklahoma City 1995 angeregt haben, in Deutschland sind die *Turner-Tagebücher* seit 2006 indiziert.

Auch die Taten der deutschen Polizistenmörder Kay Diesner und Michael Berger weisen deutliche Parallelen zum Konzept des »lone wolf« auf. Dennoch erklärte die Bundesregierung 1997 auf eine Bundestagsanfrage: »Es gibt keine Hinweise auf eine Umsetzung solcher Konzepte in der Neonazi-Szene.«[215] Im Jahr darauf gingen die späteren NSU-Terroristen in den Untergrund.

Staatsanwälte hielten den NSU für »keine schlagkräftige Organisation«

Auf die Verbote zahlreicher neonazistischer Organisationen Anfang bis Mitte der Neunzigerjahre reagierte die Szene auf zweierlei Art: Ein Teil wandte sich der NPD zu, die sich ab 1996 unter dem neuen Vorsitzenden Udo Voigt für ehemalige Mitglieder militanter Gruppen öffnete. Andere Rechtsextremisten suchten nach neuen Strukturen, die Idee zu den nur lose verbundenen Neonazi-Kameradschaften wurde geboren, aus denen heraus etwa in Bayern die Gruppe um Martin Wiese entstand oder eben in Thüringen der NSU.

Die NPD propagierte damals – wie heute – Zurückhaltung. Gewalt schade dem öffentlichen Ansehen, erklärte beispielsweise der Parteichef Voigt regelmäßig. Im Parteiblatt *Deutsche Stimme* erschien Ende 1997 ein ganzseitiger Artikel, in dem gleich in der Überschrift Terrorismus als »politische Sackgasse« bezeichnet wurde.[216] Anlass war das 20. Jubiläum des Deutschen Herbstes, also des Höhepunkts der Terrorwelle der Rote Armee Fraktion. Ähnliche Taten von rechts seien »völlig aussichtslos und absolut schädlich«, hieß es da. Die Begründung ist eine Mischung aus eher taktischen Gründen und kruden Grundsatzerwägungen. »Das deutsche Volk«, argumentiert der Autor, »lehnt mentalitätsbedingt Terror ab.« Deshalb habe die RAF, anders als ihre Vorbilder Che Guevara oder Mao Tse-tung, nie einen breiten Rückhalt gewinnen können. Der Linke fehle halt »der totale Bezug zu Mentalität und Tradition des deutschen Volkes, dem Terror und Heimtücke absolut nicht eigen ist«. Außerdem verhindere Terror »die Entstehung einer Volksgemeinschaft«. Und sowieso habe »die nationale Bewegung« es nicht nötig, ihre Ziele mit Gewalt zu vertreten, denn sie sei »den herrschenden Ideologien überlegen«.

Daneben führt das NPD-Blatt noch eine Reihe pragmatischer Gründe an, die gegen Terrorismus sprächen: So sei es heute gar nicht mehr möglich, »sich den modernen Fahndungsmethoden dauerhaft zu entziehen«. Zudem sei »der Staat BRD durch Terror nicht zu bezwingen, auch weil er nicht souverän ist«. Die wahren Herrscher, sollte das wohl heißen, seien die USA oder gleich das Weltjudentum. Und: »Die Führungskräfte der BRD sind beliebig austauschbar, ein Tyrannenmord also gar nicht möglich.«

Schon zwei Jahre zuvor hatte der Bombenbauer Peter Naumann überraschend eine *Erklärung der kämpferischen Gewaltfreiheit* veröffentlicht. »US-amerikanische bzw. israelische Geheimdienst-Offiziere«, warnte er, würden »arglose junge Idealisten« zu Terrortaten »aufwiegeln«. Dadurch würden »medienwirksam Negativklischees fabriziert«. Seine »volkstreuen und heimatverbundenen Kameraden« sollten sich aber nicht provozieren lassen, sondern »das Herz des Volkes« zu gewinnen versuchen.[217] Zum Beweis seiner Ernsthaftigkeit führte Naumann in Begleitung eines Kamerateams das BKA zu zehn Waffen- und Sprengstoffdepots, die er offenbar von seinem einstigen Kampfgenossen Heinz Lembke übernommen hatte.[218]

Innerhalb der Neonazi-Kameradschaften (und zumindest klammheimlich auch in der NPD) sahen das viele ganz anders. Mehrfach erschienen in den Neunzigerjahren offene Aufrufe zur Gewalt, die Schriften von Pierce und Beam und Hans Westmar wurden breit rezipiert. Der Polizistenmörder Diesner galt als Held. »Man darf nicht vergessen, dass wir im Krieg sind mit diesem System, und da gehen nun mal einige Bullen oder sonstige Feinde drauf«, hieß es beispielsweise im Mai 1999 in der Szene-Zeitschrift *Hamburger Sturm*. Im Jahr darauf veröffentlichte der neonazistische *Reichsruf* »Thesen zum führerlosen Widerstand«. Die zunehmende Popularisierung des Internets machte die Verbreitung anonymer Mordaufrufe einfach. Auf die islamistischen Anschläge des 11. September 2001 in den USA blickten viele Neonazis mit Schadenfreude – und auch etwas Neid, zu solchen Taten nicht fähig zu sein.

In dieser Szene wuchs seit Mitte der Neunzigerjahre in Jena der Nationalsozialistische Untergrund. Der bundesweit größte und gefährlichste Zusammenschluss von Nazikameradschaften ist damals der Thüringer Heimatschutz (THS). Im Gespräch mit einem britischen Journalisten reden die Mitglieder Klartext über ihre Ziele. »Da formieren sich die Führungskräfte von Thüringen und planen Aktionen gegen den Staat.«[219] Rund 180 Mitglieder hat die Gruppierung, mittendrin: Uwe Mundlos, Beate Zschäpe und Uwe Böhnhardt.

1996/97 beginnt das Trio seine Basteleien mit Sprengkörpern. Rund um den Jahreswechsel gehen bei der Jenaer Stadtverwaltung, einer Polizeistation und der Redaktion der *Thüringischen Landeszeitung* Briefbombenattrappen ein, die Polizei ermittelt erfolglos gegen Zschäpe. Im September 1997 finden Kinder auf dem Jenaer Theaterplatz einen Koffer, der mit Hakenkreuzen versehen ist und rund zehn Gramm TNT enthält. Im November observiert der Thüringer Verfassungsschutz die drei und bekommt mit, dass sie verdächtige Utensilien beschaffen. Im Dezember taucht ein weiterer Koffer auf einem Friedhof der Stadt auf. Am 26. Januar 1998 finden die Ermittler schließlich in einer Garage vier funktionsfähige Rohrbomben und 1,4 Kilogramm Sprengstoff. Böhnhardt kann während der Durchsuchungsaktion in sein Auto steigen und davonfahren. Als kurze Zeit später ein Haftbefehl da ist, sind die Drei nicht mehr auffindbar.

Ihre Gefährlichkeit wird von den Thüringer Behörden – wie so oft bei Rechtsextremisten – unterschätzt. Die Staatsanwaltschaft Gera mag keine Anzeichen für organisierten Terrorismus erkennen, sondern nur ein »loses Geflecht von Einzeltätern«.[220] Ermittelt wird lediglich wegen des »Verdachts auf Herbeiführens einer Sprengstoffexplosion«. Er glaube nicht, dass man »von einer schlagkräftigen Organisation« sprechen könne, »die geplant, gezielt, strategisch« vorgeht, sagt Staatsanwalt Arndt Köppen damals in einem Fernsehinterview.[221] »Früher oder später werden wir die Herren bei uns begrüßen können«, gibt er sich sicher. Eine Fehleinschätzung, wie sich zeigen sollte, eine von vielen. Für einen »gefährlichen Spinner« hält der Landesverfassungsschutz einen weiteren Jenaer Neonazi, der sich im September 1998 beim Experimentieren mit einer russischen Panzergranate in die Luft sprengt, »eine Verbindung nach rechts ergibt sich nicht«. Zwei Jahre später räumt die Behörde ein, dass der Mann ganz offensichtlich ein viertes Mitglied der untergetauchten Bombenbastler-Truppe war.[222]

Eine Weile lang suchen verschiedene Sicherheitsbehörden mit wechselnder Energie und Professionalität nach den drei Flüchtigen. Weil lediglich wegen Verstößen gegen das Sprengstoffgesetz ermittelt wird, stellen die Geraer Staatsanwälte im Juni 2003 das Verfahren wegen »Verfolgungsverjährung« ein. Warum Zschäpe, Mundlos und Bönhardt auch jetzt nicht wieder auftauchen, wo ihnen von der Justiz nichts mehr droht, fragt sich offenbar niemand.

Viele wichtige Akten und Beweismittel werden vernichtet, deshalb kann heute beispielsweise nicht mehr geklärt werden, ob die Nagelbombe von Köln-Mühlheim 2004 mit dem gleichen Sprengstoff gefüllt war, der 1998 in der Garage in Jena gefunden wurde. Seit dem Ende des NSU im November 2011 müssen die Ermittler mühsam rekonstruieren, was in den 13 Jahren genau passierte. Inzwischen gehen die Behörden von einem mehr als 20 Personen umfassenden Unterstützerkreis aus. Die Helferinnen und Helfer kommen aus genau dem braunen Geflecht, vor dem Beobachter seit Jahren gewarnt haben: aus NPD und Neonazi-Kameradschaften, aus Rechtsrock-Milieu und dem Skinhead-Netzwerk Blood & Honour, das die Behörden nach einem Verbot im Jahr 2000 für so gut wie erledigt hielten. Die Einschätzung der Behörden, man habe die gesamte Szene durch V-Männer umfassend im Blick, entpuppte sich als fataler Irrtum.

Ahnungslose Fahnder: »Dazu kann ich nichts sagen«

So kam es, dass auch die Rechtsterrorismus-Broschüre des Bundesamtes für Verfassungsschutz aus dem Jahr 2004 falsche Entwarnung gab. »Insbesondere in den Jahren 1999 und 2000 befanden sich einige Verdächtige in einem Vorbereitungsstadium«, hieß es dort über die Jahre, in denen die drei NSU-Terroristen bereits abgetaucht waren, drei Banküberfälle in Chemnitz und in Nürnberg auch schon ihren ersten Mord an dem türkischen Blumenhändler Enver Simsek begangen hatten.

Der Verfassungsschutz jedoch schrieb über die von ihm gesammelten »Verdachtsfälle« von Rechtsterrorismus: »Ihre Bestrebungen wurden frühzeitig aufgedeckt und zerschlagen, noch bevor eine ernsthafte Gefährdung entstehen konnte.« Verbote, Hausdurchsuchungen und andere »Exekutivmaßnahmen«, so die Behörde, hätten »eine erhebliche abschreckende Wirkung erzielt …, indem sie gewaltbereiten Rechtsextremisten das hohe Entdeckungsrisiko verdeutlichten«. Das »hohe Misstrauen innerhalb der Szene« erschwere den »Aufbau selbst kleinster militanter Gruppierungen«. Lediglich mit »Feierabendterrorismus« sei von rechts zu rechnen, also mit Tätern, die neben einer bürgerlichen Existenz auch Anschläge verüben.

Die Verfassungsschützer erwähnten Böhnhardt, Mundlos und Zschäpe sogar noch einmal explizit in ihrem Kapitel zu »Bilanz und Prognose« – in einer rückblickend sehr peinlichen Verkennung der Realität: »Ungeachtet der Tatsache, dass es den ›Bombenbastlern von Jena‹ jahrelang gelungen war, sich ihrer Verhaftung zu entziehen, gibt es keine wirkungsvolle Unterstützerszene, um einen nachhaltigen Kampf aus dem Untergrund heraus führen zu können.«

Jahrelang war der Sicherheitsapparat ahnungslos. Und dass dies nicht nur für die Jenaer Terroristenzelle galt, dass Polizei, Staatsanwaltschaften und Verfassungsschutz die gesamte rechtsextreme Szene eher nachlässig im Blick hatten, wurde Ende 2011 offensichtlich, als der Innenausschuss des Bundestags die Spitzen der Sicherheitsbehörden aus Bund und Ländern vorlud. Knapp drei Wochen nach der Aufdeckung des NSU mussten die versammelten Chefs dort eingestehen, dass sie keinen Überblick hatten über untergetauchte Neonazis. Das Protokoll der nicht öffentlichen Sitzung macht das ganze Versagen deutlich:

Wolfgang Bosbach (CDU), der Vorsitzende des Innenausschusses, fragt: »Gibt es noch andere Rechtsextremisten, die per Haftbefehl gesucht werden, aber nicht zu finden sind?«

Heinz Fromm, Präsident des Bundesamtes für Verfassungsschutz: »Das kann ich im Moment nicht verbindlich sagen. Bisher ist mir dergleichen nicht mitgeteilt worden. Aber ich kann das nicht völlig ausschließen. Das müssen wir klären.«

Catrin Rieband, Vize-Chefin des Landesamtes für Verfassungsschutz Hessen: »Ich kann mich dem anschließen.«

Thomas Sippel, Präsident des Thüringer Verfassungsschutzes: »Ich sehe es auch so.«

Zuruf von der SPD: »Sie wissen nichts?« Das Protokoll verzeichnet weitere Zwischenrufe.

Darauf Bosbach: »Liebe Leute, jetzt muss ich aber einmal etwas sagen: Ich bin ja an und für sich gemütlich vom Wesen her. Aber nach so einem Komplex [gemeint sind die 13 Jahre lang unentdeckten Taten des NSU und das öffentliche Erschrecken nach dessen Bekanntwerden] muss man doch wissen, ob es Haftbefehle gibt und diejenigen, die man sucht, untergetaucht sind. Das ist doch das Erste, was man nachguckt!«

Die hessische Beamtin Rieband: »Uns sind keine präsent! Das ist aber nicht ausgeschlossen.«

Bosbach, mühsam beherrscht, hakt nochmal nach: »Gibt es nicht vollstreckbare Haftbefehle in dieser Szene? Das ist doch die Frage. Das kann man doch nicht mit Nichtwissen beantworten.«

Zwischenruf: »Anscheinend ja!«

Bosbach: »Ja, gut. Herzlichen Glückwunsch!«

Später versucht es der Ausschussvorsitzende noch einmal beim Generalbundesanwalt, der – das sei zu seiner Ehrenrettung gesagt – zu diesem Zeitpunkt erst wenige Wochen im Amt war. »Herr Range, ist Ihnen vielleicht etwas von der Nichtvollstreckbarkeit von Haftbefehlen gegen gesuchte Personen aus der Szene bekannt?«

Harald Range: »Dazu kann ich nichts sagen. Wenn, dann müsste eigentlich die Polizei, also das BKA, etwas dazu sagen können; denn die Frage der Fahndung bei Haftbefehlen müsste man dort feststellen können.«

Darauf erhält Jörg Ziercke das Wort, der Präsident des Bundeskriminalamtes: »Ich hatte ja eingangs ausgeführt, dass wir alle Altfälle untersuchen. Da sind wir dabei. Dazu gehören natürlich auch die Haftbefehle. Das ist doch ganz klar. Aber man kann nicht alles auf einmal machen.«

Es ist unvorstellbar, dass die Sicherheitsbehörden bei islamistischen Terrorverdächtigen ähnlich lax agiert hätten, dort werden Verdächtige mit Hochdruck überwacht. Auch in der linksextremen Szene sind die Ermittler selbst bei kleinen Anlässen schnell mit Abhörmaßnahmen, Observierungen und Festnahmen zur Stelle. Den Rechtsextremismus jedoch nahm man jahrelang nicht ernst. Nach dem NSU-Desaster und dem Druck der Öffentlichkeit legten sich die Ermittler dann aber ins Zeug. Der Fahnungsdruck auf die Szene hat sich seitdem merklich erhöht, reihenweise gab es seit Dezember 2011 Hausdurchsuchungen. Innerhalb weniger Wochen hatten die Sicherheitsbehörden auch einen Überblick über flüchtige Rechtsextreme. Es gebe »160 Personen mit (teilweise mehreren) offenen und noch nicht verjährten Haftbefehlen«, hieß es im März 2012 in der Antwort auf eine Bundestagsanfrage der Linkspartei.[223] Und mit einem Mal konnten etliche von ihnen gefasst werden. Auf dem Flughafen Brüssel-Zaventem wurde beispielsweise ein fünffach gesuchter Neonazi aus Thüringen festgenommen, der inzwischen in Litauen und Kolumbien lebte. Anfang April wurde in Portugal Gerd Ittner aufgestöbert, ein bayerischer Neonazi und fanatischer Hitler-Verehrer mit Verbindungen ins Umfeld des NSU, der zuvor sieben Jahre lang angeblich nicht auffindbar war. Insgesamt wurden innerhalb weniger Monate 51 flüchtige Rechtsextremisten gefasst.[224]

Autonome Nationalisten – die Terroristen von morgen?

Schaut man sich die rechtsextreme Szene von heute an, so kommen das höchste Aggressionspotenzial und der stärkste Geltungsdrang aus den Reihen der Autonomen Nationalisten (AN). Zwar ist ein Großteil ihrer gern zur Schau gestellten Kampfbereitschaft reine Inszenierung, da wird schon eine kleine Schubserei mit Polizisten in rückblickenden »Aktionsberichten« zum »erfolgreich abgewehrten Angriff der Staatsmacht« umgedeutet. Doch trotz aller Selbstüberschätzung droht von den AN eine neue Art rechter Gewalt: Die Tatbestände unterscheiden sich wenig von jenen der Neunzigerjahre – Körperverletzung, Landfriedensbruch, Brandstiftungen. Neu aber ist deren teils professionelle Organisation und Umsetzung. Früher dominierten Spontanübergriffe betrunkener Nazicliquen auf zufällige Opfer, die in das Feindschema passten – heute bei den Autonomen Nationalisten werden die Attacken meistens geplant. Bei diesen neuen Neonazis hat sich nicht nur das äußere Erscheinungsbild geändert, sondern auch der Umgang mit Gewalt. Wer künftige Rechtsterroristen verhindern will, sollte diese Szene also ganz besonders genau im Blick haben.

»Den Riot [zu Deutsch: Randale] auf die Straße tragen« – so definieren die AN ihr Ziel.[225] Schon bei ihrem ersten großen Auftritt, einem NPD-Aufmarsch in Hamburg am 1. Mai 2008, wurde klar, was das bedeutet. Mehrfach gelang es dort dem braunen Schwarzen Block der Neonazis, aus dem Polizeispalier auszubrechen und Journalisten, Gegendemonstranten und Polizisten anzugreifen. Ein Video im Internet zeigt, wie ein Dutzend vermummter Rechtsextremisten, einen Fotojournalisten zusammenschlagen und seine Kamera rauben, angefeuert vom damaligen Landeschef der Partei, Jürgen Rieger. Doch die eingesetzten Beamten waren völlig überrascht, zuvor folgten NPD-Demonstranten in der Regel dem Motto, möglichst ordentlich in Reih' und Glied aufzumarschieren. Auch die Entwicklung der Autonomen Nationalisten, zeigte sich da, hatten die Sicherheitsbehörden weitgehend verschlafen. 2007 hatte der Verfassungsschutz die bundesweite Zahl der Autonomen Nationalisten noch auf

200 beziffert – bei dem NPD-Aufmarsch in Hamburg im Jahr darauf aber machte deren Schwarzer Block dann plötzlich fast die Hälfte der 1300 Teilnehmer aus.

Auch zwei Vorfälle aus Hessen zeigen, wie wenig Einblick der Staat anfangs in die neue Strömung hatte. Auf einem Campingplatz nahe Kassel überfielen 2008 Neonazis ein Sommercamp der Jugendorganisation der Linkspartei, unter anderem wurde mit einem Klappspaten auf die in Zelten schlafenden Jugendlichen eingeprügelt, eine 13-Jährige lebensgefährlich verletzt. Der Haupttäter wurde schnell gefasst: Kevin Schnippkoweit, ein bekannter AN-Aktivist, der gleichzeitig enge Kontakte zur NPD pflegt. Der damals 19-Jährige ist mitverantwortlich für das Neonazi-Videoprojekt *Volksfront Medien,* in deren Filmen er selbst auftritt. Bis heute finden sich im Netz die professionell geschnittenen Clips, in denen es zum Beispiel heißt, Deutschland befinde sich »im Krieg« gegen Juden, Homosexuelle und Ausländer. »Dieser Krieg«, spricht Schnippkoweit da mit eindringlicher Stimme in die Kamera, »wird für sie erst zu Ende sein, wenn der letzte Tropfen ›reinen Blutes‹ aller Völker verflossen ist«.[226] In mehreren Antifa-Broschüren gab es lange vor dem Angriff Fotos von Schnippkoweit und detaillierte Artikel über seine Aktivitäten.

Ein Polizeisprecher aber erklärt nach der Tat verblüfften Journalisten, es gebe in Nordhessen »keine vernetzten Nazistrukturen« und Schnippkoweit sei bisher nicht aufgefallen. Auch der Verfassungsschutz gab zu, dass man den Haupttäter nicht kannte. Es müsse erst noch geprüft werden, so der Präsident des hessischen Landesamtes, ob Schnippkoweit aus dem Umfeld der örtlichen Kameradschaften stamme oder gar ein Aktivist sei. Schon zuvor waren hessische Sicherheitsbehörden durch Unwissenheit aufgefallen. Als eine namentlich bekannte AN-Aktivistin sich 2007 im Mobilisierungsvideo für einen Neonaziaufmarsch in Frankfurt/Main mit einem

Molotow-Cocktail filmen ließ, meinte ein Polizeisprecher, es handele sich um einen Fake-Film der Antifa, um die Stimmung anzuheizen.[227]

Dass die Gewalt auf der Maidemonstration 2008 in Hamburg nur ein Vorgeschmack war, offenbarte sich im Jahr darauf, als in Dortmund mehrere Hundert Autonome Nationalisten eine DGB-Kundgebung mit Steinen, Holzlatten und Feuerwerkskörpern angriffen. Auch hier wurden die anwesenden Polizisten völlig überrascht, es gab mehrere Verletzte; vonseiten der AN war der Angriff, wie später bekannt wurde, lange geplant. 2010 wurden dann in Berlin die Behörden überrumpelt. Weit entfernt vom eigentlich angemeldeten Kundgebungsort stürmten fast 300 Autonome Nationalisten plötzlich aus der S-Bahn. Ungebremst zogen sie über die Touristenmeile am Kurfürstendamm und attackierten dabei Passanten und Polizeibeamte. Erst nachdem Verstärkung angerückt war, konnten die Neonazis festgenommen werden. Dabei wurden verbotene Teleskopschlagstöcke, Pfefferspray, Feuerwerkskörper und ein Messer beschlagnahmt. Auch dieser 1. Mai war präzise geplant worden. AN-Führer hatten zuvor E-Mails an »vertrauensvolle Kameraden« versendet, im Anhang mehrere Stadtpläne mit eingezeichneten Routen für die »Spontanaktion«, eine davon führte zum Holocaustmahnmal.

Für die Teilnehmer solcher Aktionen gibt es detaillierte Schulungspapiere. Eines aus der Dortmunder AN-Szene zeigt, wie der Schwarze Block per Kommando strukturiert wird: »Wenn Aktivisten ›Plus!‹ rufen, werden Ketten gebildet. Wenn die Aktivisten ›Minus!‹ rufen, werden die Ketten wieder aufgelöst.« Für »junge, unerfahrene oder weibliche Aktivisten« gelte, dass sie nicht an den Seiten, sondern in der Mitte laufen müssen.[228] Ein anderes Dokument beschreibt, wie sich aus der Gruppe heraus möglichst unerkannt Straftaten verüben lassen: »Beim Einsatz von Wurfgeschossen werden auf Kommando Seiten- und Fronttransparent über Kopfhöhe gehalten und die Wurfgeschosse aus der Mitte des Blockes geschmissen. ... Beim Schreien von Parolen sollten alle die Faust heben und dabei eine Wurfbewegung machen. Wenn 50 Leute gleichzeitig eine Wurfbewegung machen und aus ein paar Händen Steine fliegen, ist es selbst mit gutem Videomaterial der Bullen nicht möglich, den Werfer zu identifizieren.«[229]

Die Überraschungen für die Sicherheitskräfte nahmen kein Ende. Im Februar 2011 griffen in Dresden mehr als hundert Autonome Nationalisten unter den Augen der Polizei ein alternatives Kulturzentrum an. Mit Steinen und Flaschen warfen sie die Scheiben ein und drangen anschließend mit Holzlatten und Schaufeln bewaffnet in das Haus ein. Die Bewohner konnten sich in den oberen Stockwerken verbarrikadieren. Ein Nachbar filmte die gespenstischen Szenen minutenlang. Besonders bizarr: Nur hundert Meter entfernt sind Polizisten in insgesamt drei Polizeiwagen zu sehen, die den Angriff beobachten, sich aber wohl nicht trauen einzugreifen. Begeistert wurde der Angriff später in Internetforen gefeiert. Hier sei vom »nationalen Entglasungstrupp ganze Arbeit geleistet« worden, findet ein User.[230]

Bei einem zweiten »Spontanaufmarsch« am selben Tag im Dresdener Vorort Freital wurde aus einem Mob von 1000 Neonazis gezielt die anrückende Polizei angegriffen. Was selbst erfahrene Ermittler überraschte, war nicht nur das hohe Gewaltpotenzial, sondern dass die Attacke offenbar von langer Hand geplant war. Alle Angreifer waren mit den gleichen »Schlauchschals« vermummt, notierten hinterher die Ermittler. Die Täter waren mit Pfefferspray, Zwillen und Beuteln voller Steine bewaffnet. Armbänder in verschiedenen Farben sollten helfen, verschiedene Nazigruppen zu kennzeichnen und zu koordinieren. Eine beinahe militärisch anmutende Planung war das, die früher undenkbar gewesen ist.

Die AN-Szene zeigte sich über den Dresden-Ausflug zufrieden. »Sieg auf ganzer Linie«, hieß es später im Internet. »Ich finde das neue Konzept hat sich bis auf ein paar Kinderkrankheiten durchaus bewährt!«

»Gegen Demokraten helfen nur Granaten«

Gezielte Angriffe auf linke Jugendliche und Mitglieder von Initiativen gegen Rechts gehören zum zentralen Aktionsfeld der Autonomen Nationalisten. Das Konzept der sogenannten Anti-Antifa-Arbeit, wie die Szene das Ausspähen und Einschüchtern ihrer Gegner nennt, ist nicht neu – doch während Neonazis früher verhältnismäßig wahllos Adressen sammelten, gehen AN-Gruppen mit fast detektivischem Eifer vor.

In Berlin nahm ein Neonazi einen Job bei einem privaten Postdienst an, um Briefe an vermeintliche Linke ausspionieren zu können. Ein anderer arbeitete im Finanzamt und besorgte aus dem Zentralrechner private Daten von mehr als 180 Personen, darunter auch die Wohnadresse eines Beamten aus der Rechtsextremismusabteilung des Staatsschutzes. Während es früher mühsam war, an Adressen oder gar Fotos zu gelangen, genügt heute oft eine Internetrecherche in Datenbanken oder sozialen Netzwerken. Schule, Arbeitsstelle, Lebenslauf, Freunde oder Vereinsmitgliedschaften – alles wird gesammelt. Die vom NSU erstellte Liste mit 10 000 aus Telefonbüchern abgeschriebenen Adressen wirkt daneben geradezu dilettantisch.

Praktische Tipps für Angriffe auf die so Ausgespähten gibt die 2008 erschiene Broschüre *an.schlag – Handbuch der Autonomen Nationalisten*. Auf 16 Seiten im jugendaffinen Layout werden die Leser für den Straßenkampf vorbereitet: Bei Brandanschlägen solle man besonders vorsichtig sein. »Die Flasche kann durch Rückzündung in den Händen explodieren, wie eine kleine Bombe«, heißt es etwa zum Umgang mit Spiritus- und Benzin-Brandsätzen. Hinweise, die offensichtlich auf Interesse stoßen. Im August 2010 warf im Dresdener Stadtteil Pieschen ein Autonomer Nationalist einen Brandsatz in ein alternatives Wohnprojekt. Das getroffene Zimmer war in der Nacht zufällig leer, die übrigen Hausbewohner konnten sich rechtzeitig in Sicherheit bringen. In Berlin wurden im Juni 2011 in einer Nacht gleich fünf Brandanschläge auf linke Hausprojekte und Jugendzentren verübt. Auch dort sorgten nur glückliche Umstände dafür, dass es keine Toten oder Verletzte gab.

Alle fünf Tatorte waren zuvor auf der Internetseite des Nationalen Widerstands Berlin mit Foto und Adresse als »gute Anschlagsziele« genannt worden. Unter den dort genannten rund 200 Namen finden sich Bundestagsabgeordnete wie Wolfgang Thierse (SPD) oder Wolfgang Wieland (Grüne). Ein »Strick um den Hals oder [eine] Kugel in den Bauch« wird allen angedroht, die sich Rechtsextremisten in den Weg stellen. Der mutmaßliche Betreiber der Seite ist Sebastian Schmidtke, Führungskader der Berliner AN und seit 2011 zugleich Landesvorsitzender der NPD. Im Frühjahr 2012 gab es bei ihm wegen der »Online-Feindesliste« eine Razzia, die Polizei ermittelt seither gegen ihn und zwei weitere Verdächtige wegen übler Nachrede, Beleidigung, Volksverhetzung und Aufforderung zu Straftaten. Schmidtke nahm die Beschlagnahme seiner Datenträger gelassen. »Keine Sorge«, versicherte er seiner Anhängerschaft auf Facebook, »alles Wichtige ist verschlüsselt.«

Auch mit Sprengsätzen hantiert die Szene bereits. Zwei Mitglieder der als besonders gewalttätig bekannten Kameradschaft Aachener Land, deren Mitglieder sich zu einem Großteil den AN zurechnen, hatten zu einem rechtsextremen Aufzug 2010 in Berlin selbst gebaute und mit Glasscherben umwickelte Sprengsätze mitgebracht. Sie wollten offenbar die beliebte Parole »Gegen Demokraten helfen nur Granaten« in die Tat umsetzen. Kurz vor einer Polizeiabsperrung verloren sie offenbar die Nerven, warfen die Sprengkörper in die Büsche und flüchteten. Erst Monate später konnte der Staatsschutz die beiden 20- und 25-jährigen Neonazis durch den Hinweis eines V-Mannes fassen. Es habe eine erhebliche Gefahr für die »leibliche Unversehrtheit« der Umstehenden bestanden, betonte der Vorsitzende Richter im anschließenden Prozess am Aachener Landgericht. Beide Täter wurden zu zwei Jahren Haft auf Bewährung verurteilt.

Ein Jahr zuvor war ein Bombenbastler aus der AN-Szene in Weil am Rhein nahe Freiburg aufgeflogen, dessen Sprengsatz noch weit gefährlicher war. Antifa-Gruppen hatten dort die Polizei auf den Täter aufmerksam gemacht. Ihnen waren private E-Mails zugespielt worden, aus denen hervorging, dass der 22-jährige Stützpunktleiter der Jungen Nationaldemokraten (JN) Lörrach große Mengen gefährlicher Chemikalien und Bücher über Sprengstoffherstellung im Internet bestellt hatte. Zudem hatte er einem NPD-Kameraden gemailt und nach »Namen und Adressen von wichtigen politischen Gegnern« in der Umgebung gefragt. Als Grund gab er an: »Wir haben uns jetzt langsam strukturiert und gehen zum Gegenschlag über.«[231]

Bei der anschließenden Razzia fanden die Polizisten ein Stahlrohr samt Schlusskappen, drei Handbücher zum Thema Sprengstoff, einen selbst gefertigten Zünder sowie eine funktechnische Vorrichtung zur Zündauslösung. Außerdem wurden ein Sturmgewehr, Patronen, mehrere Messer, Bajonette und Reizgaspistolen sichergestellt. Für eine scharfe Pistole hatte der Mann als Schützenvereinsmitglied einen Waffenschein. Er ist in der Szene kein Unbekannter. Er war zu dieser Zeit nicht nur JN-Funktionär, sondern auch führendes Mitglied der militanten Neonazigruppe Freie Kräfte Lörrach. Er pflegte enge Kontakte in die bundesweite AN-Szene. Bei Aufmärschen posierte er im typischen AN-Outfit mit

Basecap, schwarzer Kleidung und Sonnenbrille. Bei der Razzia sei die größte Menge an Bombengrundstoff gefunden worden, die man je bei einem Neonazi aufgespürt habe, sagten die baden-württembergischen Ermittler bei der Festnahme. »Die Bombe hätte zu Toten und Schwerverletzten führen können. Die Splitterwirkung wäre verheerend gewesen«, hieß es weiter. Doch das Oberlandesgericht Karlsruhe sprach den jungen Mann im Dezember 2011 frei, weil ihm kein konkreter Anschlagsplan nachzuweisen gewesen sei.

Funde wie dieser sind kein Einzelfall. Allein 2009 und 2010 hat die Polizei bundesweit 270 scharfe Waffen bei Hausdurchsuchungen in der rechtsextremen Szene beschlagnahmt, darunter Pistolen, Gewehre und 40 Spreng- und Brandvorrichtungen. Im November 2011 stieß die Polizei in Wohnungen von Mitgliedern der Autonomen Nationalisten Bückeburg (Niedersachsen) auf »große Mengen von gefährlichen Knallkörpern aus osteuropäischer Produktion« deren Besitz gegen das Sprengstoffgesetz verstößt. Im März 2012 beschlagnahmten Kollegen in Sachsen-Anhalt bei Jungnazis insgesamt 237 Sprengkörper, die meisten davon nicht in Deutschland zugelassen. »Bei der Menge fragt man sich schon, was die damit vorgehabt haben«, kommentierte ein Fahnder. Kurz darauf wurden die Ermittler erneut bei Autonomen Nationalisten in Niedersachsen fündig: Hakenkreuzfahnen, Baseballschläger, Schreckschusspistolen sowie selbst gebaute Sprengkörper und Tränengasgranaten wurden sichergestellt.

Vom Rechtspopulismus zum rechten Terror in nur einem Jahr

Wie gefährlich die rasante Radikalisierung einer kleinen Clique Autonomer Nationalisten werden kann, förderte Ende April 2012 beispielhaft eine Razzia in Nordrhein-Westfalen zutage. Mehr als hundert Beamte inklusive eines schwer bewaffneten SEK-Teams stürmten 17 Wohnungen in dem kleinen Örtchen Radevormwald bei Wuppertal. Der Vorwurf: Bildung einer kriminellen Vereinigung – dabei waren die 15 Beschuldigten der Gruppe namens Freundeskreis Rade gerade mal 15 bis 25 Jahre alt. Dennoch nannte die Polizei sie »extrem gewaltbereit«. Von der Gründung über Propaganda-Aktionen und kontinuierliche Gewalttaten bis zum vollen Waffendepot brauchten die Jugendlichen lediglich ein Jahr. Beschlagnahmt wurden Gewehre, Pistolen, diverse Messer, Schwerter, Schlagringe und -stöcke – ein Fund, der selbst für erfahrene Beamte eine zuvor »unbekannte Dimension« hatte, wie der Kölner Polizeipräsident sagte. Der Leiter des dortigen Staatsschutzes räumte hinterher ein, man habe in Bezug auf die Autonomen Nationalisten »Nachholbedarf«.

Erst im Frühjahr 2011 hatte sich der Freundeskreis Rade gegründet. Viele Mitglieder waren zuvor bei der Jugendorganisation der Rechtspopulisten von Pro NRW, doch da wird es den aktionistischen Jugendlichen schnell langweilig. Unter neuem Label beginnen sie, mit Gewalt gegen alternative Jugendliche und Migranten vorzugehen. In der ganzen Stadt verkleben sie ihre Propaganda. Im typisch poppigen Stil der AN zeigt ihr Logo einen Neonazi, der mit einer Heugabel ein am Boden liegendes Opfer ersticht. »Schluss mit Multi-Kulti-Wahn«, steht daneben. Auf einem anderen Aufkleber wird einer Figur mit Antifa-Logo eine Pistole an den Kopf gehalten. Bald hat der sogenannte Freundeskreis eine Internetseite und einen Twitter-Account, er wächst auf rund 25 Mitglieder.

Im Februar desselben Jahres werden ein Kioskbesitzer und sein Sohn, der eine Gruppe ANler wegen Flaschenwürfen auf das Geschäft verfolgte, in einen Hinterhalt gelockt und von Vermummten mit Schlagstöcken und Eisenstangen angegriffen. Als im April Mitglieder des örtlichen Runden Tisches gegen rechts öffentlichkeitswirksam Naziaufkleber in der Stadt entfernen wollen, werden sie von 15 Mitgliedern der Nachwuchs-AN bedroht und fotografiert. Auf der Internetseite des Freundeskreises stehen die Porträts der Bürger hinterher unter der Überschrift »Demenzerkranktes Gutmenschenpack macht sich lächerlich«.[232] Nach einer Anti-Nazi-Veranstaltung an einer Schule wird das Gesicht des Schulleiters mit Fadenkreuz auf der Stirn an die Eingangstüren plakatiert – selbstbewusst setzen die Jungnazis die Adresse ihrer Website unter das Bild. Auch Polizisten werden angegriffen. Als Beamte im Dezember 2011 zwei Jugendliche aus der Gruppe beim Sprühen von NS-Parolen erwischen, wehren die sich mit Pfefferspray. Am Ende laufen bereits mehr als 20 Ermittlungsverfahren gegen Mitglieder des Freundeskreises Rade. Und nun greift die Polizei konsequent durch – anders als einst in der heutigen AN-Hochburg Dortmund oder im Fall der späteren NSU-Terroristen in Jena.

Die Gruppe aus Radevormwald zeigt auch, wie weit das »anything goes« der AN-Szene bereits geht. Parallel besuchten die Freundeskreis-Mitglieder Pro-NRW-Veranstaltungen wie auch Aufmärsche der militanten Naziszene (die den gemäßigten und pro-israelischen Rechtspopulisten eigentlich feindselig gegenübersteht). Den als attraktiv empfundenen Stil der AN und deren betonte Gewaltbereitschaft übernahmen die Jungnazis, die alten Kontakte zu Pro NRW aber gaben sie nicht auf. Bei der Razzia wurden zwei Pro-NRW-Mitgliedsausweise gefunden, einer der Beschuldigten sitzt für die Partei sogar im Stadtrat von Radevormwald. Dies ist eigentlich ein direkter Widerspruch zur Black-Block-Attitüde und der angeblichen »Autonomie« von ANlern – aber bezeichnend für die Patchwork-Identitäten, die heute bei rechtsextremen Jugendlichen üblich sind.

Was diese jungen, radikalen Aktivisten so gefährlich macht, sind ihre fehlenden Skrupel Gewalt gegenüber. Die taktische Zurückhaltung, die viele Funktionäre rechtsextremer Parteien oder auch ältere Neonazikader zeigen, ist ihnen fremd. Es geht ihnen um eine Action und um ein Kräftemessen mit dem Staat – Wählern zu gefallen oder einer breiteren Öffentlichkeit ihre NS-Ideen näherzubringen, haben sie gar nicht erst vor. Bei einer Strategiedebatte in einem Internetforum antwortete ein Teilnehmer auf die Frage, wie man Akzeptanz in der Gesellschaft erreichen könne, mit den Worten: »Bei welchem Bürger denn? Bei dem verblödeten, BRD-umerzogenen Mitvierziger?«[233]

»Gruppen, die sich so radikalisieren, haben irgendwann kein Gewalttabu mehr«, sagt der Soziologe Rainer Erb vom Berliner Zentrum für Antisemitismusforschung. Er warnt davor, dass sich aus dem AN-Milieu »Aktionskerne« bilden, die sich immer weiter abschotten und radikalisieren – wie das läuft, hat das Beispiel der NSU-Zelle gezeigt. »Man stilisiert sich dann als politischer Soldat gegen das feindliche System. Die fühlen sich wie im Krieg«, so Erb, der die AN-Szene seit Jahren im Blick hat. »Und im Krieg sind alle Mittel erlaubt und moralisch gerechtfertigt.«

Die meist sehr jungen Aktivisten haben keine langfristige Strategie; der parlamentarische Weg, der für Mäßigung sorgen könnte, interessiert sie nicht – ihnen geht es um kurzfristige Erlebnisse. Sie wollen, dass es »knallt«. Jetzt und hier, ohne Rücksicht auf die Konsequenzen. Diese aggressive »Hyperaktivität« macht die AN unberechenbar. Und mit dem Jenaer Terrortrio gibt es nun auch Rollenvorbilder, denen man nacheifern kann. Selbst wenn dies nur wenige Leute aus der mehr als tausendköpfigen Szene tun sollten, genügt das: Für einen Terroranschlag genügt eine Kleinzelle oder ein »lone wolf«. Kurz nach dem Auffliegen des NSU tauchten in Berlin in mehreren Bezirken Schmierereien auf, geschrieben im typischen Graffiti-Stil der Autonomen Nationalisten: »Gewalt ist keinem angeboren, Gewalt wird provoziert, der NSU ist nur die Antwort, auf all den Dreck, der hier passiert!« Der

Verfassungsschutz registrierte inzwischen auf Nazikonzerten mehrfach »NSU«-Rufe, mit denen die Rechtsterroristen als Märtyrer gefeiert werden. Der Recherche-Eifer der AN, gepaart mit der radikalen Gewaltbereitschaft, ist eine brisante Mischung.

Das ist nun auch den Sicherheitsbehörden bewusst, die vor Bekanntwerden der monströsen NSU-Taten jahrzehntelang behauptet hatten, dass es »keine Erkenntnisse zur Existenz rechtsterroristischer Strukturen« gebe. In einer 20-seitigen, vertraulichen Lageeinschätzung »nur für den Dienstgebrauch« des Bundeskriminalamts wird neuerdings explizit vor »selbstradikalisierten Einzeltätern« und der »Bildung terroristischer Kleingruppen« gewarnt.[234] Das nüchterne Fazit der Beamten: »Mit Tötungsdelikten ist zu rechnen.«

»Eine ganz eigene, abgeschottete Welt«

Wie kommt man zu den Autonomen Nationalisten? Welche
Rolle spielt die Ideologie? Wie werden Gewalttaten geplant?
Ein Aussteiger berichtet

*Acht Jahre lang war er in der Neonaziszene aktiv, die meiste
Zeit davon bei den Autonomen Nationalisten in Dortmund. Er
war an Dutzenden Aufmärschen beteiligt, hat an konspirati-
ven Treffen teilgenommen und an brutalen Gewalttaten. Dann
merkte er, dass alles falsch war, woran er zuvor fest geglaubt
hatte. Er kehrte der Szene den Rücken – und musste plötzlich
selbst um sein Leben fürchten. Dieses Interview muss deshalb
ohne Nennung eines Namens erscheinen. Heute hat der 29-Jäh-
rige mit seiner Vergangenheit abgeschlossen, wohnt in einer
großen Stadt in Süddeutschland und holt seine Berufsausbil-
dung nach.*

Wie kamst du in die rechtsextreme Szene?
Meinen ersten Kontakt mit Neonazis hatte ich, als ich 16 war.
Da bin ich über Oi-Punk-Musik in einen Kreis von Nazi-
Skinheads reingerutscht. Nach einigen Jahren haben mich
aber die ganzen dort üblichen Zwänge unglaublich genervt:
In diesem Teil der Szene darfst du nur bestimmte Sachen essen, musst dich wie ein Skinhead kleiden, musst deren Musik hören – alles andere gilt als »undeutsch«. Darauf hatte ich
einfach keine Lust mehr, das war zu einengend für mich.

Wie sahen denn solche »Verbote« konkret aus?

Hätten die anderen Skins mich damals beispielsweise mit einem Döner erwischt, hätte es vermutlich Schläge gegeben. Man konnte auch nicht in Skater-Hosen rumlaufen – dafür wäre man auf jeden Fall angefeindet worden, mit Sprüchen wie »Du siehst ja aus wie eine Zecke.« Hip-Hop zu hören wäre auch überhaupt nicht drin gewesen, das galt als »Nigger-Musik«.

Wie bist du dann auf die Autonomen Nationalisten aufmerksam geworden?

Das lief über ein Naziforum im Internet. Da gab es eine große Diskussion zum Thema Schwarzer Block, die ich aufmerksam verfolgt habe ...

... das war die Diskussion um den 1. Mai 2004, mit der die AN erstmals in der rechtsextremen Szene in Erscheinung traten?

Genau. Und das war exakt der Zeitpunkt, als mich die Skinheadszene schon sehr genervt hat. Vor allem die Dortmunder und die Berliner haben sich ganz massiv für ein militantes Auftreten bei Demonstrationen eingesetzt. Das fand ich eine richtig beeindruckende Idee.

Und die betont lockeren Autonomen Nationalisten waren eine Art Befreiung?

Klar, die AN kamen im richtigen Moment. Als ich 20 war, begann dieser Stil sich gerade zu entwickeln. Ich fand das neu und interessant, wie viele andere auch. Das Motto gefiel mir: »Lebe wie du willst, solange du nur unsere Ideologie propagierst!« Von den Skinheads habe ich mich dann ganz schnell getrennt.

Wie bist du in die AN-Szene eingestiegen?

Das ging ganz einfach. Damals wohnte ich noch in Süddeutschland und habe mit Freunden eine AN-Gruppe gegründet. Ich erinnere mich noch genau, wie ich meine ganzen Skinheadshirts und Nazi-CDs an Freunde verkauft habe. Die Sachen haben mich einfach nicht mehr interessiert. Und dann sind wir alle losgegangen und haben schwarze Windbreaker, Basecaps und Tücher zum Vermummen gekauft, sind zu einem Aufmarsch nach Leipzig gefahren, für den ein Schwarzer Block der AN angekündigt war.

Was lief bei den AN anders als bei den Skinheads?

Abgesehen von der cooleren Kleidung war bei Aufmärschen auch eine ganz andere Stimmung, und die faszinierte mich. Vorher galt immer, dass man die Autorität der Staatsgewalt akzeptiere und sich füge. Gleichzeitig sahen wir aber, dass die Linksradikalen das ganz anders machen. Wenn denen bei Demonstrationen etwas nicht passt, dann widersetzen sie sich der Polizei. So selbstbewusst auftreten wollten wir auch.

Bei den Skinheads war der Hauptinhalt: am Wochenende saufen, auf Konzerte gehen und Nazi-CDs sammeln. Bei den AN war das völlig anders, da lag das Hauptaugenmerk auf ständigem Aktivismus.

Du bist dann nach Dortmund umgezogen.
Warum ausgerechnet dorthin?

Durch diese ganze AN-Geschichte entstanden plötzlich bundesweit Kontakte zu anderen Strukturen, insbesondere nach Dortmund. Man traf sich ständig in Internetforen, auf Demonstrationen. Und die Dortmunder haben gesagt: »Wir wollen hier eine Hochburg schaffen, zieht hierher. Wir besorgen euch eine Wohnung und einen Job.« Als ich mich von meiner Freundin getrennt habe, bin ich 2006 dann tatsächlich nach Dortmund-Dorstfeld in eine Nazi-WG gezogen.

Wie viel Raum in deinem Leben nahm die Ideologie damals ein?
Es gab zu dieser Zeit nichts anderes für mich. Ich hatte außerhalb der Szene keine sozialen Kontakte, keine Freunde mehr. Wir haben nur noch in den AN-Kreisen gelebt, und der ganze Alltag orientierte sich komplett am politischen Aktivismus. Es war eine ganz eigene, abgeschottete Welt, alles wie eine große Familie. Außerhalb dieser Welt hat mich zu jener Zeit halt nichts mehr interessiert.

Wie sah der Tagesablauf ab?
Fast immer gleich: Nach dem Aufstehen haben wir erst mal die Nazi-Nachrichtenseite Altermedia und die linke Onlineplattform Indymedia gelesen und mit anderen AN-Gruppen gemailt und gechattet. Danach war WG-Treffen mit gemeinsamem Essen und Planung, was wir an Aktionen machen wollten. Abends waren wir Plakatieren, haben Aufmärsche vorbereitet oder einfach zusammen gefeiert und rumgehangen.

Wovon habt ihr gelebt?
Genau wie ich hat der Großteil der Szene Arbeitslosengeld bekommen. Ein paar hatten normale Handwerkerjobs, ein ganz kleiner Teil ging noch zur Schule und machte gerade Abitur. Ein bis zwei Leute haben auch studiert. Wer dringend Geld brauchte, konnte jederzeit bei der Firma des Vaters einer Frau aus der Gruppe schwarzarbeiten. Da hat man dann vier Wochen Badezimmer gefliest und hatte erst mal wieder einen Haufen Kohle.

Wie wichtig war euch die gezielte Übernahme linker Symbolik? Wurde das als Strategie explizit diskutiert – oder ergab es sich eher zufällig?
In erster Linie ging es uns um Aktionsformen wie den Schwarzen Block. Aber es wurde auch besprochen wie man den alternativen Lifestyle kopieren kann, weil der auf Jugend-

liche einfach anziehender wirkt als dieses uralte Nazi-Skin-head-Ding.

Welche Rolle spielte Musik?

Bei den AN durfte man plötzlich alles hören, worauf man Lust hatte: Hip-Hop, Punk, ganz egal. Gerade auch bei Demos haben wir dann bewusst Musik von Bands wie den *Ärzten* laufen lassen, um damit nach außen attraktiver zu wirken.

Wie kamst du mit dem Widerspruch zurecht, Bands zu hören, von denen du wusstest, dass Nazis sie konsequent ablehnen und bekämpfen?

Da wurde einfach drüber hinweggesehen. Nur ganz wenige haben diesen Widerspruch erkannt – das waren die, die dann später auch ausgestiegen sind.

Nach außen geben sich die Autonomen Nationalisten gern modern. Wie war es intern, etwa das Verhältnis zum historischen Nationalsozialismus?

Das »Dritte Reich« wurde ganz klar verherrlicht und befürwortet, nur in der Öffentlichkeit sollte das nicht so bekannt werden. Ein Großteil der Leute hatte selbst keine Bücher zu Hause, aber es gab einige Vordenker mit viel NS-Literatur. Die haben dann wichtige Passagen kopiert und bei Treffen verteilt. Antisemitische Texte aus dem Dritten Reich, aber auch neuere Naziliteratur zur Kriegsschuld beim Zweiten Weltkrieg und so weiter. Wer sich davon etwas distanzierte, weil er dachte, die AN wäre tatsächlich etwas Offeneres, Toleranteres, wurde sofort angegangen.

Mit Gewalt?

Zumindest mit Gewaltdrohungen. Als die »AG Tierrecht« beispielsweise mal einen jüdischen Professor auf ihrer Webseite zitiert hat, haben die richtig Druck bekommen. Denen wurde gesagt: Nehmt das von der Seite, oder ihr bekommt aufs Maul. Es gab innerhalb des AN-Spektrums Befürchtungen, dass der historische Bezug schwächer werden könnte. Deshalb wurde ein Klima geschaffen, das klargemacht hat, dass Abweichungen nicht toleriert werden. Dazu wurde dann ein Pamphlet für die Erhaltung des »wahren Nationalen Sozialismus« geschrieben.

Wie ernst war es euch mit den »deutschen Tugenden« im Alltag?
Vordergründig gab es schon die Betonung von Treue, Ehre, Familie und Anstand. Aber letztlich haben die Männer immer gemacht, was sie wollten. Viele Frauen wurden in Dortmund von ihren Freunden oder Ehemännern betrogen. Insgesamt war das alles ein absoluter Widerspruch. Die AN leben ein Leben, das dem, wofür sie eigentlich stehen und was sie propagieren, total widerspricht. Einerseits werden deutsche Kultur und deutsche Werte gefordert – andererseits ist die Welt der AN meilenweit davon entfernt.

Wie viele Frauen gibt es bei den AN? Auf Postern oder Aufklebern posieren auffallend oft Frauen.
Das wird ganz bewusst gemacht, um sich offener zu geben und auch Frauen anzusprechen. Der weibliche Anteil bei den AN ist aber nicht höher als in anderen Nazi-Szenen. Von zehn ANlern waren höchstens zwei Frauen.

Wurden Frauen zumindest stärker akzeptiert als etwa in der NPD?
Nach außen wird es so dargestellt, und tatsächlich gab es einige Frauen in AN-Kreisen, denen eine Führungsposition zugestanden wurde. Aber beispielsweise bei Aufmärschen heißt es dann doch wieder: »Männer nach vorn!« Die meisten Frauen konnten sich in diesen Kreisen nur halten, wenn sie die Freundin von jemandem waren. Das zeigte sich zum Beispiel darin, dass die gar nicht namentlich vorgestellt wur-

den. Da hieß es dann nicht: »Das ist Paula.« Es wurde vielmehr immer gesagt: »Das ist die Freundin von XY.«

Gibt es bei den AN tatsächlich flache Hierarchien, wie das »autonom« suggeriert?

In Dortmund gab es jeden Mittwoch in einer Kneipe ein Treffen mit bis zu 50 Teilnehmern, darunter auch Kader der NPD, das war schon offen. Außerdem gab es alle zwei Wochen ein Treffen des engeren Kerns, wo Aktionen diskutiert wurden. Das waren dann nur zehn Leute, die sich in Privatwohnungen getroffen haben. Aber letztlich gab es nur drei Führungskader, die bestimmt haben, was läuft und was nicht. Was etwa Dennis Giemsch gesagt hat, wurde gemacht. Gemeinschaftlich oder gar basisdemokratisch ist nie etwas entschieden worden. Dass es angeblich keine Anführer bei den AN gibt, stimmt nicht.

Inhaltlich sind Aussagen der AN meist sehr vage »gegen das System«. Gab es ähnlich wie bei der NPD ideologische Seminare oder Programmdebatten?

Das war schon ein großes Thema. Es gab Schulungswochenenden gemeinsam mit anderen AN-Gruppen aus Nordrhein-Westfalen. Eines davon fand in einem angemieteten Landschulheim nahe der holländischen Grenze statt. Da kamen dann rund etwa 50 bis 70 ANler zusammen, um über das 25-Punkte-Programm der NSDAP von 1920 zu diskutieren und zu überlegen, wie man es auf die heutige Zeit übertragen kann.

Wie genau lief die Schulung ab?

Erst haben Dennis Giemsch …

… der noch heute Anführer der Dortmunder AN-Szene ist …

… und ein weiterer Kader ein Eingangsreferat gehalten. Rhetorisch und inhaltlich sind solche Funktionäre wirklich fit. Bei den Teilnehmern war das anders: Viele können nur Gehörtes nacherzählen. Bei manchen merkt man, dass sie einfach etwas dumm sind – gerade als es dann in Arbeitsgruppen um das Übertragen von NSDAP-Forderungen aufs Heute gehen sollte.

Dazu ist euch ernsthaft etwas eingefallen?

Ja, schon. Aber was wir da im Detail aufgeschrieben haben, weiß ich nicht mehr.

Und abends?

Saß man zusammen, hat gegessen und getrunken, es gab ein Lagerfeuer im Garten. Am nächsten Morgen um 5 Uhr mussten dann alle aufstehen und gemeinsam joggen gehen.

Wie war euer Verhältnis zu älteren Szenemitgliedern, insbesondere zu den Skinheads?

Zwischen uns und der Skinheadfront Dortmund-Dorstfeld gab es viele Spannungen, weil die gerade am Anfang das AN-Konzept als völlig falsch empfanden. Im Alltag ging man sich eher aus dem Weg. Das ging so weit, dass wir in verschiedenen Bussen zu großen Aufmärschen gefahren sind. Die Skinheadfront hatte bundesweit den Ruf, sie würden am Ziel betrunken aus dem Bus fallen. Wir haben die deshalb eher verachtet. Bei uns gab es ein Regelwerk, dass man auf dem Weg zu Aufmärschen keinen Alkohol trinken durfte. Da ist dann auch schon mal jemand aus dem Bus geflogen, weil er sich ein Bier aufgemacht hat.

Wie funktionierte die Vernetzung innerhalb der Szene?

Das lief zum Teil sehr professionell. Bei wichtigen Treffen durften keine Handys im Raum sein, weil wir Angst hatten, abgehört zu werden. E-Mails an andere Gruppen wurden immer mit einem Verschlüsselungsprogramm wie PGP gesichert, das die Sicherheitsbehörden nicht knacken können.

Gewalt gegen politische Gegner steht bei den Autonomen Nationalisten im Vordergrund. Waren das spontane oder geplante Aktionen?

Es gab sehr viel mehr Koordination als etwa bei Übergriffen besoffener Skinheadgruppen, die ja eher aus einer Bierlaune heraus passieren. Scheiben bei linken Läden einschmeißen oder Menschen körperlich angreifen – solche Aktionen wurden bei uns vorher durchgesprochen und vorbereitet.

Die AN konzentrieren sich auf die sogenannte »Anti-Antifa-Arbeit«, also das Ausspähen und Angreifen von Leuten, die sich gegen Rechtsextremismus engagieren.

Ja, da wurde viel Energie reingesteckt, um es möglichst professionell zu machen. Wir haben Akten zu einzelnen Personen angelegt, Informationen besorgt und Fotos gemacht.

Wie wurden die Übergriffe organisiert, etwa auf nichtrechte Jugendliche?

Da hatte jeder seine Aufgabe. Es gab einen, der herauszufinden hatte, wo die Opfer wohnen. Danach wurde genau geplant. Es wurde nur im kleinen Kreis abgesprochen, Führungsfiguren wie Dennis Giemsch haben sich nie selbst die Finger schmutzig gemacht. Man hat immer Leute zuschlagen lassen, die in der Hierarchie weiter unten standen. Aber es gab klare Ansagen: Hier ist die Adresse, geht hin und macht das und das, schmeißt die Scheiben ein oder Ähnliches.

Wurde darüber gesprochen, dass bei einem Angriff auch jemand sterben könnte?

Nein, das war schlicht kein Thema. Und ich hatte auch das Gefühl, dass die Leute keine Hemmschwelle hatten. Man kann sagen, dass es reine Glückssache war, dass bei solchen Angriffen niemand getötet wurde. Es gab viele Situationen, wo es ganz einfach hätte passieren können.

Zum Beispiel?

Jemand hat mal geprahlt, er habe auf dem Rückweg von einem Aufmarsch einem Linken eine mit Sand gefüllte Bierflasche ins Gesicht geschmissen. Von manchen Übergriffen weiß ich, dass nicht aufgehört worden wäre mit dem Schlagen und Treten, wenn nicht zufällig Passanten vorbeigekommen wären und die Polizei gerufen hätten. Kurz vor meinem Ausstieg gab es einen Überfall, wo das Opfer am Boden lag und alle reingetreten haben. Da habe ich einen von uns versucht wegzuziehen – und dafür selbst eine Faust ins Gesicht bekommen. Das waren Momente, wo ich sicher bin: Wenn die nicht gestoppt worden wären, hätte jemand sterben können.

War der Neonazi Michael Berger Thema in der Szene, der im Ruhrgebiet im Jahr 2000 drei Polizisten und sich selbst erschossen hat?

Natürlich! In AN-Kreisen wurde Berger richtig gefeiert, weil er »drei Bullen abgeknallt« habe.

Galt das auch für den Nazi-Skinhead Sven Kahlin, der 2005 in Dortmund einen Punk erstochen hat?

Absolut. Beim wöchentlichen Kameradschaftsabend wurden Kahlins Briefe aus dem Gefängnis vorgelesen und Geld gesammelt. An Weihnachten und am Geburtstag wurden ihm Grußkarten geschickt, die wir alle unterschrieben haben.

Und jedes Jahr, wenn in der Stadt die Gedenkdemo für das Opfer stattfand, haben wir an der Route höhnische Plakate geklebt mit einem Messer drauf und dem Spruch: »Antifaschismus ist ein Ritt auf Messers Schneide«.

Wie war euer eigenes Verhältnis zu Gewalt gegen Polizisten?

Der Staat war ganz klar das Hauptfeindbild. Gewalt gegen Polizeibeamte galt als legitimes Mittel, um die Regierung zu bekämpfen. Es gab häufig gewalttätige Auseinandersetzungen mit der Polizei, nicht nur bei Aufmärschen, sondern auch nachts, wenn wir zum Beispiel illegal plakatiert haben. Wenn wir die Chance hatten, Polizisten anzugreifen, dann haben wir das auch gemacht.

Mit Waffen?
Jeder hatte grundsätzlich Pfefferspray dabei, viele hatten mit Quarzsand verstärkte Handschuhe. Auch Teleskopschlagstö•cke waren sehr verbreitet. Nur Messer wurden nicht benutzt.

Wie oft hattet ihr Probleme mit der Polizei?
Ich habe es damals so empfunden, dass die Polizei kaum gegen uns vorgegangen ist. Solange die Öffentlichkeit kaum auf den Rechtsextremismus schaute, hat auch die Polizei nicht wirklich interessiert, was wir gemacht haben.

Wie hast du den Schwarzen Block bei Demos aus der Innenperspektive erlebt?
Der hat für mich und viele andere eine ganz eigene Erlebniswelt geschaffen. Wir sind gar nicht mehr zu Aufmärschen gefahren, um eine Meinung kundzutun, sondern um etwas zu erleben. Das war eben nicht mehr wie früher, mit diesem disziplinierten Strammstehen – sondern Du wusstest, dass es »Action« gibt. Die Auseinandersetzungen mit der Polizei haben das Gemeinschaftsgefühl verstärkt. Einige haben sich ernsthaft als eine neue SA verstanden.

Bei Aufmärschen werden oft sogenannte »Polenböller« auf Polizisten und Gegendemonstranten geworfen. Wie kamt ihr an diese Sachen?
Zu meiner Zeit gab es in der Szene einen, der »Schlange« genannt wurde. Der war sozusagen der Pyrotechniker für die Gruppe und hat aus dem Ausland alles besorgt, was man

brauchte: Böller, Rauchtöpfe, Bengalos. Irgendwann hat er auch begonnen, selbst Sachen zu basteln. Das wurde zum Teil richtig gefährlich. Einmal hat er eine Rauchbombe gebaut, dafür Schwarzpulver in ein Stahlrohr gefüllt. Als er das Ding vorführen wollte, ist es explodiert, und Metallsplitter flogen meterweit durch die Luft.

Gab es auch die Idee, echte Sprengbomben zu bauen?
Nein, da wurde so nicht drüber gesprochen

Könntest du dir vorstellen, dass jemand aus der heutigen AN-Szene zum Terroristen werden könnte?
Durchaus, beispielsweise wenn jemand nichts mehr zu verlieren hat, also todkrank ist oder vielleicht eine mehrjährige Haftstrafe vor sich hat, die er auf keinen Fall antreten will. Dann kann ich mir vorstellen, dass jemand an den Punkt kommt.

Gab es Pläne für den Fall, dass jemand untertauchen muss?
Im Notfall wäre das jedenfalls kein Problem gewesen. Die Dortmunder hatten gute Kontakte nach Holland, Tschechien und Italien. Die hätten organisieren können, dass man irgendwo unterkommt.

Welche Aktionen von Anti-Nazi-Initiativen haben euch am meisten gestört?
Generell haben wir es eher genossen, wenn sich Antifa-Gruppen und andere mit uns beschäftigt haben. Das war ein tolles Gefühl, so wichtig genommen zu werden. Das Einzige, was uns wirklich getroffen hat, waren Sitzblockaden – wenn die unsere Aufmärsche stoppen konnten, war uns dieses Erfolgserlebnis des Marschierens genommen. Uns war immer total wichtig, dass wir komplett die geplante Route laufen konnten. Für Einzelpersonen anstrengend waren zudem Outing-Ak-

tionen, also wenn Nachbarn und Arbeitgeber darüber informiert wurden, dass man ein aktiver Neonazi ist.

Wie war euer Verhältnis zur NPD und zum Parlamentarismus?

Wir haben die NPD eher abgelehnt. Deren formal-demokratischen Weg hielten wir für falsch. Es gab nur punktuelle Zusammenarbeit, wenn wir daraus einen konkreten Nutzen ziehen konnten. Wir haben zum Beispiel bei Wahlen NPD-Plakate aufgehängt und dafür dann tausend Euro von der Partei bekommen.

Was war für dich der Punkt, an dem du gesagt hast: Ich steige jetzt aus?

Es gab für mich nicht ein prägendes Schlüsselerlebnis, das war ein längerer Prozess. Die Auseinandersetzung mit linken Positionen, die wir als AN ja immer aufgreifen und umdeuten wollten, hat mich irgendwann dazu gebracht, mein eigenes Weltbild zu hinterfragen.

Welche Widersprüche genau?

Das Erste, was mir klar wurde, war, dass der Nationalsozialismus wirklich ein Verbrechen war. Das mag jetzt komisch klingen, aber anfangs hatte ich das nicht wahrhaben wollen. Was ich schon als Nazi nicht nachvollziehen konnte, war die Leugnung des Holocausts. Ich dachte immer: Wenn ich eine Ideologie vertrete, die für die Ausrottung der Juden steht – warum soll ich dann sagen, das gab es damals nicht? Aber Kritik an der Holocaustleugnung war ein absolutes Tabu. Dabei ist das doch der absolute Widerspruch: Bei Nazikonzerten wird der Holocaust total abgefeiert, aber bei allen anderen Gelegenheiten soll man den Massenmord konsequent abstreiten.

Vor allem die Verehrung von Adolf Hitler konnte ich irgendwann nicht mehr ertragen. Allgemeines rassistisches und antisemitisches Denken habe ich aber erst später abgelegt. Insgesamt hat es mehr als ein halbes Jahr gedauert, bis ich endlich gemerkt habe, dass alles, was ich da mache und woran ich glaube, falsch ist.

Was glaubst du im Rückblick, wie man Jugendliche vor dem Abrutschen in die Szene schützen kann?

Na ja, hätte ich damals mit 16 nicht Neonazis kennengelernt, sondern Fußballfans, hätte ich halt da mitgemacht. Als ich in die Szene eingestiegen bin, habe ich diese Ideologie ja gar nicht wirklich vertreten. Das kam erst später.

Wenn ich das alles heute betrachte, war ich einfach ein kleiner, dürrer, schwächlicher Junge, der irgendwo Anschluss suchte, um sich groß und stark zu fühlen. In der Szene gab es dann natürlich ältere Kader, die ich als spannende Vorbilder betrachtet hab. Die erzählen einem dann, wie die Welt funktioniere, und man glaubt das, ohne es zu hinterfragen. Das war für mich einfach eine tolle Gruppe. Und es war niemand da, der mir gesagt hat: Das ist schlecht.

Hattest du bei deinem Ausstieg Hilfe?

Was mir sehr geholfen hat, waren andere Leute aus der Szene, die auch aussteigen wollten. Mit einem Freund aus Hessen, der den gleichen Prozess durchgemacht hat, wollte ich dann wegziehen, eine WG gründen und ein neues Leben anfangen.

Wie hat die Szene reagiert?

Als wir in Dortmund gesagt haben, dass wir aussteigen, wurde uns eine Frist gesetzt, in der wir aus Dorstfeld wegziehen mussten. Uns wurde gesagt: »Wenn wir euch jemals bei der Antifa sehen oder ihr etwas über die Gruppe erzählt, schlagen wir euch die Schädel ein.«

Ich hatte zu diesem Zeitpunkt aber schon längere Zeit nichts mehr mit diesen Leuten zu tun. Schon Monate vorher hatte ich in der Szene Schwierigkeiten und wurde angefeindet, weil ich offen Kritik an Hitler und dem Dritten Reich geübt und Interesse an anderen politischen Positionen gezeigt hatte. So etwas wird nicht geduldet. Ich war also sowieso schon in der Szene isoliert und dachte, es wäre Ruhe, wenn wir wegziehen.

Aber?
Es gab dann noch eine Gerichtsverhandlung wegen eines versuchten Angriffs auf eine linke Demonstration im Jahr 2006. Da saß ich dann plötzlich mit meinen früheren »Kameraden« auf der Anklagebank. Ich habe mich richtig schlecht gefühlt, jetzt doch noch mal als Teil der Gruppe gesehen zu werden. Ich habe mich deshalb im Prozess von ihnen distanziert und als Einziger nicht die Aussage verweigert. Das Ergebnis: Ich wurde verurteilt, während das Verfahren bei allen anderen eingestellt wurde. Und danach ging für mich der Terror richtig los.

Wie sah das konkret aus?
Abends wurde bei mir ständig geklingelt und auf meinem Handy angerufen. Ich sollte auf die Straße kommen, weil die mit mir reden wollten. Ich bin natürlich nicht runtergegangen. Eines Nachts bin ich dann aufgewacht, weil ich laute Geräusche gehört habe. Ich bin aufgesprungen und habe gemerkt, dass die gerade die Rollläden meiner Terrassentür aufhebeln wollten. Ich konnte dann über die andere Tür flüchten und die Polizei rufen. Im Hof haben die Beamten noch zwei der Täter gestellt. Am nächsten Tag habe ich dann unter Polizeischutz meine wichtigsten Sachen in Kartons gepackt und die Stadt für immer verlassen.

Was tun?

Zehn Tipps für den Umgang mit Neonazis, rechten Drohungen und der NPD

Zugegeben, es gibt schönere Sachen, als sich mit Rechtsextremismus zu beschäftigen. Und, ja, Rechtsextremismus macht Angst. Aber weil Rechtsextremisten das friedliche Zusammenleben der Gesellschaft bedrohen, muss man sich mit ihnen beschäftigen. Aber wie?

1. Informieren – und selbst nachdenken

Am Anfang steht das Wort. Lesen Sie, nicht nur dieses Buch! Im Internet zum Beispiel gibt es ein riesiges Angebot an Informationen (aber nicht alle sind verlässlich); in diesem Abschnitt geben wir Ihnen deshalb zu jedem Punkt einige Empfehlungen.

Aber Informieren allein reicht nicht. Spätestens bei der ersten Konfrontation mit einem Neonazi rächt es sich, wenn man zuvor nicht gründlich nachgedacht hat: Was stört mich eigentlich an denen? Was unterscheidet deren Ideologie von demokratischen Ansichten? Was genau meinen die Neonazis, wenn sie von einer »Volksgemeinschaft« reden? Warum ist eine offene Gesellschaft lebenswerter? Und überhaupt, wie erkennt man Neonazis heutzutage noch?

Wer lediglich sagt, er sei gegen Extremismus, egal ob von links oder rechts, der macht es sich zu einfach. Dieses Statement ist in den vergangenen Jahren sehr in Mode gekommen, aber es verharmlost und macht blind. Es spielt die Gefahr herunter, die vom Rechtsextremismus ausgeht. Praktisch jeden Tag nämlich werden in Deutschland Ausländer, Obdachlose oder Punks von rechten Schlägern überfallen, mindestens 149 Menschen kamen seit 1990 so zu Tode. Aber es ist sehr lange her, dass hierzulande ein Kapitalist oder sonst jemand von einem Linksextremisten ermordet wurde. Natürlich gibt es Linksextremisten, und auch sie begehen Straftaten. Aber gerade in Ostdeutschland muss man sie mit der Lupe suchen; Rechtsextremisten dagegen beherrschen vielerorts die Straßen.

Undifferenzierter Anti-Extremismus verstellt außerdem den Blick auf Ursachen des Rechtsextremismus und erfolgversprechende, konkrete Gegenstrategien. Er suggeriert, dass »das Böse« an den Rändern des politischen Spektrums lauert. Rassismus, Antisemitismus und andere Einstellungen aber sind bis weit in die vermeintlich gute Mitte der Gesellschaft verbreitet.

Warum eigentlich ist die Demokratie besser? Ein Interview: www. netz-gegen-nazis.de/artikel/warum-eigentlich-ist-demokratie-die-bessere-gesellschaftsform-2919
Die Rechtsextremen sagen ... Broschüre der Thüringen Landeszentrale für politische Bildung: www.thueringen.de/imperia/md/content/lzt/die_rechtsextremen_sagen.pdf
Wie rechtsextrem sind Sie selbst? Und die anderen?
Ein Quiz: www.braunerpeter.de/
Buchtipp Christoph Möllers: Demokratie – Zumutungen und Versprechungen. Berlin 2008

2. Hinschauen und Neonazis erkennen

Insbesondere die Autonomen Nationalisten sind allein durch ihr Äußeres nur noch schwer zu identifizieren. Sie kopieren die Linken und benutzen gern Zahlencodes oder andere Symbole, die sich nur Eingeweihten erschließen. Man muss deshalb heute oft dreimal hinschauen, poppige Graffiti-Schrift und der Slogan »Fight Capitalism!« werden längst auch von Neonazis verwendet.

Dadurch ist es zum Beispiel auch für Eltern schwieriger zu erkennen, wenn der Sohn oder die Tochter in die Szene abrutscht. Aber es ist nicht unmöglich. Achten Sie darauf, welche Musik Ihr Kind hört, welche Kleidungsmarken es trägt welche Bücher oder Broschüren es liest – und checken Sie Titel und Namen mit Internetsuchmaschinen wie Google. Doch Sie sollten nicht die Privatsphäre Ihres Kindes einschränken, das gilt auch für das Briefgeheimnis.

Falls Ihr Kind wirklich zum Neonazi wird, lassen Sie (so lange es irgend geht) die Verbindung nicht abreißen. Diskutieren Sie ruhig und unaufgeregt über die Ideologie und Gegenargumente. Sprechen Sie sich mit (nichtrechten) Freunden, Lehrern und Verwandten Ihres Kindes ab. Ein Ausstieg aus der Szene ist viel leichter, wenn es noch Kontakte nach außen gibt.

Zur Entschlüsselung rechtsextremer Codes und Symbole:
www.dasversteckspiel.de
Thor Steinar – Hintergründe und Erklärungen:
http://investigatethorsteinar.blogsport.de/download/
Eine Handreichung für betroffene Eltern:
www.mobit.org/Materialien/Broschüre_051115.pdf

3. Nicht unter-, aber auch nicht überschätzen

Glauben Sie nicht, alle Neonazis seien dumm. Viele Aktivisten haben jahrelange Erfahrung und wissen gut, wie sie ihre Propaganda verpacken können. Die NPD hat disziplinierte Kader, eine klare Strategie und ein geschlossenes Weltbild. Und die Ideologie und die Identität, die Rechtsextremisten anzubieten haben, sind für etliche Menschen durchaus attraktiv: Man hat plötzlich für alle Probleme eine Erklärung, und Sündenböcke stehen bereit; man kann sich zudem als Teil einer Kampfgemeinschaft fühlen, die dem eigenen Leben einen höheren Sinn gibt.

Ein Gutteil der Neonazis ist aber doch dumm, und die ganze Weltanschauung schlicht falsch. Weil es der extremen Rechten in Deutschland an halbwegs fähigen Kadern fehlt und sie sich ständig zerstreitet, hat sie in den letzten Jahrzehnten relativ wenig zustande gebracht. Deshalb sollte man nie in Angststarre verfallen, wenn Rechtsextremisten irgendwo großspurige Ankündigungen machen. Und ihre völkische, rassistische Ideologie lässt sich, wenn man sich etwas genauer damit beschäftigt, ziemlich leicht zerlegen.

Wie man rechtsextremistische Propaganda entzaubert. Einige Beispiele: www.netz-gegen-nazis.de/category/lexikon/seziertisch
Buchtipp Holger Kulick/Toralf Staud: Das Buch gegen Nazis. Rechtsextremismus – Was man wissen muss, und wie man sich wehren kann. KiWi 2009, 12,95 Euro

4. Nicht einschüchtern lassen

Rechtsextremisten verbreiten Angst. Sie bedrohen Menschen, die anders aussehen, anders denken oder sich ihnen entgegenstellen. Wer darauf gefasst ist und richtig reagiert, wird am Ende der Stärkere sein. Tauchen plötzlich der eigene Name oder ein Foto auf einer rechtsextremen Internetseite auf, ist das Wichtigste, nicht in Panik zu verfallen. Stattdessen: Ruhe bewahren, tief Luft holen, mit anderen Menschen reden, mit Freunden, der Familie, Mitstreitern in der Initiative. Denn auch substanzlose Drohungen zerren an den Nerven. Erfahrungsgemäß bleibt es aber meist bei (virtuellen) Beschimpfungen, auch Briefe, E-Mails oder Anrufe sind in der Regel nur verbale Muskelspiele und Wichtigtuereien.

Sachbeschädigungen oder körperliche Angriffe sind seltener, als viele Laien denken – die meisten Rechtsextremen haben dann doch Hemmungen, ihre Drohungen zu verwirklichen. Das einzig Richtige, wenn es doch zum Ernstfall kommt: Die Polizei alarmieren. Aber auch Drohungen sollte man sicherheitshalber dort anzeigen, doch kompetenter wird man oft bei Opferberatungsstellen behandelt (siehe dazu die Onlinetipps bei Punkt 5).

Meist ist es sinnvoll, Drohungen öffentlich zu machen. Das bringt den Absendern zwar Aufmerksamkeit, nimmt aber dem Einschüchterungsversuch auch einen Teil seiner Wirkung: Die Angst ist am größten, wenn man sich allein fühlt. Eine Veröffentlichung hingegen ermöglicht es, dass sich andere Menschen und auch Prominente in einer Stadt solidarisieren. Das dürfte Rechtsextreme besonders ärgern: Der Effekt ihrer Drohung ist dann nicht weniger Aktivität ihres Opfers, sondern mehr Engagement von noch mehr Menschen.

Im Fokus von Neonazis. Eine Broschüre des Beratungsvereins Lobbi zum Umgang mit rechten Einschüchterungsversuchen: www.lobbi-mv.de/pub/fokus_web.pdf

5. Einmischen und Hilfe holen (für Opfer rechter Gewalt)

Wer Ziel eines rechtsextremistischen Angriffs geworden ist, braucht vor allem eines: ein deutliches Signal, dass er oder sie nicht allein ist. Wenn die ganze Nachbarschaft sich nach einem Übergriff an einem Protestzug beteiligt, wenn der örtliche Glaser kostenlos die eingeworfenen Scheiben des Jugendzentrums ersetzt, und wenn Politiker sich (nicht nur symbolisch) hinter die Angegriffenen stellen, dann ärgert das die Täter und hilft den Opfern.

Wer direkter Zeuge eines Angriffs wird, ist meist geschockt und gelähmt. Dagegen hilft, wenn man sich zuvor einmal eine solche Situation – ganz konkret und mit vielen Details! – vorgestellt und sich überlegt hat, was man sich trauen will. Im Ernstfall ist es dann wichtig, ruhig zu bleiben und sofort zu handeln, Aufmerksamkeit zu erzeugen, zum Beispiel die Täter durch lautes Schreien zu verunsichern. Rufen Sie mit dem Handy die Polizei. Wenn Ihnen nichts anderes möglich ist, beobachten Sie zumindest die Täter genau, merken sich Gesichter, Kleidung, Fluchtweg und so weiter.

Zehn Punkte für Zivilcourage. Plakat zum Download:
www.augenauf.net/de/dnl/10_punkte.98.pdf
Was tun nach einem rechten Angriff? Mehrsprachige Broschüre des Vereins Opferperspektive:
www.opferperspektive.de/Beratung/352.html
Eine Liste mit Beratungsstellen für Opfer und Angehörige:
www.netz-gegen-nazis.de/lexikontext/beratungsstellen-fuer-opfer-rechtsextremer-und-rassistischer-gewalt

6. Ignorieren oder blockieren?

Seit der damalige NPD-Vorsitzende Udo Voigt 1997 zum »Kampf um die Straße« aufgerufen hat, ist die Zahl von Neonazi-Demonstrationen drastisch gestiegen. Beinahe jedes Wochenende marschieren irgendwo in Deutschland Rechtsextremisten auf – für die Szene sind das wichtige Erlebnisse und Machtdemonstrationen. Verbote wären die falsche Reaktion: Derartige Verfügungen werden vor Gericht in der Regel gekippt, und sowieso wäre es falsch, wenn ein demokratischer Staat Demonstrationen einfach verböte.

Entscheidend für die Wirkung von Neonazi-Aufmärschen ist die Reaktion der Gesellschaft. Die Palette möglicher Gegenaktivitäten ist breit, sie reicht vom bewussten Ignorieren (was in sehr seltenen Fällen sinnvoll sein kann) bis zu Sitzblockaden. In vielen Städten gab es bereits kreative Aktionen: Mal wurden an der Demoroute demonstrativ alle Jalousien runtergelassen, mal läuteten sämtliche Kirchenglocken, mal warfen die Bürger Konfetti über die Nazis, mal versammelten sie sich nach dem Aufmarsch mit Besen und fegten symbolisch ihre Stadt wieder sauber. Jedenfalls überlegen sich Rechtsextremisten sehr genau, wo sie ihre (knappen) Kräfte investieren. Spüren sie Widerstand, ziehen sie meist schnell weiter. In Dresden zum Beispiel wurde seit Mitte der Neunzigerjahre ein Neonazi-Aufmarsch – auch wegen ausbleibender Gegenproteste – von Jahr zu Jahr immer größer, erst als sich ihm ein breites Bündnis von Bürgern und Gewerkschaften, von Künstlern und Politikern, von Kirchen und Antifa-Gruppen entgegenstellte, wurde 2012 der Trend gebrochen.

Neonazi-Demonstrationen blockieren? Ein Pro&Contra: www.kirche-fuer-demokratie.de/cms/website.php?id=/de/aktionen/blockadediskussion.htm
Zehn Tipps für kreative Demonstrationen: www.netz-gegen-nazis.de/artikel/wie-organisiere-ich-kreative-demonstrationen-4917

7. Diskutieren oder ausgrenzen?

Darf man mit Neonazis reden? Und kann man es überhaupt? Diskussionen mit einem langjährigen NPD-Kader bringen wenig, er dürfte durch Schulungen gegen jegliche Argumente immun geworden sein. Aber mit Einsteigern in die Szene, mit anpolitisierten Jugendlichen das Gespräch zu suchen ist sinnvoll. Sich ihnen zu verweigern, treibt sie in die Arme der Neonazis. Schon einfache Fragen bringen die Mitläufer oft ins Grübeln, etwa: »Mit wem würdest du dich besser verstehen: einem spießigen deutschen Rentner oder einem ausländischen Jugendlichen, der dieselbe Musik hört und dieselben Computerspiele spielt wie du?« Mindestens so wichtig wie der Inhalt solcher Gespräche ist die Form, sie müssen in Ruhe und am besten unter vier Augen stattfinden. Kein Jungnazi wird umringt von seinen »Kameraden« eingestehen, dass etwas mit seiner Ideologie nicht stimmt.

Auf Podiumsdiskussionen aber haben Rechtsextremisten nichts zu suchen. Man darf deren Ideologie nicht »adeln«, indem sie bei politischen Debatten als eine Meinung unter vielen präsentiert wird. Neonazis sind nicht Teil des demokratischen Spektrums, sondern sie wollen die Demokratie – und damit auch offene Debatten unter Gleichen – schlicht abschaffen. Wichtig ist aber, die Ausgrenzung stets zu begründen, damit Neonazis nicht als Märtyrer erscheinen: Die NPD erkennt die allgemeinen Menschenrechte nicht an. Sie ist es, die sich damit ausgrenzt.

Buchtipps Tiedemann, Markus: »In Auschwitz wurde niemand vergast.« 60 rechtsradikale Lügen und wie man sie widerlegt. München 2000
Gloel, Rolf/Gützlaff, Kathrin: Gegen rechts argumentieren lernen. Hamburg 2005
Lanig, Jonas/Schweizer, Marion: »Ausländer nehmen uns die Arbeitsplätze weg!« Rechtsradikale Propaganda und wie man sie widerlegt. Mülheim/Ruhr, 2005

Zur »Wortergreifungsstrategie« der NPD: www.kulturbuero-sachsen.de/dokumente/9Umgang.pdf
Seminare zum Argumentieren gegen Rechtsextremisten: www.gegen-argument.de

8. ... und wenn die NPD plötzlich im Gemeinderat sitzt?

Lokalpolitiker sind oft überfordert, wenn sie real mit einem Rechtsextremisten konfrontiert sind und der plötzlich im Stadtrat neben ihnen sitzt. Kein Wunder: Sie mögen die Gemeindeordnung in- und auswendig kennen, doch grundsätzliche Angriffe gegen die Demokratie sind sie nicht gewohnt. Kommunalpolitik zielt auf Kompromisse und konkrete Lösungen, die NPD hat andere Interessen.

Für Neonazis sind Parlamentsitze Mittel zum Zweck: Sitzungsgelder und Fraktionsmittel lassen sich gut zum Aufbau von Parteistrukturen nutzen. Nur selten betreiben NPD-Leute trockene Sachpolitik – aber selbst dann geht es vor allem darum, sich als normale Politiker zu präsentieren, schleichende Akzeptanz beim Bürger für sich und dann auch für ihre Weltanschauung zu erringen. Häufig nutzt die NPD kommunale Anträge, um ihre Ideologie (auf verschlüsselte Art) »unters Volk zu bringen«. Hinter der Forderung nach Kinderprämien stecken oft rassistische Begründungen – denn gefördert werden soll natürlich nur rassisch reiner, urdeutscher Nachwuchs. Oft geht es Neonazis in Parlamenten aber auch nur um Provokation.

Im Sächsischen Landtag verließen die demokratischen Politiker anfangs oft in Scharen den Saal, wenn die NPD ans Rednerpult trat. »Ich hätte nicht gedacht, dass es so einfach ist, ein Parlament zu säubern«, höhnte daraufhin der heutige Parteichef Holger Apfel. Heute wird in vielen Parlamenten klüger reagiert: Jeder Antrag der NPD, egal zu welchem Thema, wird grundsätzlich abgelehnt – und die demokratischen Fraktionen haben vereinbart, dass immer nur ein Politiker für alle antwortet. Ziel ist eine inhaltliche Auseinandersetzung mit der Ideologie, aber ohne allzu viel Aufmerksamkeit für die NPD zu schaffen. Auch die Medien berichten inzwischen weniger aufgeregt über die Parlaments-Provokationen der Partei. Apfel bezeichnet die »Totschweigespirale« inzwischen als das größte Problem der Partei.

> **Ein detailliertes Handbuch der Friedrich-Ebert-Stiftung zur kommunalen Auseinandersetzung** zum kostenlosen Herunterladen: http://library.fes.de/pdf-files/do/06431.pdf
> **Konsensbeschluss der demokratischen Parteien in Berlin** gegen die NPD und Rechtspopulisten: www.mbr-berlin.de/start/get_file?file=Berliner_Konsens_28.6.11.pdf
> **Die Initiative »Nazis in Parlamenten«** informiert vor allem über Berlin (www.nip-berlin.de), Sachsen (http://nip.systemli.org) und Thüringen (www.nip-thueringen.de)

9. Die NPD nicht verbieten, sondern widerlegen

Die NSU-Mordserie hat – wieder einmal – für hektische Rufe nach einem NPD-Verbot gesorgt. Doch ein solcher Versuch würde erstens wohl scheitern und zweitens sowieso wenig bringen.

Die Hürden für ein Verbot vor dem Bundesverfassungsgericht hängen hoch, und das ist auch gut so. Natürlich ist das Programm der NPD menschenverachtend, und sicherlich hat sie so manchen rechten Schläger zu seiner Tat motiviert. Aber in einem demokratischen Staat reicht das nicht für ein Verbot. Ohnehin wäre ein Bann ziemlich nutzlos, die meisten NPD-Kader würden einfach weiterziehen in die nächste Organisation, wie sie es in ihrem Leben schon mehrfach gemacht haben.

Was die NPD wirklich trifft, ist eine konkrete Auseinandersetzung mit ihren politischen Angeboten. Wenn sie sich als Sozialkämpfer aufspielt, muss man ihr Konzept einer wärmenden Volksgemeinschaft bloßstellen. Wenn sie für Umweltschutz eintritt, muss man die zugrunde liegende Blut-und-Boden-Ideologie offenlegen. Es ist nicht übermäßig schwer, das Programm der NPD zu demontieren. Dazu muss man es aber zumindest gelesen haben …

Argumentationshilfen und Hintergründe zu Programmatik und Ideologie der NPD: www.politische-bildung-brandenburg.de/themen/ rechtsextremismus/ideologie/programmatik-der-npd www.miteinander-ev.de/index.php?action=download&id=108 www.keinortfuerneonazis.blogsport.de/argumente/argumente-gegen-die-npd

10. Initiativen gegen rechts und alternative Jugendkulturen unterstützen

Neonazis sind vor allem dort stark, wo ihre Gegner schwach sind. Die extreme Rechte hat erkannt, dass sie die Jugend mit kulturellen Angeboten am besten erreicht – gerade auf diesem Gebiet bringen Verbote wenig, weil sie die Nazis nur noch spannender erscheinen lassen. Wenn Rechtsextremismus zum Lifestyle geworden ist, muss man mit Lifestyle dagegenhalten. Da wirkt es verheerend, wenn der Bürgermeister Punks und Graffiti als größte Bedrohung des Dorffriedens hinstellt, wenn Skaterbahnen abmontiert und Sprayer aus den Jugendclubs geworfen werden. Dann haben die Rechten freie Bahn und geben bald den Ton an.

Wer Zivilcourage fordert, muss sie auch fördern. Die Arbeit gegen Rechtsextremismus muss langfristig geführt werden und unabhängig davon, ob das Thema gerade in Mode ist oder nicht. Die Bundesregierung muss weiterhin

die finanzielle Unterstützung sicherstellen. Gerade in Ostdeutschland gibt es kaum andere Geldquellen: Landesre-
gierungen verharmlosen bisweilen das Problem, die kommunalen Kassen sind leer, und die Wirtschaft ist noch zu
schwach für große Sponsoringaktivitäten.

Konservative Politiker tun gern so, als sei die Arbeit gegen Rechtsextremismus bloß linke Panikmache. Sie stellen
viele Anti-Nazi-Aktivitäten selbst unter Extremismusver-
dacht. Offenbar haben sie etwas ganz Einfaches nicht verstanden: Das Gegenteil von rechtsextremistisch ist nicht
linksextremistisch – sondern demokratisch.

Beratungsstellen zum richtigen Umgang mit Rechtsextremismus. Eine
bundesweite Liste: www.netz-gegen-nazis.de/artikel/beratung-
steams-gegen-rechtsextremismus-bundesweit-1134
Buchtipp Jan Jetter: Nazis Nerven! Ein Praxishandbuch für Ju-
gendleiterinnen und Jugendleiter zum Umgang mit der Extremen Rechten. Hamburg 2012. Bestellbar über mail@agfj.de

Dank

Wir möchten uns bei allen Gesprächspartnern für ihre Zeit und die zahlreichen Anregungen bedanken, vor allem bei Maik Baumgärtner, David Begrich, Friedemann Bringt, Rainer Erb, Alexander Häusler, Günther Hoffmann, Matthes Klemme, Bianca Klose, Jan Schedler und Richard Stöss.

Eine unerlässliche Hilfe waren Ulli Jentsch und Christoph Schulze vom Antifaschistischen Pressearchiv und Bildungszentrum (apabiz) in Berlin sowie die Redaktion des *Antifaschistischen Infoblatts*. Beim Eintauchen in die Vergangenheit unterstützten uns die Kollegen vom Studio Cottbus und dem Archiv des *RBB* sowie der *ZEIT*-Dokumentation, beim Auftauchen in Dortmund Franca Ziborowius und die Beratungsstelle Back Up.

Wir danken Barbara Wenner für ihren Rat und Lutz Dursthoff für sein Vertrauen. Und ohne *ZEIT, ZEIT Online* und *Tagesspiegel* wären unsere jahrelangen Recherchen in der extremen Rechten nicht möglich gewesen, die in dieses Buch eingeflossen sind.

Nicht zuletzt gilt unser Dank unseren Familien und Freunden, insbesondere Bine und Katrin, für Verständnis, Hilfe und Zuspruch.

Toralf Staud & Johannes Radke
Berlin, Mai 2012

Literaturverzeichnis

ANTIFASCHISTISCHE KOORDINATION KÖLN UND UMLAND (HRSG.): Autonome Nationalisten. Neonazis im Wandel (Broschüre). Köln 2009
ANTIFASCHISTISCHE UNION DORTMUND (HRSG.): Dortmunder Zustände (Broschüre). Dortmund 2011
ANTIFASCHISTISCHES AUTORENKOLLEKTIV: Drahtzieher im braunen Netz. Ein aktueller Überblick über den Neonazi-Untergrund in Deutschland und Österreich. Hamburg 1996
APFEL, HOLGER (HRSG.): Alles Große steht im Sturm. Tradition und Zukunft einer nationalen Partei. Stuttgart 1999
BARS, JOANNA/BUCHSTEIN, HUBERTUS U. A.: Die NPD im Kommunalwahlkampf 2009 in Mecklenburg-Vorpommern. Greifswald 2010
BEGRICH, DAVID: Die Quellen des Hasses. In: Blätter für deutsche und internationale Politik, 1/2012, S. 43–46
BORCHERT, RALF: »… bisschen was Derberes«. Rechtsextremismus und Zivilgesellschaft – das Beispiel Weimar. Jena 2004
BRÄHLER, ELMAR/DECKER, OLIVER: Vom Rand zur Mitte. Rechtsextreme Einstellungen und ihre Einflussfaktoren in Deutschland. Berlin 2006. – Als kostenloser Download unter http://library.fes.de/pdf-files/do/04088a.pdf
BUNDESAMT FÜR VERFASSUNGSSCHUTZ (HRSG.): Autonome Nationalisten: Eine militante Randerscheinung (Broschüre). Köln 2007 und 2009
BUNDESAMT FÜR VERFASSUNGSSCHUTZ (HRSG.): BfV Spezial. Rechtsextremismus Nr. 21. Gefahr eines bewaffneten Kampfes deutscher Rechtsextremisten – Entwicklungen von 1997 bis Mitte 2004. Köln 2004
BUTTERWEGGE, CHRISTOPH: Rechtsextremismus. Freiburg/Basel/Wien 2002
DECKER, FRANK: Parteien unter Druck. Der neue Rechtspopulismus in den westlichen Demokratien. Opladen 2000
DORNBUSCH, CHRISTIAN/RAABE, JAN: Rechtsrock. Bestandsaufnahme und Gegenstrategien. Hamburg/Münster 2002
DUDEK, PETER: Jugendliche Rechtsextremisten. Köln 1985
ERB, RAINER/KOHLSTRUCK, MICHAEL: Die Funktionen von Antisemitismus und Fremdenfeindschaft für die rechtsextreme Bewegung. In: Braun/Geisler/Gerster (Hrsg.): Strategien der extremen Rechten. Hintergründe, Analysen, Antworten. Wiesbaden 2009, S. 419–439

FISCHER, BENJAMIN: Ueckermünde – Ein Refugium des Rechtsextremismus? (DemokratiePolitik – Politikwissenschaftliche Arbeitspapiere aus dem Arbeitsbereich Politische Theorie und Ideengeschichte; Heft 2) Greifswald 2006

FRIEDRICH-EBERT-STIFTUNG (HRSG.): Ausländerfeindlichkeit und rechtsextreme Orientierungen bei der ostdeutschen Jugend. Leipzig 1992

GANSER, DANIELE: Nato-Geheimarmeen in Europa. Inszenierter Terror und verdeckte Kriegsführung. Zürich 2008

GREGER, NICK: Verschenkte Jahre. Norderstedt 2005

GRUMKE, THOMAS: Das Konzept des Leaderless Resistance im Rechtsextremismus. In: Neue Gesellschaft/Frankfurter Hefte. Jg. 46 (1999), Heft 6, S. 495–499

GRUMKE, THOMAS/WAGNER, BERND (HRSG.): Handbuch Rechtsradikalismus. Personen – Organisationen – Netzwerke vom Neonazismus bis in die Mitte der Gesellschaft. Opladen 2002

HÄUSLER, ALEXANDER (HRSG.): Rechtspopulismus als »Bürgerbewegung«. Kampagnen gegen Islam und Moscheebau und kommunale Gegenstrategien. Wiesbaden 2008

HÄUSLER, ALEXANDER/SCHEDLER, JAN (HRSG.): Autonome Nationalisten. Neonazismus in Bewegung. Wiesbaden 2011

HEINRICH, GUDRUN: Kernwählerschaft mobilisiert – Die NPD. In: Koschkar, Martin/Scheele, Christopher: Die Landtagswahl in Mecklenburg-Vorpommern 2011 – Die Parteien im Wahlkampf und ihre Wähler (Rostocker Informationen zu Politik und Verwaltung; Heft 31) Rostock 2011, S. 77–89

HOFFMANN, UWE: Die NPD. Entwicklung, Ideologie und Struktur. Frankfurt/Main 1998

KELLER, MIRJA/KÖGLER, LENA/KRAWINKEL, MORITZ/SCHLEMERMEYER, JAN: Antifa. Geschichte und Organisierung. Stuttgart 2011

KLÄRNER, ANDREAS: Zwischen Militanz und Bürgerlichkeit. Selbstverständnis und Praxis der extremen Rechten. Hamburg 2008

LOWELS, NICK: White Riot. Die Combat 18-Story. Aufstieg und Untergang einer Nazi-Terror-Gruppe. Winsen 2010.

LÜDTKE, HARTMUT: Zeitverwendung und Lebensstile. Empirische Analysen zum Freizeitverhalten, expressiver Ungleichheit und Lebensqualität in Westdeutschland. Marburg 1995

MAEGERLE, ANTON: Rechtsextremistische Gewalt und Terror. In: Grumke/Wagner. Opladen 2002

MECKLENBURG, JENS (HRSG.): Handbuch Deutscher Rechtsextremismus. Berlin 1996

MELCHERT, JOHANNES: Die Ökologische Frage als Aktionsfeld der NPD in Mecklenburg-Vorpommern. In: Braune Ökologen. Hintergründe und Strukturen am Beispiel Mecklenburg-Vorpommerns. Berlin 2012, S. 81–90 – als kostenloser Download unter: www.boell.de/downloads/braune-oekologen.pdf

254

PFAHL-TRAUGHBER, ARMIN: Rechtsextremismus in der Bundesrepublik. München 2006

RASCHKE, JOACHIM: Soziale Bewegungen. Ein historisch-systematischer Grundriss. Frankfurt/Main 1985

RÖPKE, ANDREA/SPEIT, ANDREAS: Braune Kameradschaften – Die militanten Neonazis im Schatten der NPD. Berlin 2005

RÖPKE, ANDREA/SPEIT, ANDREAS: Neonazis in Nadelstreifen. Die NPD auf dem Weg in die Mitte der Gesellschaft. Berlin 2008

RÜCHEL, UTA: »... auf Deutsch sozialistisch zu denken ...« Mosambikaner in der Schule der Freundschaft (Reihe: Sachbeiträge des Landesbeauftragten für die Stasi-Unterlagen in Sachsen-Anhalt, Nr. 18). Magdeburg 2001

SCHMID, BERNHARD: Distanzieren, leugnen, drohen. Die europäische extreme Rechte nach Oslo. Münster 2011

SCHMIDT, JOCHEN: Politische Brandstiftung. Warum 1992 in Rostock das Ausländerwohnheim in Flammen aufging. Berlin 2002

SCHMIDT, MICHAEL: »Heute gehört uns die Straße ...« Der Inside-Report aus der Neonazi-Szene. Düsseldorf/Wien 1994

SCHULZE, CHRISTOPH/PETERS, JÜRGEN (HRSG.): Autonome Nationalisten. Die Modernisierung neofaschistischer Jugendkultur. Münster 2009

SIEGLER, BERND: Auferstanden aus Ruinen ... Rechtsextremismus in der DDR. Berlin 1991

STAUD, TORALF: Moderne Nazis. Die neuen Rechten und der Aufstieg der NPD. Köln (4. Auflage) 2007

STAUD, TORALF/KULICK, HOLGER (HRSG.): Das Buch gegen Nazis. Rechtsextremismus – was man wissen muss, und wie man sich wehren kann. Köln 2009.

STÖSS, RICHARD: Rechtsextremismus im Wandel. Berlin 2007 – als kostenloser Download unter http://library.fes.de/pdf-files/do/05227.pdf

SÜSS, WALTER: Zu Wahrnehmung und Interpretation des Rechtsextremismus in der DDR durch das MfS (Analysen und Berichte der BStU, Reihe B, Nr. 1). Berlin 1993

TAMAS, GELLERT: Der Lasermann. Vom Eliteschüler zum Serientäter. Leipzig 2007

ÜBERALL, FRANK: »Ich bin die Strafe ...« Rechtspopulismus der »Pro Bewegung« am Beispiel ihres Antragsverhaltens im Kölner Stadtrat. Düsseldorf 2010 – als kostenloser Download unter: www.laga-nrw.de/data/laga_ueberall_broschura5_endfassung.pdf

VIRCHOW, FABIAN/DORNBUSCH, CHRISTIAN (HRSG.): 88 Fragen und Antworten zur NPD. Schwalbach, 2008

WAGNER, BERND: Rechtsextremismus und kulturelle Subversion in den neuen Ländern (Bulletin des Zentrums Demokratische Kultur, Sonderausgabe). Berlin 1998

ZOBEL, JAN: Volk am Rand. NPD: Personen, Politik und Perspektiven der Antidemokraten. Berlin 2005

Abkürzungsverzeichnis

AfNS	Amt für Nationale Sicherheit der DDR
AN	Autonome Nationalisten
B&H	Blood & Honour
BDJ	Bund Deutscher Jugend
BfV	Bundesamt für Verfassungsschutz
BKA	Bundeskriminalamt
BPE	Bürgerbewegung Pax Europa
DA	Deutsche Alternative
DLVH	Deutsche Liga für Volk und Heimat
DRP	Deutsche Reichspartei
DVU	Deutsche Volksunion
EuK	Einheit und Kampf
FAP	Freiheitliche Arbeiterpartei
FDJ	Freie Deutsche Jugend
FN	Front National
FPÖ	Freiheitliche Partei Österreichs
GdNF	Gesinnungsgemeinschaft der Neuen Front
GLKA	Gemeinsames Landeskriminalamt der Neuen Bundesländer
HDJ	Heimattreue Deutsche Jugend
HNG	Hilfsorganisation für nationale politische Gefangene und deren Angehörige
JN	Junge Nationaldemokraten
KDS	Kampfbund Deutscher Sozialisten
KS Tor	Kameradschaft Tor
LKA	Landeskriminalamt
MfS	Ministerium für Staatssicherheit

NA	Nationale Alternative
NSDAP	Nationalsozialistische Deutsche Arbeiterpartei
NSDAP/AO	Nationalsozialistische Deutsche Arbeiterpartei/Auslands- und Aufbauorganisation
NF	Nationalistische Front
NHB	Nationaldemokratischer Hochschulbund
NO	Nationale Offensive
NPD	Nationaldemokratische Partei Deutschlands
NSAM	Nationales und Soziales Aktionsbündnis Mitteldeutschland
NSHC	National Socialist Hatecore
NSU	Nationalsozialistischer Untergrund
NVA	Nationale Volksarmee
PdA	Partei der Arbeit
RAF	Rote Armee Fraktion
RFS	Ring Freiheitlicher Studenten
RNF	Ring Nationaler Frauen
RPF	Revolutionäre Plattform
SA	Sturmabteilung
SBS	Studentenbund Schlesien
SED	Sozialistische Einheitspartei Deutschlands
SNBP	Soziales und Nationales Bündnis Pommern
SRP	Sozialistische Reichspartei
SS	Schutzstaffel
SSS	Skinheads Sächsische Schweiz
SVP	Schweizerische Volkspartei
TD	Technischer Dienst des BDJ
VSBD	Volkssozialistische Bewegung Deutschlands
WJ	Wiking-Jugend
WSG	Wehrsportgruppe Hoffmann
ZKA	Zentrales Kriminalamt der DDR

Anmerkungen

1. Zum Beispiel www.focus.de/politik/deutschland/extremismus-ruecken-wind-fuer-zentrale-neonazi-datei_aid_719596.html; Nach Angaben der Agentur wurde das Foto am 21.10.2000 in Dortmund aufgenommen.
2. Klärner, S. 283 ff.
3. Ebenso im stetigen Sinkflug befindet sich die Skinhead-Szene (in der Terminologie des Verfassungsschutzes »subkulturell geprägte Rechtsextremisten«).
4. *Süddeutsche Zeitung* vom 9. Februar 2012
5. Antifaschistische Union Dortmund 2011. S. 33
6. vgl.: blog.antikriegstag.org/chronik/
7. ARD-Magazin *Monitor* vom 19. 11. 2009 www.youtube.com/watch?v=FHAWqhy9VME
8. vgl.: www.ruhrbarone.de/naziparty-in-dortmund/
9. *Der Spiegel,* 25/2000, S. 38 – www.spiegel.de/spiegel/print/d-16694647.html
10. ARD-Magazin *Monitor* vom 19. 11. 2009 www.youtube.com/watch?v=FHAWqhy9VME
11. vgl.: www.ruhrbarone.de/dortmund-polizei-zeigt-nach-nazi-ueberfall-die-opfer-an/
12. www.youtube.com/watch?v=569NAyqhSMY
13. www.youtube.com/watch?v=77EfovO2-4Y
14. www.spiegel.tv/filme/eroberung-der-ddr/ und www.youtube.com/watch?v=ByywkX2xIuc
15. www.chronikderwende.de/wendepunkte/wendepunkte_jsp/key=wp5.2.1990.html
16. Dieses und die folgenden Stasi-Akten-Zitate aus Süß, hier S. 91
17. vgl. Siegler, S. 67 und Rüchel, S. 92
18. So das Ergebnis einer Studie der Ost-Berliner Soziologin Loni Niederländer, die 1990 Prozessakten aus der DDR auswertete; in: *Neue Justiz* 1/1990, zit. nach Siegler, S. 73; die folgende Analyse zit. nach Süß, S. 38
19. Wagner, S. 29; das Zitat auf der übernächsten Seite S. 7
20. Borchert, S. 65 ff.
21. Arbeitsplan Ost der GdNF vom 21. Januar 1990, im Archiv des apabiz e. V., Berlin, Ordner DNF

22. Im Zeitgeist-Magazin *Wiener,* zit. nach Siegler, S. 57
23. Friedrich-Ebert-Stiftung, S. 54 und S. 26
24. Diese und viele andere Szenen sind dokumentiert in dem Film »Wahrheit macht frei« von Michael Schmidt, 1991 – www.youtube.com/watch?v=QsQsgei98sk
25. *Der Spiegel* 49/1990, S. 108 ff. – www.spiegel.de/spiegel/print/d-13501514.html
26. www.youtube.com/watch?v=QsQsgei98sk, die folgende Szene startet bei 8:45 und ist auch beschrieben in Schmidt, M., 132 ff.
27. *Innere Sicherheit* Nr. 4 vom 17. September 1991
28. *Der Tagesspiegel* vom 22. September 1991
29. *Antifaschistisches Infoblatt* Nr. 16 (Winter 1991/92), S. 15 ff.
30. Greger, S. 22
31. www.zeit.de/gesellschaft/zeitgeschehen/2010-09/todesopfer-rechte-gewalt/seite-1
32. Pfahl-Traughber, S. 68 f.
33. *Der Spiegel* 37/1992, S. 127–130 – www.spiegel.de/spiegel/print/d-13681618.html
34. ORB-Fernsehen, Sendung »*Brandenburg Aktuell*« vom 2. September 1992
35. *Der Spiegel* 40/1990 zeigt auf dem Titelblatt eine Montage des deutschen Bundesadlers auf der Weltkugel – www.spiegel.de/spiegel/print/d-13500246.html
36. vgl. Schmidt, J., S. 125 – die folgenden Zitate S. 97, S. 122, S. 130
37. *Die Zeit* 5/1993, S. 3 – www.zeit.de/1993/05/erleuchtung-fuer-die-politik
38. *Die Zeit* 33/1993, S. 50 – www.zeit.de/1993/33/glatzenpflege-auf-staatskosten
39. Begrich, S. 43 f.
40. Zitat aus dem Blättchen *In Aktion,* Nr. 14, der NF-Nachfolgestruktur Förderwerk Mitteldeutsche Jugend/Direkte Aktion, zit. nach Mecklenburg, S. 637
41. *Vorderste Front.* Zeitschrift für politische Theorie & Strategie, Nr. 2 (Juni 1991), S. 4 ff.
42. zit. nach Mecklenburg, S. 637
43. Berichte darüber erschienen seit 1990 in vielen Blättern. Das Magazin *Tempo* schickte daraufhin zwei Reporter los, die nach eigenen Angaben tatsächlich für 6000 Mark ein ganzes Waffenlager zusammenbekamen: eine Boden-Luft-Rakete, eine Kalaschnikow, zwei Panzerminen, vier Handgranaten, zehn Panzergranaten und 200 Schuss Munition – *Tempo* vom 1. Oktober 1990
44. vgl. MDR-Magazin *Exakt* vom 23. November 2011 – www.mdr.de/exakt/sprengstoff100.html
45. Schmidt, M., S. 174
46. Hoffmann, S. 214
47. Apfel, S. 360
48. *Deutsche Stimme* 6/1997, S. 3

49. Die klassische Definition einer sozialen Bewegung lautet: »Ein mobilisierender Akteur, der mit einer gewissen Kontinuität auf der Grundlage hoher symbolischer Integration und geringer Rollenspezifikation mittels variabler Organisations- und Aktionsformen das Ziel verfolgt, grundlegenden sozialen Wandel herbeizuführen, zu verhindern oder rückgängig zu machen.« – Raschke, S. 77

50. Ausführlich dazu Klärner, S. 93 ff. – Diese Dissertation schildert auf der Basis zweijähriger Recherchen und zahlreicher Interviews mit lokalen Akteuren überaus detailliert die rechtsextreme Szene in Jena, das in dem Buch anonymisiert »A-Stadt« genannt wird.

51. *die tageszeitung* vom 12.12.2011 – www.taz.de/!83602/

52. vgl.: Schulze/Peters, S. 18

53. vgl. *Antifaschistisches Infoblatt,* Ausgabe 69 (Herbst 2005), S. 6 f.

54. *Antifaschistisches Infoblatt,* Ausgabe 75 (Frühjahr 2007), S. 25

55. *die tageszeitung* vom 8.1.2010 – www.taz.de/!46491/

56. vgl. Peters, Ulrich: »Die Anfänge der AN in Berlin«. In: Schedler/Häusler, S. 56 f.

57. vgl. *Antifaschistisches Infoblatt* Nr. 68 (Sommer 2005), S. 19

58. zit. nach *Antifaschistisches Infoblatt* Nr. 63 (2004), S. 16

59. zit. nach Sager, Thomas: »Freund oder Feind. Das widersprüchliche Verhältnis von ›Autonomen Nationalisten‹, NPD und neonazistischer Kameradschaftsszene«. In: Schedler/Häusler, S. 107 f.

60. Ursprünglich stammt das Logo von der historischen »Antifaschistischen Aktion«, die Teil des Rotfrontkämpferbundes in den dreißiger Jahren war. In den Neunzigerjahren gab es eine Renaissance des Symbols mit der schwarzen und roten Fahne. Seither wird es europaweit von Antifaschistischen Gruppen genutzt. vgl.: Keller/Kögler/Krawinkel/Schlemmermeyer, S. 70.

61. zit. nach: Schedler, Jan: »Style matters. Inszenierungspraxen ›Autonomer Nationalisten‹«. In: Schedler/Häusler, S. 73

62. zit. nach *Antifaschistisches Infoblatt,* Ausgabe 82 (Frühjahr 2009), S. 21

63. www.youtube.com/watch?v=O9XmU2kzBew

64. forum.thiazi.net/showthread.php?t=48954

65. vgl. *die tageszeitung* vom 20.2.2012; *Antifaschistisches Infoblatt,* Ausgabe 90 (Frühjahr 2011), S. 26

66. Ausführlicher Staud, S.155 ff.

67. vgl.: Miteinander e. V. (Hrsg.): Sirenen des Hasses. NS-Hardcore aus Sachsen-Anhalt. Magdeburg/Halle (Saale) 2010, S. 14 f.

68. zit. nach Raabe, Jan/Langebach, Martin: Jugendkulturelle Dynamik. Vom Hardcore über den NSHC zu den Autonomen Nationalisten. In: Schedler/Häuser, S. 158

69. Verfassungsschutzbericht 2010, S.102

70. »Wir nehmen es von den Reichen und geben es den Armen. Kein Kommunismus. Kein Kapitalismus. Nationaler Sozialismus.« – *Path of Resistance,* Song: »Third Way« vom Album «Fight the System» 2002. Diese

Band sollte nicht verwechselt werden mit der gleichnamigen nichtrechten Hardcoreband aus den USA.

71. vgl. Dornbusch/Raabe 2002, S. 446
72. forum.thiazi.net/showthread.php?t=107531
73. zit. nach: *Antifaschistisches Infoblatt,* Ausgabe 86 (Frühjahr 2010), S. 20.
74. zit. nach: Raabe, Jan: Mit Hardcore-Sound zur ›Revolution‹. Die AN als jugendkulturelles Phänomen. In: Schulze und Peters, S. 32
75. www.erikandsons.de/product_info.php?products_id=223
76. vgl.: blog.zeit.de/stoerungsmelder/2009/11/12/rechtsrockkonzert-mit-kategorie-c-verhindert_1898
77. vgl.: blog.zeit.de/stoerungsmelder/2010/01/25/hardcore-gegen-nazis-erfolgreich_2453
78. www.hass-im-netz.info/hassimnetz/aktuelle-zahlen.html
79. z. B. in einer Landtagsrede am 17.11.2009 – www.youtube.com/watch?v=9EZTpS56YKI
80. *n'Socialist Soundsystem.* »Zeit für guten Rap« – www.youtube.com/watch?v=uuA-w9l9ATM
81. *Sprachgesang zum Untergang.* »Nationaler Sozialismus jetzt!« – www.youtube.com/watch?v=qeZLSQPnCnQ
82. zit. nach: *Jungle World* 8/2011 – jungle-world.com/artikel/2011/08/42680.html
83. www.netz-gegen-nazis.de/files/broschuere-an-2.jpg
84. www.youtube.com/watch?v=sSJxcX0JTaU
85. Das Zitat stammt von der 2008 gelöschten Internetseite der »Autonomen Nationalisten – Bundesweite Aktion« (AN/BA).
86. Titelbilder der *Neuen Front* 41 (Juli 1987) und 44 (November 1987); Zitat aus *Neue Front* Nr. 48 (Juli 1988), S. 17, ein Faksimile davon erschien in dem Naziheft *Die Schwarze Fahne,* Nr. 4 (Januar 2004). S. 3
87. so Worch rückblickend in einem Aufsatz von 2005 – www.widerstand.info/689/ueber-freien-und-autonomen-nationalismus/
88. siehe z. B. unter logr.org/autonomenationalistenvorderpfalz/was-wir-wollen/warum-autonom/
89. im Archiv der Autoren
90. Alle Zitate dieses und des folgenden Absatzes stammen aus dem Papier, das beispielsweise auf der Internetseite der »Aktionsgruppe Windeck« zu finden ist: logr.org/windeck/was-ist-eigentlich-nationaler-sozialismus/
91. zit. nach Schedler/Häusler, S. 75
92. vgl. www.redok.de/content/view/666/38/
93. zit. nach: www.netz-gegen-nazis.de/artikel/tierschutz-als-deckmantel-fuer-naziideologien-5710
94. www.nw-berlin.net/2008/12/18/fur-den-einzig-wahren-nationalen-sozialismus-gegen-verfalschungen-und-kontraproduktive-erneuerungen/
95. vgl. www.redok.de/content/view/1188/38/
96. vgl.: nasofi.blogspot.com/
97. www.youtube.com/watch?v=dxNYgJXwZHs

98. Ursprünglich trat der Musiker unter dem Namen *Abaddon* in Erscheinung. Im März 2012 änderte er seinen Künstlernamen in *Mic Revolt*, weil ihm in der Szene vorgeworfen wurde, *Abaddon* klinge zu jüdisch. Siehe: forum.thiazi.net/showthread.php?t=202174&page=2

99. zit. nach: Häusler/Schedler, S. 129

100. dazu ausführlich: Lüdtke

101. Schedler/Häusler, S. 316 ff., nennen noch etliche weitere Widersprüche.

102. Internes Papier: »Diskussionsrunde zum Thema Schwarzer Block«. Dortmund 2007

103. www.nonkonformist.net/1572/christian-muller-der-revolution-auf-der-strase-muss-eine-revolution-im-geiste-voraus-gehen/

104. vgl.: *Antifaschistisches Infoblatt,* Ausgabe 92 (Herbst 2011). S. 23

105. voxpopuliblog.wordpress.com/2011/06/08/die-unsterblichen-werden-zur-europa-bewegung/

106. *Zuerst!,* Nr. 3/2012. S. 29 f.

107. vgl.: ueberfluessig.myblog.de/ueberfluessig/art/206495576/Gegen-ver-A-rsche-in-Munchen-

108. zit. nach www.bpb.de/politik/extremismus/rechtsextremismus/41868/frauen-in-der-npd

109. dazu ausführlich Staud, S. 67 ff.

110. www.npd-mv.de/index.php?com=news&view=article&id=42&mid=8

111. So lag die Koordination der »Initiative für eine gentechnikfreie Region Nebel/Krakow am See« mehr als zwei Jahre lang in den Händen eines NPD-Mitglieds – vgl. www.gen-ethisches-netzwerk.de/GID181_striegel; ausführlich zur Ökologie als Aktionsfeld der NPD: Melchert.

112. www.infoportal24.org/kommentar.php?id=2847, das Zitat im folgenden Satz: 174.122.234.116/showthread.php?t=101664

113. »Unsere Fahnen sind schwarz – unsere Blöcke nicht«. NPD-Parteipräsidium vom 15.8.2007

114. forum.thiazi.net/showthread.php?t=104940&page=3 bzw. page=4

115. »Neuerliche Erklärung: Unsere Fahnen sind schwarz – unsere Blöcke nicht« des NPD-Parteipräsidiums vom 10.9.2007

116. *Spiegel Online* vom 15.5.2008 – www.spiegel.de/politik/deutschland/0,1518,553493,00.html

117. www.politische-bildung-brandenburg.de/themen/die-extreme-rechte/blog/npd-und-autonome-nationalisten

118. www.netz-gegen-nazis.de/artikel/hakenkreuz-bei-beerdigung

119. so im Februar 2009 bei einer Aschermittwochsrede in Saarbrücken, vgl. www.youtube.com/watch?v=XaYZqKg8C98

120. *Zeit Online* vom 15.5.2009 – www.zeit.de/online/2009/15/npd-parteitag

121. *Deutsche Stimme* 5/2010

122. *JN Intern,* Informationsblatt der Jungen Nationaldemokraten, Landesverband Niedersachsen, Ausgabe 4/1990, S. 7

123. Apfel, S. 330

124. Zobel, S. 54 ff.
125. Nachrichten des Studentenbundes Schlesien, Ausgabe 21 (Sommer 1996), S. 4 und 7
126. so Apfel in seiner Rede auf dem »1. Europäischen Kongress der Jugend« 1994 im fränkischen Klingenberg, dokumentiert in einer JN-Broschüre, Archiv des apabiz, Ordner JN1, S. 12
127. Interview mit einem dänischen Fernsehteam am Rande des JN-Bundeskongresses am 25.5.1996 in Leipzig, Abschrift im Archiv des apabiz, Ordner JN1
128. *Einheit und Kampf,* Nr. 15, Februar 1996, S. 9 und *Die Zeit* 18/1998, S. 16
129. *Einheit und Kampf,* Nr. 19, August 1997, S. 19
130. Rundschreiben an die Parteibasis vom 20.11.2011
131. *Deutsche Stimme* 12/2011, S. 3
132. Brähler/Decker, S. 75
133. Argumente für Kandidaten & Funktionsträger. Eine Handreichung für die öffentliche Auseinandersetzung. Berlin 2006, S. 28 – dokumentiert unter www.redok.de/content/view/687/78/
134. www.eine-bewegung-werden.de/volksfront.htm
135. zit. nach *Deutsche Stimme* 7/2008, S. 4
136. zit. nach Antrag des Bundesrates zum Verbot der NPD an das Bundesverfassungsgericht, Rechtsanwälte Redeker Sellner Dahs & Widmaier, Berlin, 30.3.2001, S. 155
137. Erb/Kohlstruck, S. 434
138. zit. nach Antrag des Bundestags zum Verbot der NPD an das Bundesverfassungsgericht, Innenausschuss, Ausschussdrucksache 14/434, S. 169
139. www.sueddeutsche.de/bayern/npd-vize-sascha-rossmueller-rechts-rocker-kriminell-1.11343
140. altermedia-deutschland.info/content.php/1177-Auch-wir-muessen-irgendwann-mal-Ade-sagen
141. gamma.noblogs.org/fn-leaks/fn-leaks-iii
142. *Die Zeit* 24/1999 – www.zeit.de/1999/24/199924.npd_.xml
143. www.netz-gegen-nazis.de/lexikontext/andrejewski-michael
144. www.eine-bewegung-werden.de/volksfront.htm
145. so in Ausgabe 1/2011
146. Fischer, S. 32
147. Regionale Arbeitsstelle für Ausländerfragen (Hrsg.): Rechts oben. Vorpommern als Modellregion der extremen Rechten. Waren/Müritz 2007, S. 18 f.
148. *Deutsche Stimme* 11/1999, S. 18
149. Bars, 122 ff.
150. z. B. Stadt Usedom: 23,4%, Lassan: 23,8%, Postlow: 28,9%, Koblentz: 33%; vgl. Heinrich, S. 86
151. ebenda, S. 83
152. Interview mit dem NDR-Hörfunk am 10. Mai 2012
153. Brähler/Decker, S. 36 ff.

154. Decker, S. 28

155. www.pro-nrw.net/?p=1221

156. z. B. Christoph Butterwegge auf www.netz-gegen-nazis.de/artikel/niederlage-fuer-den-rechtspopulismus-oder-was-ist-eigentlich-populismus

157. www.polsoz.fu-berlin.de/polwiss/forschung/systeme/empsoz/mitarbeiter/stoess/publikationen/Wahlen_Bln_2011.pdf, S. 1 f.

158. vgl. Broschüre »Faschisten hinter demokratischer Fassade. Dokumentation über die Aktivitäten der Bürgerinitiative Demokratie und Identität«. Berlin 1987 – im Archiv des apabiz e. V., Berlin, Sign. 4/2/2/9035; außerdem www.tagesspiegel.de/berlin/berliner-chronik-8-februar-1983/1160566.html oder auch www.zeit.de/1986/33/der-alltaegliche-fremdenhass

159. Ausführlich zu Pro Köln: Häusler, S. 55 ff.

160. Überall, S. 10

161. *Junge Freiheit* vom 16.9.2008 – www.jungefreiheit.de/Single-News-Display-mit-Komm.154+M51cb3982cad.0.html

162. Umfrage im Oktober 2010 – www.swr.de/report/presse/-/id=1197424/nid=1197424/did=7005542/8gxqhp/index.html

163. Landesarbeitsgemeinschaft der kommunalen Migrantenvertretungen Nordrhein-Westfalen (Hrsg.): Rechtspopulismus in Gestalt einer »Bürgerbewegung«. Struktur und politische Methodik von Pro NRW und Pro Deutschland. Düsseldorf 2010, S. 5 ff.

164. www.mik.nrw.de/verfassungsschutz/publikationen/berichte.html?eID=pub&f=146&s=0bfa96, S. 59

165. Dies ist der aktuellste, verfügbare Jahresbericht – www.pro-deutschland-online.de/dokumente/rechenschaftsbericht2010.pdf

166. www.netz-gegen-nazis.de/lexikontext/rouhs-manfred

167. nachzulesen unter www.pro-deutschland-online.de/index.php?option=com_content&view=article&id=50&Itemid=36

168. youtu.be/nBD0Hp65I7Q

169. www.pi-news.net/2010/02/bruessel-als-symbol-des-europaeischen-niedergangs/ (Kommentar Nr. 5)

170. www.pi-news.net/2012/04/holocaust-unbestreitbarer-teil-der-geschichte/ (Kommentar Nr. 2)

171. vgl.: www.fr-online.de/die-neue-rechte/-politically-incorrect-im-netz-der-islamfeinde,10834438,10835026.html

172. Dankesrede zur Verleihung des »Hiltrut-Schröter-Freiheitspreises« der BPE am 21.5.2011 – www.youtube.com/watch?v=cMDfdIMyiwA, hier 23:30

173. www.dialog-ueber-deutschland.de/DE/20-Vorschlaege/10-Wie-Leben/Einzelansicht/vorschlaege_einzelansicht_node.html?cms_id-Idea=309

174. michael-mannheimer.info/2011/04/09/mein-aufruf-zum-widerstand-gegen-das-politische-establishment-gemas-art-20-abs-4-gg/

175. wiki.artikel20.com/index.php?n=Main.HomePage

176. www.pi-news.net/2011/07/fall-anders-b-eine-konservative-katastrophe/

177. *Zeit Online* vom 30.08.2010 – www.zeit.de/gesellschaft/2010-08/sarrazin-bildung-faktencheck

178. zum Beispiel der Migrationsforscher Klaus Bade: *Spiegel Online* vom 7.9.2010 – www.spiegel.de/wirtschaft/soziales/0,1518,715730,00.html

179. vgl. Interview in *Der Spiegel* 45/2010, S. 124 – www.spiegel.de/spiegel/print/d-74948254.html: »Spiegel: Sie kennen Thilo Sarrazins Buch. Teilen Sie seine Meinung, dass es genetische Gründe für die ›Minderwertigkeit‹ bestimmter ethnischer Gruppen gibt? Wilders: Ich glaube nicht an genetische Ursachen, ich bin davon weit entfernt. Ich glaube vielmehr daran, dass alle Menschen, die sich zu unseren Werten bekennen, zu unseren Gesetzen, unserer Verfassung, vollwertige Mitglieder unserer Gesellschaft sind. Ich gehe sogar so weit zu sagen: Die Mehrheit der Muslime in Europa sind Menschen wie du und ich, sie führen ein normales Leben, haben einen normalen Beruf und wollen das Beste für ihre Kinder.«

180. *Die Zeit* 46/2011 – www.zeit.de/2011/46/Neue-Partei

181. www.volksfront-medien.org/index.php/menue/61/thema/69/id/7549/anzeigemonat/06/akat/1/anzeigejahr/2007/infotext/Warum_es_keinen_revolutionaeren_Block_auf_der_Anti_Moscheebau_Demo_in_Koeln_gab/Aktuelles.html

182. In einer 38-seitigen Abhandlung mit dem Titel »Kampf der Kulturen – Kampf der Religionen?« schrieb Rieger 2006: »Wir müssen deutlich machen, dass wir für die Wahrung unseres germanischen Kulturerbes hier in Deutschland eintreten, dass in islamischen Staaten aber selbstverständlich die Bevölkerung das Recht hat, sich so wie von ihnen gewünscht islamisch auszurichten und die Scharia zu praktizieren, christliche Mission zu erschweren, das Tragen von Kreuzen in der Öffentlichkeit zu verbieten und dergleichen. Dies erregt immer wieder christliche Fundamentalisten im Westen, kann und muss uns aber gleichgültig lassen, weil wir keine fremden Völker missionieren wollen.« Der Aufsatz erschien ursprünglich auf der russischen Naziwebsite Velesova Sloboda – www.velesovasloboda.org/geo/rieger-kampf-der-kulturen.html

183. www.muslim-markt.de/interview/2006/molau.htm

184. *Deutsche Stimme* 4/2008

185. www.redok.de/content/view/175/36/

186. Bundesamt für Verfassungsschutz: BfV Spezial. Rechtsextremismus Nr. 21. Gefahr eines bewaffneten Kampfes deutscher Rechtsextremisten – Entwicklungen von 1997 bis Mitte 2004. Köln 2004, S. 15 f. und S. 6

187. Offizielle Webseite von Combat 18: www.skrewdriver.org/covert.html

188. Blood & Honour/Hammer, Max: »Field Manual«. S. 21 – Die Schrift widmete Hammer übrigens unter anderem seinem »guten Freund« Marcel Schilf, einem nach Schweden ausgewanderten gebürtigen

Brandenburger, der von dort in den späten Neunzigerjahren einen in Deutschland sehr populären Versand für illegale Nazimusik betrieb; zu Ausonius ausführlich: Gellert

189. Mecklenburg, S. 636
190. *Der Spiegel* 48/1990, www.spiegel.de/spiegel/print/d-13502527.html
191. So berichtete es der hessische Ministerpräsident Georg August Zinn am 8. Oktober 1952 in einer empörten Rede vor dem Landtag in Wiesbaden, zit. nach Ganser, S. 308.
192. vgl.: *Der Spiegel* 42/1969
193. *Der Spiegel* 33/1970 – www.spiegel.de/spiegel/print/d-44906481.html
194. *Der Spiegel* 9/1971 – www.spiegel.de/spiegel/print/d-43334630.html
195. *Die Zeit* 39/1979 – www.zeit.de/1979/39/neonazis-hoch-bestraft
196. Ganser, S. 319 ff; Mecklenburg, S. 501 f.; *Der Rechte Rand,* Nr. 10, Januar 1991
197. karl-heinz-hoffmann.com/neonazi.html
198. Mecklenburg, S. 175 und 472
199. *Der Spiegel* vom 6/1980 – www.spiegel.de/spiegel/print/d-45520843.html
200. *Der Spiegel* 47/1984 – www.spiegel.de/spiegel/print/d-13512120.html
201. zit. nach: *Die Zeit* 39/1984 – www.zeit.de/1984/39/unbeirrter-eiferer
202. *Süddeutsche Zeitung* vom 13.5.2009, www.sueddeutsche.de/muenchen/oktoberfest-attentat-die-asservatenkammer-ist-leer-1.465382
203. www.chronikle.org/ereignis/gr%C3%BCnder-wehrsportgruppe-hoffmann-referiert-einladung-freien-netzes-colditz
204. MDR-Reportage: »Propaganda, Hass, Mord« vom 26.3.2012
205. zit. nach: »Profil der Deutschen Bürgerinitiative« www.apabiz.de/archiv/material/Profile/DBI.htm
206. zit. nach Dudek. S. 188
207. zit. nach *Die Zeit* 9/2012 – www.zeit.de/2012/09/Anschlag-1980
208. logr.org/widerstandschwandorf/2011/11/07/bomben-aus-zweiter-hand-%E2%80%93-dipl-ing-peter-naumann-zu-gast-in-schwandorf/
209. *Die Zeit* 38/2010 und *Der Tagesspiegel* vom 16. September 2010 – www.zeit.de/themen/gesellschaft/todesopfer-rechter-gewalt/index
210. Bundesamt für Verfassungsschutz: BfV Spezial. Rechtsextremismus Nr. 21. Gefahr eines bewaffneten Kampfes deutscher Rechtsextremisten – Entwicklungen von 1997 bis Mitte 2004. Köln 2004, S. 12
211. Maegerle 2002, S. 159–172, hier S. 170
212. vgl.: *Die Zeit* 11/1971, www.zeit.de/1971/11/die-kleine-welt-ekkehard-weil
213. Eine Bewegung in Waffen. Band II. Strategie und revolutionärer Kleinkrieg. S. 47. Hinter dem Pseudonym Hans Westmar (das einem NS-Propagandafilm von 1933 entlehnt ist) standen Christian Scholz und Henry Fiebig; vgl. *Der Spiegel* 52/1997 – www.spiegel.de/spiegel/print/d-8848666.html
214. Grumke, S. 497
215. Deutscher Bundestag. Drucksache 13/7378. S.6

216. *Deutsche Stimme* 12/1997, S. 13
217. Naumann, Peter, »Erklärung der kämpferischen Gewaltfreiheit«. Wiesbaden, 14.8.1995
218. ARD-Magazin *Panorama* vom 17.08.1995
219. *Report München* vom 21.02.2012 – www.br.de/fernsehen/das-erste/sendungen/report-muenchen/dossiers-und-mehr/umfeld-zwickauer-terrorzelle100.html
220. *Frankfurter Allgemeine Zeitung* vom 6.12.2011 – www.faz.net/aktuell/politik/inland/rechtsextremismus/f-a-z-gespraech-kein-deal-mit-beate-zschaepe-11553259.html
221. *Spiegel TV* vom 13.11.2011 – www.spiegel.tv/filme/braune-zelle-zwickau/
222. Monatsbericht des Thüringer Verfassungsschutz. 9/1998 bzw. 3/2000
223. dipbt.bundestag.de/dip21/btd/17/089/1708997.pdf
224. *Thüringer Allgemeine* vom 23.3.2012 – www.thueringer-allgemeine.de/web/zgt/leben/blaulicht/detail/-/specific/Polizei-nimmt-Rechtsextremen-auf-Antrag-der-Staatsanwaltschaft-Gera-fest-369034523; *ZeitOnline* vom 8. Mai 2012 – blog.zeit.de/stoerungsmelder/2012/05/08/polizei-fasst-untergetauchten-neonazi-in-portugal_8556 ; *stern.de* vom 6. Mai 2012 – www.stern.de/blogs/der-investigativ-blog/wo-sind-die-109-untergetauchten-rechtsextremisten/
225. *An.schlag*. Das Handbuch der Autonomen Nationalisten. 2008. S. 6
226. »Deutscher, Augen auf! Du bist im Krieg!« – www.youtube.com/watch?v=BvIdPRTleLk
227. *Junge Welt* vom 24.7.2008, *die tageszeitung* vom 24.7.2008, *Frankfurter Allgemeine Zeitung* vom 7.7.2007
228. Internes AN-Strategiepapier: »Diskussionsrunde zum Thema Schwarzer Block«. Dortmund, 2007
229. »Nur zum internen Gebrauch«. O.T. AN-Strategie zum »Schwarzen Block«. Jahr unbekannt
230. Dieses und das Forenzitat im folgenden Absatz aus 174.122.234.116/showthread.php?t=187333&page=2
231. zit. nach: *die tageszeitung* vom 29.8.2009
232. www.wdr.de/tv/menschenhautnah/sendungsbeitraege/2012/0426/rechte.jsp; Lotta, Ausgabe 47, Frühjahr 2012. S. 22f.
233. Forum des Nationalen Widerstands, das 2008 von Hackern frei zugänglich gemacht wurde.
234. zit. nach *Spiegel Online* vom 22.2.2012 – www.spiegel.de/panorama/justiz/0,1518,816940,00.html

Register

270